日本の省エネルギー技術の
中国地域暖房への活用

日本节能技术
在中国集中供热系统中的应用

監修　吉野博 東北大学総長特命教授
監修：吉野博 东北大学校长特命教授

編著　中国地域暖房省エネルギー研究会
编著：中国集中供热节能研究会

（幹事　日本環境技研株式会社　増田康廣）
（干事 日本环境技研株式会社 增田康广）

（中文訳　許雷 東北工業大学准教授）

（翻译：许雷 东北工业大学副教授）

東北大学出版会
东北大学出版会

Application of Japanese energy conservation technologies
in Chinese district heating system

Yoshino Hiroshi
President-appointed Extraordinary Professor, Tohoku University

Chinese district heating system energy Conservatism study group
Masuda Yasuhiro
Director, Japan Environment Systems Co.,Ltd.

Xu Lei
Associate Professor, Tohoku Institute of Technology

Tohoku University Press, Sendai
ISBN978-4-86163-283-9

序　日本の省エネルギー技術の中国地域暖房への活用

　中国では近年の経済発展にともない、エネルギー消費量は増大の一途を辿っており、建築用エネルギー消費量は1990年以降年率10%で増加している。また全エネルギー消費量の約30%を占めており、都市への人口集中、居住水準の向上、電化製品の普及などにより、その割合は今後も増大するものと予想される。地域暖房用のエネルギー消費量の割合は建築用のエネルギーの25%程度となっており、全エネルギーに占める割合は7.5%程度と推定される。

　寒冷地域である三北地方（東北、西北、華北）の都市部では、地域暖房が普及しており、住戸当たりの年間エネルギー消費量の中での暖房用の割合は、本調査事業の対象とした瀋陽市では約7割を占めるものと想定される。一方、地域暖房のない都市部の住宅では、その割合がわずかに5%程度であり、地域暖房によるエネルギー消費量がいかに多いかがわかる。また、住宅の室内は地域暖房が運転されている間は十分に暖かいが、不在時にも暖房が運転されていることや、室温が上がった時には窓の開放により温度を調整しているなど、熱の無駄使いが多いことが指摘されている。また、一部の非住宅新築建築物では従量料金制への移行が進

序　日本节能技术在中国集中供热系统的应用

　近年，随着中国经济的发展，能耗不断增加。1990年以来，建筑能耗的年增长率为10%，建筑能耗约占全国总能耗的30%。随着城市人口的集中、居住水平的提高和家用电器的普及，预计今后比例还会继续提高。据估计，集中供热能耗约占建筑能耗25%，全国总能耗的7.5%。

　在严寒的三北地区（东北、西北和华北），城市中集中供热的普及率很高。在被调查的沈阳市，供热能耗约占家庭能耗70%。但是，在没有集中供热的城市，供热能耗仅占5%左右，这充分说明集中供热能耗之大。在供热期间，住宅室内非常暖和。家里没人时，供热设备还照旧运行。室温过高时，还要通过开窗来调节室温等，浪费热量的现象比较多。另外，在部分新建非住宅建筑中，供热收费方式已经转向计量收费，原因也正是由于按面积收费会助长热量浪费。

i

められているものの、住宅については室面積による定額料金制となっていることも暖房が無駄に行われている理由である。

中国では、これまで福利施策の一環として地方政府が地域暖房を実施してきたが、現在、民営化が進んでおり、事業者側の経営意識のアップから、事業の効率化への指向が今後強まることが予想される。また、ユーザー側においても、企業・組織による熱料金補填の削減や料金の上昇・自由化の傾向から、節約インセンティブが強まることが推定される。このような地域暖房を取り巻く環境の変化は、強力に進められている国の省エネルギー推進施策と相まって、供給側、ユーザー側双方で地域暖房の省エネルギーやコスト削減への意識を一層高めている。

筆者らは、中国における地域暖房システムの省エネルギー化を推進することを目的として、2008 年から 2011 年の 4 年間にわたって、日本貿易振興機構、新エネルギー・産業技術総合開発機構、経済産業省資源エネルギー庁からの委託事業に基づいて、遼寧省瀋陽市の地域暖房システムを対象として様々な実測調査、アンケート調査を実施した。これらの調査を分析・評価した上で、需要側と供給側における省エネルギー対策やエネルギー管理システムを導入した場合の効果、他の地域への展開の可能性などについて、中国側の自治体関係者、研究者らと議論した。

本書はそれらの成果をまとめたもので

过去，作为福利政策的一部分，由地方政府承担集中供热。随着民营化改革，供热企业经营意识转变，企业更加注重效益。另一方面，随着各单位对员工供热补贴的减少，供热费用上升和市场自由化，用户侧的节能意识也在不断提高。这些社会环境因素的变化，再加上国家强力推进节能政策，供热企业与用户双方的节能和成本意识会更强。

为了推进中国集中供热系统的节能，从 2008 年到 2011 年的四年间，受日本贸易振兴机构、新能源产业技术综合开发机构、经济产业省资源能源厅委托，笔者等对辽宁省沈阳市的集中供热系统进行了各种实测和问卷调查。通过对调查结果的分析、评价，就用户侧和供热侧的节能对策、导入能源管理系统的效果、向其他地区推广的可能性等方面，和中方相关单位的工作人员、专家等进行了广泛的讨论。

本书为这些成果的总结。

ある。

なお、遼寧省は、気候条件もあって全国で最もエネルギー消費原単位の高い地域のひとつである。その省都瀋陽市は、全国4大新都市建設プロジェクトの進展、地中熱ヒートポンプ技術推進モデル都市としての取り組みなどで注目度が高い。また、地域暖房関連条例の制定等の取り組みにおいて、同じ遼寧省の大連市に遅れをとっていることから、市政府の積極的な取り組みが期待される。

吉野　博

辽宁省是中国能耗指标比较高的地区之一，这和它的气象条件有关。沈阳市是省府所在地，不仅有全国四大开发区之一的沈北新区，也是全国地源热泵技术推广试点城市，因此备受瞩目。在集中供热政策制定方面，沈阳市落后于同省的大连市，期待沈阳市政府能够在集中供热方面有更大作为。

吉野　博

Recommendation of the report "日本节能技术在中国集中供热系统中的应用"

(Application of Japanese energy conservation technologies in Chinese district heating system)

The above report is the result from the collaboration project between Chinese and Japanese researchers during four years research from 2008 to 2011. Professor Hiroshi Yoshino is the leader of the project. He has chaired workshops in Shenyang city six times during that period. I was pleased to take part in these workshops and have learn what happed in this project. I have also given my suggestions and some ideas during this research.

This research conducted various measurements and large scale surveys for district heating in Shenyang, from heat sources to building terminals. From operation and energy data to customers response. Through these measurements and surveys, the real performance and problems in Shenyang district heating have been discovered. Simulations were also made to analysis the real system and to understand the facts behind the measurement. Based on these study, a proposal was produced on the approach to improve the energy efficiency of the district heating system through new technologies as well as better management. New techniques are proposed to be applied in Shenyang as well as in North China to raising the energy efficiency, such as the absorption heat pumps, the better control of heating terminals etc.

The results from this study and the report are extremely useful for China to improve the heating system so to reduce the carbon emission as well as improve the atmosphere environment. The report is also a good reference for Chinese and Japanese students in energy study.

Congratulation of the great achievement from this research and the report. I think it's a great contribution both to the academic world and to the energy practice works. This is also a good mode for the collaboration between China and Japan in engineering for sustainable. I hope this type of collaborations can be continue. It will benefit both China and Japan as well as the whole world.

Yi Jiang

Head and professor, Building energy research center,

Tsinghua University

「日本の省エネルギー技術の中国地域暖房への活用」への推薦文

2008 年から 2011 年の 4 年間にわたって、中日研究者らが共同研究を行った、本書はその成果である。吉野博教授はこのプロジェクトの座長を務め、瀋陽において技術研究会を 6 回開催した。お陰様で私も参加できた。プロジェクトの内容を知り、自分の提案とアイディアを提示した。

この事業では、瀋陽市における地域暖房システムを対象として、熱源プラントから末端の熱供給設備までの各種の実測と大規模なアンケート調査を行っている。地域暖房システムの実態を把握し、課題を抽出した。また、実測に基づいてプラントシステムのシミュレーションを行い、計測結果の裏にある原因を究明した。さらに、調査の結果に基づいて、新技術とエネルギー管理システムにより、地域暖房システムの省エネルギー対策を提案している。吸収式ヒートポンプと熱供給プラントシステムの管理などを実施することにより、瀋陽市、中国東北地域におけるエネルギー効率の向上を図ろうとするものである。

本研究の成果達成に祝意を表する。学術界だけではなく、エネルギー実務者にとっても、本書の成果が非常に大きいと考えている。サステナビリティの実現に

《日本节能技术在中国集中供热系统中的应用》的推荐

本书是 2008 年到 2011 年的四年间，中日技术人员共同研究的结晶。吉野博教授是本项目的负责人，整个项目期间他在沈阳主持了六次技术研讨会。我也有幸参加了这些研讨会，从而了解到项目的具体内容。对于本项目，我也提出了一些建议和想法。

本项目针对沈阳市的集中供热系统，从热源到建筑物的供热末端，进行了各种实测和大规模的问卷调查，把握沈阳市供热系统的实态，并发现相关的课题。同时也进行了模拟计算来分析实际的供热系统，发掘出隐藏在实测结果背后的事实。根据调查研究的结果，提出通过新技术和高水平的管理来提高供热系统的能效。吸收式热泵、供热末端设备的管理等新技术，不仅适用于沈阳，也可以推广到整个华北地区，实现集中供热系统的节能。

本项目的研究成果对于提高中国供热系统的能耗非常有用，不仅可以减少碳排量，还可以改善大气环境。本书为中国和日本能源专业学生提供了重要参考。

向けた、これは中日協力のモデル事業と
もいえる。このような協力プロジェクト
が続けられるように期待しており、中国
と日本だけではなく、全世界の利益に繋
がるものである。

清華大学教授
建築エネルギー研究センター長
江　億

祝贺课题组在此项目调查中取得了丰硕的
研究成果。我认为它为学术界和供热技术
人员作出了巨大贡献，这也是中日双方在
可持续发展的工程领域合作研究的典范。
希望这种合作能够继续下去，不仅中国和
日本，而且全世界也能得益。

江亿
建筑能源研究中心 主任，教授
清华大学

本書の構成

1章は、主に2008年度の日本貿易振興機構（JETRO）の発注による、貿易投資円滑化事業「中国東北地域（瀋陽市）における地域暖房住宅の省エネルギー推進のためのシステム導入実証事業」の成果をとりまとめたものである。

先ず中国全体および実測調査等を行った瀋陽市における建築エネルギー消費量や地域暖房の実態を概括する。

次に、計量に基づく課金を行っていないことによる、地域暖房住宅での熱の浪費の実情を計測し、計量・課金による省エネルギー効果の検証を行った。計測、質問紙調査に基づく検証の対象は、瀋陽市内の地域暖房から熱供給を受ける集合住宅で実施した。

この計測結果に基づいて新料金制度の提案、ESCO事業の導入可能性とその効果の検討を行っている。

最後にこれらの計測、検証結果に基づいた、地域暖房住宅の省エネルギー対策の提案とその際の課題を取りまとめた。

なお、全国のエネルギー消費量等の数値や地域暖房の実態、関連する国の政策等に関しては、2〜4章を含め、可能な限り調査事業時点から現時点の値に改めている。

本书的构成

第1章主要为2008年日本贸易振兴机构（JETRO）促进贸易投资的委托研究项目 -《为促进住宅集中供热系统的节能在中国东北地区（沈阳市）导入节能系统的实证》的成果总结。

首先概括总结中国以及被调查的沈阳市建筑能耗与集中供热系统的实态。

然后对未实施供热计量收费的集中供热住宅，测定了实际的热量浪费，验证供热计量与收费所带来的节能效果。并对沈阳市集中供热公寓进行实测与问卷调查。

根据实测结果，提出新的供热收费方案，探讨节能服务（ESCO）项目的导入可能性与效果。

最后，根据实测与节能效果的验证分析，提出了集中供热住宅的节能对策，总结了存在的课题。

第2章〜第4章中有关中国能耗的数据，集中供热的实态与相关的国家政策，从项目实施时到当前，尽可能地更新了相关信息。

2章は、主に2009年度貿易投資円滑化事業（実証事業）「中国東北地域（瀋陽市）における暖房設備の性能検証による省エネルギー推進のための実証事業」の成果を取りまとめている。

瀋陽市で先進的に取り組まれている地中熱ヒートポンプ地域暖房プラントを主体に各種熱源の地域暖房プラントを対象に、エネルギー効率を計測し、効率向上のためのエネルギー管理システム等の省エネルギー施策とその効果を検証して、主に供給側からの省エネルギー方策を取りまとめた。

合わせて、瀋陽市都心部の業務ビルを中心に建築物のエネルギー消費量の測定とそれに基づく住宅を含む建築物エネルギー消費原単位を把握、整理し、データベースの構築を提案した。さらにこの原単位を活用して、瀋陽市における建築物エネルギー消費総量の推計と各種省エネルギー施策の効果を試算した。

これらの結果を踏まえ、性能検証マニュアル、省エネルギーガイドラインの素案を提案し、地域暖房システムにおける省エネルギー対策と課題の整理を行った。

3章は、主に2010年度の新エネルギー・産業技術総合開発機構（NEDO）の発注による、国際エネルギー消費効率化等技術協力基礎事業 技術普及可能性調査「地域暖房システムのBEMS群管理システム（中国）」の成果を取りまと

第2章主要总结《中国东北地区（沈阳市）供热设备的性能验证和推动热源节能项目》的成果，该项目被列入日本经济产业省2009年度贸易投资圆滑化项目（实证项目）之一。

以沈阳市正在大力推进的地源热泵供热机房为对象，测定机组的能效，从能源管理系统角度，讨论提高能效的节能对策与方案，并验证其效果。主要总结了供能侧的节能对策。

同时测定沈阳市中心商务楼的建筑能耗，整理得到包括住宅的供热能耗指标，并对供热数据库的构筑进行提案。并且利用供热能耗指标，推算沈阳市的建筑总能耗和各种节能措施的节能效果。

根据以上结果，提出性能验证手册和节能指南的基本方案，整理集中供热系统的节能对策与相关课题。

第3章主要为《集中供热系统BEMS群管理技术在中国的应用》研究项目的成果总结，该项目隶属日本贸易振兴机构2010年度国际能源消费高效化技术协力基础项目，是有关技术普及与可行性调查的项目之一。

めている。

滽陽市の地中熱ヒートポンプシステムを対象に、運用・管理の実態をアンケートとヒヤリングにより把握し、合わせてエネルギー効率等の簡易計測とそれに基づく省エネルギー診断を行った。

これらの結果を踏まえて、省エネルギー上有効とされたエネルギー集中管理システムとしてのBEMS群管理システムの導入検討を行った。すなわち、BEMS群管理システムの計画・設計とコスト試算、導入による省エネルギー・環境効果、運用・管理の実情を踏まえた事業化検討と事業化可能性についての一連の検討を行っている。

4章では、主に2011年度の経済産業省資源エネルギー庁の発注によるインフラ・システム輸出促進調査委託事業「再生可能エネルギー及び省エネルギー等技術・システム海外展開支援事業」の成果をとりまとめている。

中国の地域暖房の省エネルギーを進めるのに有効な日本の技術・システムを抽出し、日本側、中国側の研究者・実務者からのヒヤリング調査等からその適用性を評価する。

中国東北地域における地域暖房の省エネルギー技術・システムとして日本の得意分野である吸収ヒートポンプとBEMS群管理システムを採りあげ、省エネルギー型地域暖房として開発区への導入の

以沈阳市地源热泵系统为对象，通过问卷调查和访问调查，把握供热机房机房运行和管理的现状。并通过供热机房能效的简易测定，进行节能诊断。

根据调查的结果，探讨导入BEMS群管理系统在节能方面的有效性。通过BEMS群管理系统的规划、设计与成本分析，讨论其节能性和环保性。并根据中国机房运行管理的实情，讨论项目的可行性。

第4章主要为《在海外应用可再生能源与节能技术的支援》研究项目的成果总结，该项目隶属日本贸易振兴机构2011年度促进市政设施与系统出口的委托调查项目。

为促进中国集中供热系统的节能，选择适用的日本技术与系统，通过对日方、中方政府与企业的调查，评价其适用性。

对于中国东北地区集中供热系统的节能技术与系统，提出吸收式热泵和BEMS群管理系统，该技术也属于日本比较擅长领域。作为节能型市政设施，对其在开发区的应用进行可行性调查。

ix

可能性調査を行った。

　瀋陽市で建設の途についている開発区を対象に、住宅街区、センター街区をモデルに、熱負荷の想定、導入システム及び既存システム等代替案の試設計、コスト試算に基づいて、導入効果と事業性を、代替案と比較しながら評価したものである。

　それらの検討結果を踏まえて、日本の技術・システムを活用した省エネルギー型地域暖房の導入促進策を提示した。瀋陽市、中国東北地域での導入促進策、主に開発区を対象とした中国全土及び東アジア諸国での日本の省エネルギー技術の普及促進策を検討している。

増田　康廣

以沈阳市正在建设的开发区为对象，针对住宅区、商业中心区为模型，计算供热（空调）负荷，设计冷热源系统，提出既有系统的代替方案，计算投资成本，从而评价导入系统的效果，并与既有系统比较，评价项目的商业可行性。

　根据评价结果，提出充分利用日本技术与系统，促进节能型市政设施应用的方针政策。并且，就如何促进日本节能技术在沈阳市、中国东北地区、中国其他开发区以及东亚各国的应用进行讨论。

增田　康广

［目 次］

序 日本の省エネルギー技術の中国地域
　　暖房への活用　　　　　　　　　　i

本書の構成　　　　　　　　　　　　vii

1章　地域暖房団地の現場実測に基づい
　　　た省エネルギー対策と課題　　　1
　1.1　中国における地域暖房の現状と
　　　　課題　　　　　　　　　　　　1
　（1）　建築のエネルギー消費量　　　1
　（2）　地域暖房の現状　　　　　　　7
　（3）　実測を行った瀋陽市の気候と
　　　　地域暖房　　　　　　　　　　10
　（4）　省エネルギーのための熱料金
　　　　制度と計量の必要性　　　　　14
　1.2　地域暖房住宅のエネルギー消費
　　　　量と室内環境　　　　　　　　20
　（1）　省エネルギーに関する社会実
　　　　験の概要　　　　　　　　　　20
　（2）　省エネルギー行動の室内環境
　　　　とエネルギー消費量への影響
　　　　　　　　　　　　　　　　　　28
　（3）　過剰な暖房負荷の推定　　　37
　1.3　地中熱ヒートポンプ地域暖房プ
　　　　ラントの効率　　　　　　　　41
　（1）　地中熱ヒートポンププラント
　　　　の概要　　　　　　　　　　　41
　（2）　地中熱ヒートポンププラント
　　　　の効率の測定　　　　　　　　43

［目 录］

序 日本的节能技术在中国集中供热系统
　　的应用　　　　　　　　　　　　　i

本书的构成　　　　　　　　　　　　vii

第一章　从集中供热小区的实测探讨节能
　　　　对策与课题　　　　　　　　　1
　1.1　中国集中供热的现状与课题　　1
　（1）　建筑能耗总量　　　　　　　1
　（2）　中国集中供热的现状　　　　7
　（3）　沈阳市的地理位置和集中供热
　　　　系统概要　　　　　　　　　　10
　（4）　供热收费制度和供热计量的必
　　　　要性　　　　　　　　　　　　14
　1.2　集中供热住宅的能耗消费与室内
　　　　环境　　　　　　　　　　　　20
　（1）　节能实测的内容概要　　　　20

　（2）　节能行动与室内环境和耗热量
　　　　的影响　　　　　　　　　　　28
　（3）　过剩供热负荷的估算　　　　37
　1.3　地源热泵集中供热机房的能效　41

　（1）　地源热泵供热机房的概要　　41

　（2）　地源热泵供热机房能效的测定
　　　　　　　　　　　　　　　　　　43

xi

1.4　新料金制度の導入とエネルギー 　　　事業者の参入効果　　46	1.4　供热收费制度与合同能源管理　46
（1）　新料金制度のモデル検討　46	（1）　新供热收费制度的方案探讨　46
（2）　ESCO 事業導入の可能性　51	（2）　开展节能服务（ESCO）业务的 　　　可能性　　51
1.5　住宅団地を対象とした地域暖房 　　　システムの省エネルギー対策と 　　　課題　　55	1.5　住宅小区集中供热系统的节能对 　　　策与课题　　55
2章　瀋陽市の地域暖房システムの省エ 　　　ネルギー対策と課題　　59	第二章　沈阳市集中供热系统的节能与相 　　　关课题　　59
2.1　地域暖房プラントの熱効率の実 　　　態　　59	2.1　集中供热机房能效的实际状况　59
（1）　調査対象プラントの概要　59	（1）　调查对象的概要　　59
（2）　エネルギー消費量の計測と熱 　　　効率　　61	（2）　供热机房能耗与能效的现状　61
2.2　エネルギー管理システム導入に 　　　よる省エネルギー効果　　67	2.2　导入能源管理系统的节能效果　67
（1）　測定に基づくプラントの省エ 　　　ネルギー診断 1：簡易性能検 　　　証　　67	（1）　供热机房的节能诊断 1： 　　　　　　　简易能效测试　67
（2）　測定に基づくプラントの省エ 　　　ネルギー診断 2：BEMS 性能検 　　　証　　77	（2）　机房的节能诊断 2： 　　　　　　　BEMS 的性能检验　77
（3）　省エネルギー対策とその効果 　　　の算定　　81	（3）　节能对策与节能效果的估测　81
2.3　建築物エネルギー消費原単位の 　　　推定と省エネルギー施策の効果 　　　　　84	2.3　建筑供热能耗指标的估测和节能 　　　对策效果的分析　　84
（1）　建築物のエネルギー消費量の 　　　測定　　84	（1）　建筑能耗的测定　　84
（2）　エネルギー消費原単位の測定 　　　結果のまとめ　　92	（2）　供热能耗指标测定结果的总结 　　　　　92

⑶ 原単位に基づく省エネルギー施策による効果の推計　97	⑶ 节能效果的预测　97
⑷ エネルギー原単位に関するデータベース構築の提案　102	⑷ 能耗指标供热数据库的提案　102
2.4 地域暖房システムの省エネルギー対策と課題　105	2.4 热源测的节能技术　105
⑴ 性能検証マニュアル（案）の検討　105	⑴ 性能检验（供热系统调试）手册·节能指南草案的编写　105
⑵ 省エネルギーガイドライン付加事項の検討　112	⑵ 节能指南附加内容的探讨　112
⑶ 地域暖房システムの省エネルギー対策と課題　116	⑶ 集中供热节能对策与课题　116
3章 エネルギー管理システム（BEMS）の導入による省エネルギー効果　123	第三章 能源管理系统（BEMS）的节能效果　123
3.1 BEMS 導入による地域暖房プラント管理の評価　123	3.1 BEMS 导入与集中供热机房的管理评估　123
⑴ エネルギー管理システム導入の概要　123	⑴ 导入能源管理系统的概要　123
⑵ 対象とした地中熱ヒートポンププラント　125	⑵ 被调查的地源热泵供热机房　125
⑶ プラントの運転・管理の評価に関する調査　131	⑶ 供热机房运行管理状况的调查　131
3.2 プラントのエネルギー効率の簡易計測に基づく BEMS 導入効果　137	3.2 根据供热机房能效简易测定评价 BEMS 的导入效果　137
⑴ 簡易計測の概要　137	⑴ 简易测定的概要　137
⑵ 簡易計測に基づく BEMS 導入効果　138	⑵ 根据简易测定结果评价 BEMS 的有效性　138

3.3	BEMS 群管理システムの 計画・設計 144	3.3	BEMS 群管理系统的规划与设计 144
(1)	地域暖房システムへの BEMS 群管理システムの導入計画 144	(1)	集中供热系统导入 BEMS 群管理技术的规划 144
(2)	BEMS 群管理のシステム構成 147	(2)	BEMS 群管理系统的构成 147
(3)	BEMS 群管理システムの省エ ネルギー効果の推定 149	(3)	BEMS 群管理系统的节能效果 149
3.4	BEMS 群管理システムの事業性 の評価 156	3.4	BEMS 群管理系统的项目评价 156
(1)	プラント管理の実情から見た 事業化の方向 156	(1)	从供热机房管理的现状看项目运作的方向 156
(2)	事業化スキームの比較 160	(2)	项目经营模式的比较 160
(3)	事業性に関する検討 163	(3)	经济效益分析 163
(4)	事業化の実現可能性評価 168	(4)	项目实施的可能性评价 168

4章	日本の省エネルギー技術の中国地 域暖房での展開と評価 171	第四章	日本节能技术在中国集中供热系统的推广与评价 171
4.1	日本の省エネルギー技術の中国 地域暖房への適用可能性 171	4.1	日本节能技术在中国集中供热系统的应用可能性 171
(1)	適用可能な日本の技術 171	(1)	可适用的日本技术 171
(2)	日本製品の中国での市場性評 価 176	(2)	日本产品在中国的市场评价 176
(3)	日本企業の中国市場への関心 185	(3)	日本企业对中国市场的兴趣 185
(4)	日本製品・技術を活用する上 での課題 190	(4)	应用日本产品和技术时的课题 190
4.2	開発区への省エネルギー型地域 暖房の整備計画 194	4.2	开发区节能集中供热项目的建设规划 194
(1)	中国における開発区計画 194	(1)	中国的开发区建设规划 194
(2)	検討地区の概要と導入検討シ ステム 196	(2)	项目地区与导入设备系统的探讨 196
(3)	モデル地区の熱負荷想定 201	(3)	示范区供热负荷的估算 201

(4) 提案システムの試設計　206

(5) 導入効果と事業性の評価　209

4.3 省エネルギー型地域暖房の中国・東アジア諸国での整備推進の試案　221

(1) 省エネルギー型地域暖房の整備推進策の提案　221

(2) 瀋陽市での導入可能性調査、事業実施　223

(3) 瀋陽市、中国東北地域での上流域への展開　231

(4) 中国開発区への展開　233

(5) 中国西南地域の暖房方式の方向　236

(6) 東アジア諸国への展開　243

終　最近の中国における地域暖房事情　249

あとがき　255

中国地域暖房省エネルギー研究会　261

調査事業の体制　263

参考文献　267

(4) 提案系统的设计　206

(5) 导入效果与项目的技术经济评价　209

4.3 推进节能型集中供热系统在中国和东亚各国建设的构想　221

(1) 推进节能型集中供热系统建设的方案　221

(2) 沈阳市可行性调查与项目实施　223

(3) 在沈阳市、中国东北地区上游领域的推广　231

(4) 向全中国开发区的推广　233

(5) 中国西南地区供热方式的方向　236

(6) 在东亚各国的展开　243

终　中国集中供热项目的近况　249

后序　255

中国集中供热节能研究会　261

项目调查的前后经过　263

参考文献　267

1章 地域暖房団地の現場実測に基づいた省エネルギー対策と課題

1.1 中国における地域暖房の現状と課題

⑴ 建築のエネルギー消費量

1）中国のエネルギー消費総量

中国のエネルギー消費の総量は、2010年に20億toe/年（石油換算トン、840億GJ/年）[1]を超え、米国を抜いて世界最大のエネルギー消費国となった。中国のエネルギー消費は世界全体の20％超を占めている。石炭は中国が世界最大の消費国であり、石油は米国に次いで2位、天然ガスは米国、ロシアに次いで世界3位の消費国である。

[1]　1toe ≒ 42GJ

エネルギー消費量の増加に伴い、エネルギー全体の需給バランスで、1990年代前半から消費量が生産量を上回った。これに伴い中国のエネルギー対外依存度は急上昇している。石油の対外依存度で言えば、今世紀の初めの約30％から2010年には60％に近づいている。

一方、中国の対国内生産エネルギー消費量（原単位）は、日本の4.5倍、ドイツの2.8倍、アメリカの2.3倍の値であり（2004年, IEA資料による）、エネル

第一章 从集中供热小区的实测探讨节能对策与课题

1.1 中国集中供热的现状与课题

⑴ 建筑能耗总量

1）中国能耗的总体情况

2010年，中国社会总能耗超过20亿吨油当量（折合一次能耗840亿GJ）[1]，超过美国，成为全球第一大能耗大国，能耗超过全球总量的20％。中国煤炭消费量世界第一，石油消费量仅次于美国为世界第二，天然气消费量仅次于美国和俄罗斯，列世界第三。

＊1　吨油当量（toe）≈ 42GJ。

随着能耗的增加，自1993年起，中国能源消费总量超过了生产总量，能源需求对外依存度急剧上升。比如，原油的对外依存度已经由本世纪初的30％上升到2010年的60％左右。

另一方面，中国单位国民生产总值的能耗量（能耗指标）为日本的4.5倍，德国的2.8倍，美国的2.3倍（IEA按源）表明其能源利用率比较低。因此，节能成为

ギー効率の低さが顕著である。[*2] 以上
から、中国における省エネルギーは国家
的重要課題といえる。

> [*2] この項の記述は、主に平成 26 年度国
> 際石油需給体制等調査「中国のエネル
> ギー政策動向等に関する調査」(2015.3
> 野村総合研究所) 他を参照している。

2) 建築エネルギー消費と暖房用エネ
ルギー消費

中国の建築物 (住宅・一般建築) にお
けるエネルギー消費量[*3] は 7.6 億 toe/ 年
(2013 年) と推計される。全エネルギー
消費量 (25.8 億 toe/ 年、2013 年; 上記 *2
文献による) の約 30% を占め、都市へ
の人口集中、生活水準の向上、暖房・空
調設備や温水供給設備水準の向上等によ
り、その比率は上昇が予想されている。

> [*3] 中国では民生用エネルギーの用語はあ
> まり用いられず、建築物エネルギーが
> 用いられることが多い。

中国の地域暖房は、中国全土で約 120
億㎡の建物に供給している。これは中国
全土の全建築物 545 億㎡の 22% に当たる。
地域暖房によるエネルギー消費量は 1.9
億 toe/ 年であり、建築物の総エネルギー
消費量の 25% 程度が地域暖房用に消費
されているものと推測される。

> [*4] 建物エネルギー消費及び地域暖房エネ
> ルギー消費に関する数値は、主に「中国
> 建築節能年度発展研究報告 2015」(清華
> 大学建築節能研究中心) によっている。

調査事業の主たるフィールドとした瀋

中国的重要课题。

> [*2] 主要源自 2014 年度国际石油需求供应体
> 制等调查项目 - 《中国能源政策动向的调
> 查》(野村综合研究所 2015.3) 其他。

2) 中国的建筑能耗和供热能耗

据估计, 2013 年中国的建筑 (住宅和一
般建筑) 能耗为 7.6 亿 toe, 约占社会总能
耗 (2013 年为 25.8 亿 toe[*3], 源自上述文
献[*2]) 的 30%。随着人口向城市集中, 生
活水平的提高, 对供热、空调和热水供应
等需求的提高, 预计其比例还会继续上升。

> [*3] 中国一般不用民用能耗这一术语, 多用
> 建筑能耗。

中国集中供热建筑面积约为 120 亿㎡,
占全国总建筑面积 545 亿㎡的 22%。集中
供热能耗为 1.9 亿 toe/ 年, 估计约占建筑
总能耗的 25%[*4]。

> [*4] 建筑能耗与集中供热能耗的数据源自
> 《中国建筑节能年度发展研究报告 2015》
> (清华大学建筑节能研究中心)。

被调查的沈阳市 (人口约 740 万), 集中

陽市（人口約 740 万人）では、2.4 億㎡が地域暖房の供給を受けている。日本全国の地域暖房床面積（熱供給事業法対象；推定）約 5,500 万㎡に比し、大きな面積である。

このように中国における地域暖房のエネルギー消費量・消費割合は、日本と比べても圧倒的に大きく、熱源の大半が石炭に依存している点から、エネルギー問題、環境問題へのインパクトが極めて大きいといえる。

3）中国の第 12 次 5 カ年計画、第 13 次
　　5 カ年計画におけるエネルギー政策
　IEA（International Energy Agency：国際エネルギー機関）によれば、中国の二酸化炭素排出量は 2007 年に米国の排出量を超えた。中国の排出量は世界の 28% を占めて世界一（米国 17%、EU10%、インド 6%、ロシア 5%、日本 4%）であり、一人平均でも EU の平均を超えている。

2011 年 3 月に中国の全国人民代表大会（全人代；中国の国会にあたる）で可決された第 12 次 5 カ年計画（2011 ～ 2015 年）：12-5 計画は、5 ヶ年間で GDP 年平均成長率を 7% に保ち、一次エネルギー消費における非化石燃料の割合を 11.4%（2010 年 8.6%）まで引き上げ、GDP 単位当たりのエネルギー消費量を 16%、二酸化炭素排出量を 17% 削減することとした。これらは努力目標でなく各々拘束性のある目標である。

供热建筑面积约为 2.4 亿㎡。相比之下，整个日本的集中供热面积仅为 5500 万㎡（估计），可见其供热面积之大。

因此，中国集中供热能耗及消费比例，绝对超过日本。而且大部分热源以煤炭为燃料，对能源与环境的影响非常大。

3）中国"十二五"和"十三五"规划
　　中的能源政策
　根据国际能源机构 IEA（Inernational Energy Agency）的统计，2007 年中国的二氧化碳排放总量超过美国，成为世界第一。中国二氧化碳排放总量占全世界的 28%（美国为 16%、欧盟为 10%、印度为 6%、俄罗斯为 5%、日本为 4%），人均排放量也超过了欧盟。

2011 年 3 月中国全国人民代表大会（人代会，也就是中国的国会）批准的"十二五"规划（2011 ～ 2015 年），明确规定今后 5 年，GDP 年增长率保持 7%，非化石能源占一次能源消费比下降到 11.4%（2010 年为 18.6%），单位国内生产总值（GDP）能源消耗比 2010 年降低 16%，单位 GDP 二氧化碳排放降低 17%，均为约束性目标而不是预期性目标。

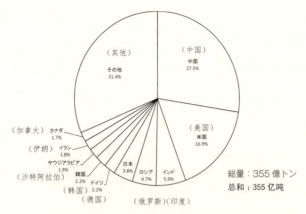

図 1.1.1　世界各国の二酸化炭素排出量（2014年）（出典：IEA 資料）
图 1.1.1　各国二氧化碳排放量（2014年）（出处：IEA 资料）

その後、2013年1月に「エネルギー発展第12次5カ年計画」が発表された。この中で、省エネルギー優先戦略を強化して、エネルギー開発・利用効率を全面的に向上させ、エネルギー消費量を合理的にコントロールし、安全かつ安定的、経済的でクリーンなエネルギーシステム化を図る基本方針が示された。

第12次5カ年計画期間の省エネルギーの進捗状況は、2011年2.0%、12年3.6%、13年3.7%の実績、14年、15年の見込みが各3.9%と、16%の省エネルギーの達成が可能との見通しを示した。

第13次5カ年計画（2016～2020年）：13-5計画の草案が2015年11月に発表された。経済成長については「年平均6.5%以上の成長が必要」とされる見込みで、主要施策の柱が環境対策である。「中国の大気、水、土壌の汚染問題はなお突出し

2013年1月公布了能源发展"十二五"规划，提出了强化节能优先战略，全面提升能源开发转化和利用效率，控制能源消费总量，构建安全、稳定、经济、清洁的现代能源产业体系等基本方针。

"十二五"期间，2011年、2012年、2013年实际单位GDP能耗分别降低2%、3.6%、和3.7%，2014年和2015年估计均可实现3.9%的节能目标。

2015年11月公布了"十三五"规划（2016-2020年）的草案。预期年经济增长率保持在6.5%以上，施政关键为环境政策。据报道，习近平主席说："我国长期积累的大气、水、土壤污染问题近年来愈加突出，人民群众对改善生态环境的呼声

ており、改善を望む人民の声は強烈だ」
と習近平主席も述べたと報道された。

　計画草案では、新エネルギーの拡大を
挙げており、風力や太陽光、バイオマス
燃料による発電の比率を増やすほか、原
子力発電所も増設ペースを速め、世界最
大の埋蔵量を誇る国内のシェールガス開
発にも取り組むとされる。

　5 カ年のエネルギー関連計画の策定は
2016 年以降になるが、2014 年 11 月に中
国国務院により「エネルギー発展戦略行
動計画（2014-2020 年）」が発表された。
この中で中国のエネルギー発展に向けた
以下の 5 項目の戦略を明確化している。

① エネルギー供給の自立性、安定供
給の向上；石炭のクリーン・高効
率化、石油生産量の段階的増加、
天然ガスの増強、代替エネルギー
の増強、貯蔵による緊急対応能力
の強化

② エネルギー消費革命の推進：消費
の急増を厳正に制御、効率向上計
画の実施、都市と農村のエネル
ギー使用方式の変革

③ エネルギー構造の改善：石炭消費
の比重の低減、天然ガス消費の比
重増、原子力発電の安全な発展、
再生可能エネルギーの導入に注力

④ エネルギーの国際協力の拡大：二国
間・多国間協力を深化、地域のエネ
ルギー取引市場を確立、世界的な
エネルギーガバナンスに積極参加

非常强烈"。

　规划草案规定，要扩大新能源的利用，
提高风力、太阳能、生物质能源的发电比
率，加快核电建设步伐，促进储量世界第
一的页岩天然气的开发。

　虽然"十三五"规划中的能源规划要到
2016 年以后才制定，但是 2014 年 11 月国
务院发布的能源发展战略行动计划（2014-
2020 年），明确规定了以下五项战略任
务：

① 增强能源自主保障能力：推进煤炭
清洁高效开发利用，稳步提高国内
石油产量，大力发展天然气，积极
发展能源替代，加强储备应急能力
建设；

② 推进能源消费革命：严格控制能源
消费过快增长，着力实施能效提升
计划，推动城乡用能方式变革；

③ 优化能源结构：降低煤炭消费比
重，提高天然气消费比重，安全发
展核电，大力发展可再生能源；

④ 拓展能源国际合作：深化国际能源
双边多边合作，建立区域性能源交
易市场。积极参与全球能源治理；

⑤　エネルギー技術革新の推進；科学技術イノベーション戦略と重点の明確化、ハイテク・イノベーション体系の構築

　5つの戦略項目で特に本書の主題との関連性が強いのは、地域暖房の省エネルギー推進に関する日本の技術の活用を念頭に置いて、

　②に関連して、ソフト面、ハード面のエネルギー利用の効率化の推進、計画的・段階的取組みを図ること

　③に関連して、石炭の比重の低下に伴う天然ガス活用。再生可能エネルギーの比率の拡大とそれらの利用技術の進展を図ること

　④に関連して、省エネルギー技術等に関して2国間・多国間協力メカニズムの活用を図ることがあげられる。

　なお、気候変動に関する計画として2020年までにGDP当たりのCO_2排出量を15年比18%、GDP当たりのエネルギー消費量を同15%減らす公約を掲げた。また、1次エネルギー消費に占める非化石燃料の比率を約15%とし、エネルギー消費量を標準石炭換算で50億t未満に抑える目標を定め、PM2.5を25%削減することも明記している。

　中国では地方政府に大気汚染対策等環境政策の責任を委ねている。PM2.5対策については省や市政府から各区政府に対して、有効な低減策について推奨金と悪

⑤　推进能源科技创新：明确能源科技创新战略方向和重点，抓好科技重大专项，依托重大工程带动自主创新，加快能源科技创新体系建设。

　从充分利用日本技术，推进集中供热节能的角度来考虑，这五项战略任务中与本书主题特别密切相关的是：

　上述②中，从软件方面和硬件方面有计划、有阶段地推进能源的有效利用；

　上述③中，降低煤炭消费比重，充分利用天然气，扩大可再生能源的比例，推进天然气利用技术的发展；

　上述④中，充分利用两国间、多国间的合作机制，促进节能技术等的应用。

　另外，规划还制定了应对气候变化的环境规划，明确规定到2020年，单位GDP的二氧化碳排放量比2015年降低18%，单位GDP的能耗减少15%。确立了非化石能源占一次能源比重达到15%，能耗总量控制在50亿吨标煤以内的目标，并承诺PM2.5浓度减少25%。

　中国规定由地方政府负责制定防治大气污染等环境政策。对PM2.5的防治对策，各省和市政府对下属各区政府进行考核。自2015年开始，有若干省市政府对

化の場合の罰金制度を、いくつかの省や市政府で 2015 年から施行している。

このような施策の一環で、省エネルギー型地域暖房の推進に取り込むことが有効といえる。

＊5 第 13 次 5 カ年計画に関する記述は、日本経済新聞記事：中国主席「年 6.5% 以上の成長必要」新 5 カ年計画で明言 / 中国、成長へ産業高度化次期 5 カ年計画草案（2015 年 11 月 3 日 /4 日による。また、温暖化対策に関する記述は日本経済新聞記事：「中国の温暖化対策」（2016 年 4 月 15 日）による。

(2) 地域暖房の現状

1）中国における地域暖房導入地域

1950 年代のエネルギー源が乏しかった時代に、当時の周恩来首相の指導の下、秦嶺、淮河を境に、これより北では暖房の設置が義務付けられた。これより南の地域は暖房設備の設置は義務付けが無い。北京市、天津市、河北省、山西省、内蒙古自治区、遼寧省、吉林省、黒竜江省、山東省、河南省、陝西省、青海省、寧夏回族自治区、新疆ウイグル自治区が暖房導入地域に該当する。

この境は北緯 33 度付近で、日本で言えば福岡市や高知市にあたるが、1 日の平均気温が 5℃以下の日数が 90 日以上か否かで線引きしたと言われ、同緯度の日本の都市と比べるとかなり気温の低い地域である。

この暖房導入地域は北方暖房地域とも呼ばれ、中国の気候区において概ね厳寒

有効降低 PM2.5 的基层政府进行奖励，对环境恶化的基层政府进行处罚。

作为环保政策的一部分，可以说推进节能型集中供热系统是有效的。

＊5 "十三五"规划的说明，源自《日本经济新闻》的报道：中国习主席明确说明新的五年规划中必须要实现年均增长 6.5%/新的五年规划草案 - 中国加快产业升级实现高速增长（2015 年 11 月 3/4 日）。另外，温暖化对策源自《日本经济新闻》《中国的温暖化对策》的报道（2016 年 4 月 15 日）。

(2) 中国集中供热的现状

1）实施集中供热的地区

20 世纪 50 年代，在"能源奇缺"背景下，周恩来总理提出以秦岭、淮河为界，该线以北地区必须进行集中供热，该线以南地区则无此规定。因此，北京、天津、河北省、山西省、内蒙古自治区、辽宁省、吉林省、黑龙江省、山东省、河南省、山西省、青海省、宁夏回族自治区和新疆维吾尔自治区等实施了集中供热。

该线在北纬 33 度附近，相当于日本福冈市和高知市，是以累年日平均温度低于 5°C 的天数是否超过 90 天来划定的。与同纬度的日本城市相比，属于气温很低的地区。

这些导入集中供热的地区被称为北方集中供热地区。在中国气候分区图中，属于

7

地域及び寒冷地域に相当する。他の南側の地域は夏暑冬冷地域、温和地域、夏熱冬暖地域に相当する。（中国建築気候区は4章の図4.3.2参照）

北方暖房地域の建築床面積は約120億㎡、この約85%が地域暖房・集中暖房、残りの約15%が個別暖房に拠っているものと推計される。

于严寒地区和寒冷地区。南方地区则属于夏热冬冷地区、温和地区和夏热冬暖地区。（参照第四章图4.3.2 中国建筑气候分区）。

北方集中供热建筑面积约有120亿㎡，据估计其中85%为区域供热和集中锅炉房供热，剩余15%则为分散锅炉房供热。

図 1.1.2　中国における暖房地域区分
图 1.1.2　中国的供热分区

'Euroheat and Power'によれば、中国全土の地域暖房からの供給熱量は世界最大級（ロシアに次いで2位）で3,197,000TJであり、日本（23,000TJ）の140倍の供給熱量にあたる。同資料による中国の熱供給面積は約60億㎡で、日本（推定5,500万㎡）の100倍強の供給面積にあたる。

根据Euroheat and Power的统计，中国集中供热系统的供热量为世界第一（俄罗斯为世界第二），共3,197,000TJ，是日本供热量（23,000TJ）的140倍。中国的供热面积为60亿㎡，是日本供热面积（5,500万㎡）的100倍。

1章　地域暖房団地の現場実測に基づいた省エネルギー対策と課題
第一章　从集中供热小区的实测探讨节能对策与课题

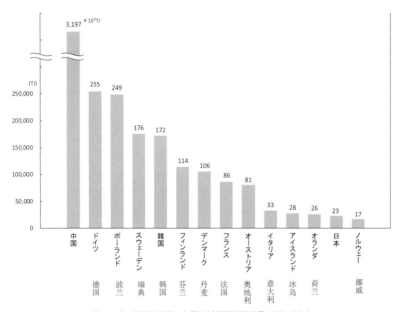

図 1.1.3　世界主要国の年間地域暖房熱供給量（2013 年）
图 1.1.3　世界各国的集中供热量（2013 年）
（'Euroheat and Power' 2015 による）—（源于《Euroheat and Power》2015）

＊6　同一年の数値がないが、ロシア 7,947,000TJ（1993 年）、米国 1,183,000TJ（1992 年）があり、中国は世界第 2 位と推定される。

＊6　虽然没有同一年的数据，但是根据俄罗斯的供热量为 7,947,000TJ（1993 年），美国为 1,183,000TJ（1992 年），推定中国为世界第二。

このように巨大なストックを有する中国の地域暖房は、その間培われた優れた技術システム（CHP（熱電併給）システム等）があり、省エネルギー対策上もそれらを活用した方策が望まれる。一方、60 年以上の経年施設も多い。都心部の大気汚染の要因のひとつとなっている小規模石炭ボイラプラントや熱損失の多い導管設備等、老朽化した設備が原因となり、エネルギー効率が悪く、排煙その他

中国集中供热系统规模如此巨大，也培育出许多优秀的技术（CHP（热电联产）供热系统等）。作为节能对策，期待能够充分利用这些技术。另一方面，服役超过 60 年的设施也很多。城市中心大气污染的原因之一，就来自小型燃煤锅炉供热机房。随着设备的老化、管网供热损失的增大、能源利用效率恶化、带来烟尘排放等诸多环境问题。要改善这些状况，不仅需要巨大投资，也需要花时间。

9

環境面での課題も多く抱えている。それ
らの改善には多大な投資・年数を要する。

　この点から、開発地区での先導的な取
組みや熱の計量・課金制度となるソフト
面の取組みを優先させることが、より合
理的、即効的な方策ともいえる。

从这点来说，率先在开发区建设硬件设
施，软件方面从改革供热计量和收费体制
方面着手，是非常合理有效的的。

(3)　実測を行った瀋陽市の気候と地域暖房

1）瀋陽市の立地条件

　中国東北地方は、遼寧省・吉林省・黒
竜江省の3省から成る。3省の人口は1.2
億人と日本と同規模である。瀋陽市だけ
でも人口は740万人（行政区域人口）で、
中国の都市の中で人口は上位10指に入
る。市区面積は3,500km²である。

　瀋陽市は北緯41～43度に位置する。
日本で言えば青森、函館間の津軽海峡に
あたる。気候区は中国建築気候区での厳
寒地域に分類され、北方暖房地域に位置
する。年平均気温は8.1℃、年間降水量
は約600mm。暖房デグリデー*7（18℃
基準）は3,964℃・日（札幌3,577、北京
2,705、東京2,312）。冷房デグリデー*7
（20℃基準）は393℃・日（札幌110、北
京650、東京632）である。

　　*7　その地域で暖房（冷房）が必要となる
　　　　期間中の日平均気温と暖房（冷房）温
　　　　度の差の積算値。

(3)　沈阳市的地理位置和集中供热系统概要

1）沈阳市的地理位置

　东北地区由辽宁省、吉林和黑龙江省
三个省组成，共有1.2亿人口，人口规模
与日本相同。仅沈阳市就有740万常住
人口，人口数量位居全国前十名，面积
3,500km²。

　沈阳市处于北纬41～43度，相当于
日本青森和函馆之间的津轻海峡。气候
分区为严寒地区，属于北方集中供热地
区。年平均温度为8.1℃，年降雨量为
20mm。采暖度日数*7（室内基准温度
18℃）为3,964℃・日（札幌为3,577，北
京为2,705，东京为2,312℃・日），制冷度
日数*7（室内基准温度20℃）为393℃・日
（札幌为110，北京为650，东京为632℃・
日）。

　　*7　该地区采暖（制冷）期间室内基准温度
　　　　与日平均气温之差的累计值。

1章 地域暖房団地の現場実測に基づいた省エネルギー対策と課題
第一章 从集中供热小区的实测探讨节能対策与课题

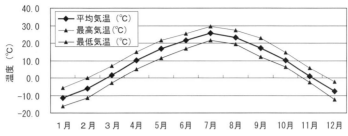

図 1.1.4　瀋陽市の月別気温（出典：中国建築熱環境分析用気象データ）
图 1.1.4　沈阳市逐月气温（出处：中国建筑热环境分析用气象数据）

瀋陽市の GDP（2011 年）は 5,900 億元、遼寧省内でのシェアは 27%、年成長率は 12%。労働者平均月間給与は 3,490 元/月（13.5 円/元 [*8] として 47,100 円/月）で、北京市の 4,900 元（66,200 円）、上海市 4,600 元（62,100 円）に比べ低い。（いずれも 2013 年時点）日本全国の平均的水準の 314,000 円（2012 年）に対しては 1/6～1/7 の水準となる。

なお、瀋陽市は日本の川崎市、札幌市と友好都市提携を結んでいる。特に川崎市・瀋陽市間では、環境・エネルギー分野での交流が行われている。

* 8　本書での為替レートは、現地での調査時点である 2008-2011 年時点の平均値とし 13.5 円/元とする。なお、2016 年現在の為替レートは 17.5 円/元。

2）瀋陽市の地域暖房の概要

瀋陽市の熱供給総床面積は 2012 年末で 2.42 億㎡、供給対象は住宅が 76%、非住宅（中国では公共建築と呼ぶ）が 24% である。地域暖房の熱源は、CHP（熱電併給）が 27%、石炭ボイラーが

2011 年沈阳市的 GDP 为 5,900 亿元，占辽宁省的 27%，年增长率 12%。2013 年人均月收入为 3,490 元（47,100 日元，汇率 13.5 日元/元 [*8]），低于北京 4,900 元（66,200 日元）和上海 4,600 元（62,100 日元）。与日本全国平均月收入 314,000 日元（2012 年）相比，约为日本的 1/6～1/7。

另外，沈阳市和川崎市和札幌市为友好城市。沈阳市和川崎市，在环保、能源领域进行着交流。

* 8　本书中的汇率采用了调查当时的数据，2008-2011 年平均为 13.5 日元/元。目前的汇率为 17.5 日元/元。

2）沈阳市集中供热系统概要

2012 年末，沈阳市的供热面积为 2.42 亿㎡，供热建筑中有 76% 为住宅，24% 为非住宅建筑（中国通常称为公共建筑）。集中供热系统的热源，热电联产型占 27%，燃煤锅炉型占 60%，其他为 13%。

60%、その他が13%の構成である。2008年に比べ総供給面積が23%増加、CHP（熱電併給）の比率が4%増、石炭ボイラーの比率が13%減である。

与2008年相比，供热面积增加23%，热电联产型（CHP）的比例增加4%，燃煤锅炉型减少13%。

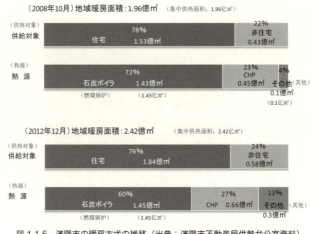

図1.1.5　瀋陽市の暖房方式の推移（出典：瀋陽市不動産局供熱弁公室資料）
图1.1.5　沈阳市供热方式的变化（出处：沈阳市房产局供热办公室资料）

瀋陽市の地域暖房の現状（2012年末現在）を概括する。石炭ボイラプラントの1プラント当りの供熱面積は13万m²である。ボイラ容量別には40t/h以上が49プラント、20-40t/hが67プラント、20t/h以下が1,837プラントで、20t/h以下のエネルギー効率、環境汚染面で課題を有する小規模プラントが9割近くを占める。

CHP（熱電併給）プラントは大型プラント、中型プラントが9プラントあり、平均の供熱面積は133万m²と石炭ボイラプラントの10倍に相当する。平均プラント容量は日本の熱供給事業の（平均

2012年末沈阳市供热总体状况概括如下：单个供热机房的平均供热面积为13万m²。锅炉容量超过40t/h的有49个，20-40t/h的有67个，20t/h以下的有1,837个。小型供热机房的锅炉容量为20t/h以下，其中90%在能源效率和环境污染方面存在许多课题。

大中型热电联产（CHP）供热厂有9座，供热规模大，平均供热面积为133万m²，是燃煤供热机房供热面积的10倍。与日本供热企业（平均供热面积30万m²）机房平均装机容量相比，热电联产型供热

規模は熱供給面積で30万㎡）と比べて、CHP（熱電併給）プラントで4倍、石炭ボイラプラントで4割程度に当たる。

その他3,100万㎡の供熱面積に対する熱供給は、清潔（クリーン）エネルギーとして、地中熱ヒートポンプ、汚水熱ヒートポンプ及び天然ガスボイラー、その他（石油ボイラー、電気ボイラー、太陽熱）によってくる。瀋陽市によればその供熱面積は2015年には2.90億㎡、2020年には3.54億㎡に増強される計画である。（年間0.14億㎡増、年率5〜6%増に相当）

3）瀋陽市の地域暖房の課題[*9]

瀋陽市による「都市暖房計画（2013-2020年）」では、瀋陽市が抱える課題として以下をあげている。

① 小規模ボイラの比率が未だに多く、大型の石炭ボイラプラント、CHPプラントの比率が低い。大型熱源プラントが市内に偏在し分布も不合理である。

② 清潔（クリーン）エネルギープラントの比率が13%と低率である。

③ 供熱面積1,000万㎡を超える大型熱供給区域が年々増加していることから、市内の熱供給サービスや熱源、導管の安全性、信頼性に差がある。一部施設の老朽化により、一旦故障が発生すると大規模な範囲に影響を及ぼす。近年は特に導管の漏れ、熱損失の課題が顕在化

系统的供热面积是日本的4倍，而燃煤锅炉供热机房的供热面积只是日本的40%。

其他3,100万㎡建筑则是通过地源热泵、污水院热泵、燃气锅炉等清洁能源及其他热源（燃油锅炉、电锅炉、太阳能）来供热的。2015年沈阳市供热面积为2.9亿㎡，计划2020年要增加到3.54亿㎡（相当于年增加0.14亿㎡，年增长率为5〜6%）。

3）沈阳市集中供热的课题[*9]

沈阳市城市供热规划（2013-2020年）中提到了集中供热的课题，具体如下：

① 小锅炉的比例还很高，大型燃煤锅炉供热机房、热电联产型供热机房的比例低。市区内大型供热机房分布不均，而且很不合理。

② 采用清洁能源的供热机房只有13%，比例很低。

③ 供热面积超过1,000万㎡的大型供热小区逐年增加，影响城市的供热服务以及热源、热网的安全性、可靠性。一部分设施老化，一旦发生故障，影响范围会很大。近年，供热管网的泄漏和热损失等课题尤为突出。

している。

④ 20t/h 以下の小規模ボイラプラント 1,837 プラントの内 249（ボイラ 521 基）を撤去し、省エネルギーを大幅に達成し環境改善に寄与する。残置される小規模石炭ボイラ（約 1,500 プラント）対策が課題である。

＊9 「瀋陽市都市暖房計画（2013-2020 年）」（2014.11 瀋陽市弁公庁）による。

④ 20t/h 以下的小型锅炉机房有 1,837 个，其中 249 个（锅炉 521 台）已经被拆除，预期可以大幅度节能，改善环境。剩余的小型锅炉机房（约有 1,500 个）面临较为紧迫的对策与课题。

＊9 沈阳市供热规划（2013-2020 年）

⑷ 省エネルギーのための熱料金制度と計量の必要性

1）地域暖房の熱料金と料金徴収

中国では瀋陽市政府など地方政府が暖房期間を毎年定める。瀋陽市では多くの場合 11 月初めから 3 月末までで、その年の気候条件などを勘案して市が開始日と閉止日（3 月 31 日が原則）を定めて、開始日の 1 か月程度前に市から発表される。この開始日と閉止日の期間外はどんなに寒くても暖房は供給されない。

その期間の暖房料金は、需要家は開始日前の定められた日までに前払いで支払わねばならない。

この料金は、床面積当たりの期間料金として毎年定められる定額料金であり、瀋陽市の場合は以下のように定められている。これらの数値は 2008 年時点のものだが、2016 年でも暖房手当のない家庭で 26 元 /㎡と殆ど変っていない。

① 住宅 22 ～ 28 元 /㎡（職場の暖房

⑷ 供热收费制度和供热计量的必要性

1）集中供热价格与供热收费

在中国，每年由沈阳等地方政府设定各自的供暖期。沈阳市的供暖期一般从 11 月初开始到次年的 3 月末结束。根据该年的气象条件等，沈阳市确定具体的开始日期和结束日期（原则上为 3 月 31 日），大致在供暖前一个月由市政府公告。供暖开始日之前或者供暖结束日之后，即使天气很冷也不会进行集中供热。

用户必须在供暖期开始指定日期之前支付供热费。

整个供热期单位建筑面积的供热价格，由政府每年核定，是定额费用，具体如下所述。虽然这些是 2008 年的数据，但是 2016 年没有供热补贴的家庭依然维持在 26 元 /㎡，几乎没有什么变化。

① 住宅 :22 ～ 28 元 /㎡（无单位供热

手当のない家庭は 25.3 元 /㎡、差
額は政府負担）

② 非住宅 23.5 ～ 32 元 /㎡（高さが
3.5m 超 の 場 合 は 0.3m 毎 に 10%
割増、車庫・地下駐車場は 50%）、
非住宅熱料金は二部料金制があり、
基本＋従量＝ 16 元 /㎡ +0.1713 元
/kWh（47.58 元 /GJ）

③ 熱料金の払い戻し（室温基準を
満たさなかった場合）：熱供給会
社・需要家間で室温の基準に達し
なかった日数を確認、室温 18 ～
13℃ 50%、13℃未満 100%を払い
戻し。

住宅で年間 25 円元 /㎡という料金は、
120㎡の住宅で 3,000 元（40,500 円）で
ある。これは先述の 1 人 1 ヶ月の給与
（47,100 円）の 86%に相当し、決して安
い水準ではない。＊10

＊10 日本の熱供給事業では、北海道の一部
住宅への熱供給区域を除いて定額料金
制度は採られていない。2012 年現在、
北海道の公営住宅の定額料金の水準は、
月定額の地区の 3DK で 16,000 ～ 20,000
円／月、暖房期間 5 ヶ月として 80,000
～ 100,000 円／年、面積当り定額の地区
で 1,700 ～ 2,100 円／㎡、暖房期間で床
面積 80㎡として 136,000 ～ 168,000 円／
年である。瀋陽市の現状に対し 2 ～ 4 倍
の水準に当る。瀋陽市の所得水準（6 ～
7 倍）と比較すると、瀋陽市の熱料金は
割高感がある。（但し、瀋陽市では各所
属機関等からの補助金により補填され
ている例が多い。）

补贴的家庭按 25.3 元 /㎡收费，差
额由政府承担）

② 非住宅:23.5 ～ 32 元 /㎡（层高超过
3.5m 时，每增高 0.3m 供热单价增
加 10%，车库和地下停车场按 50%
计算）；非住宅建筑的供热费有两
部制热价，基本热价＋计量热价＝
16 元 /㎡＋ 0.1713 元 /kWh（47.58
元 /GJ）。

③ 供热不达标时的退费标准（室温不
合格时）：根据供热企业与用户之间
所确定的室温标准，按照室温不合
格的天数，退还供热费。室温高于
13℃、低于 18℃时，退还供热费的
50%；室温低于 13℃时，全额退还。

住宅的年供热费为 25 元 / ㎡，120 ㎡住
宅的供热费为 3,000 元（40,500 日元），是
前述人均月收入（47,100 日元）的 86%，
应该说供热费并不便宜＊10。

＊10 日本的供热项目，除了北海道一部分住
宅的供热小区，并没有采用定额收费制
度。2012 年北海道公营住宅的定额供热费,
按月定额收费地区，3DK（3 室＋餐厅＋
厨房）住宅为 16,000 ～ 20,000 日元／月,
供热期为 5 个月，年供热费为 80,000 ～
100,000 日元；按面积定额收费地区，供
热费为 1,700 ～ 2,100 日元／㎡，建筑面
积为 80 ㎡时，年供热费为 136,000 ～
168,000 日元。与沈阳市的现状相比，日
本要高 2 ～ 4 倍，考虑到日本的收入要比
沈阳市高 6 ～ 7 倍，相对来说沈阳的供热
费比较贵（但是沈阳的各机关企业大多
通过发供热补贴来弥补）。

2）熱の計量の必要性と政府の取り組み

地域暖房の利用料金が床面積当たり一律の定額料金制であることから、事業者、ユーザーともに原価意識に乏しく、地域暖房の省エネルギー化が進まない最大の理由の一つである。室温が高くなると窓を開けて調整する住民が続出し、2007年頃の日本の新聞でも話題になった。

この点に関し中国政府では「中華人民共和国省エネルギー法」、「民用建築暖房提供管理方法」、「都市熱料金暫定管理方法」、「北方暖房地域の既存住居建築における熱計量及び省エネルギー改修を促進する実施要領」等により計量・課金制の導入、定着を図ろうとしている。これまで長期にわたり定額料金制が採られてきたこと、計量設備の導入費用がかさむことや所属する役所・企業等からの暖房手当との関連での複雑な部分も多く、これらの制度は必ずしも実効性を挙げているとは言えない。

北方暖房地域の熱供給計量改革会議（2009年）では、2010年暖房期間までに既設大型公共建築物で全ての計量改造を終了し使用料徴収を実施し、竣工建物と計量改造建物全てで従量料金制度の適用を予定した。しかしながらその達成度は極めて低い。同会議で以下の3つの同時進行を謳っている。

① 新築建築物の建設工事と熱供給計量施設の設置の同時進行
② 既設建築物の熱供給計量改造と省

2）热计量的必要性和政府所采取的行动

由于集中供热费用是按建筑面积固定收取的，因此供热企业、用户都缺乏成本意识，这也是集中供热系统节能工作进展缓慢的原因之一。室温过高时，居民们往往打开窗户来调节室温，2007年日本报纸曾对此进行过报道。

对此，中国政府颁布了《节能法》、《民用建筑供热管理办法》、《城镇供热费用暂行管理办法》、《关于推进北方采暖地区既有居住建筑供热计量及节能改造工作的实施意见》等一系列法律和规定，明确了导入热计量的必要性，确立了供热计量改革的方向。长期以来一直实施固定收费的政策，供热计量设备的设置费用、供热补贴等相关因素较为复杂，供热计量制度是否一定会有实效还比较难说。

虽然2009年的北方采暖地区供热计量改革工作会议规定，2010年采暖期前，既有大型公共建筑将全部完成供热计量改造并实行按用热量计价收费，北方城市所有新竣工建筑及完成供热计量改造的既有建筑，将全面实行按用热量计价收费方式，但是实施情况非常差。该会议还积极倡导以下三方面的工作：

① 新建建筑的建筑施工和供热计量设备的安装同时进行。
② 既有建筑的供热计量改造和节能改

エネ改造の同時進行

③ 熱供給計量施設の設置と熱供給計量による使用料徴収の同時進行

熱供給計量の要請に適合しない新規プロジェクトに対しては竣工検収、熱供給を一律に不許可とする。目標事業に達しない都市は国家プロジェクトの再生可能エネルギー建築物適用モデル都市申請を行ってはならない、などの罰則規定も設けている。

瀋陽市でも、2008年に民間建築の省エネルギー条例が定められた。すべての新築建物は、必ず温度調整バルブを取り付けるか、取り付ける場所を確保することとされ、そのような条件を満たさない場合には、建築工事の竣工時の検査は受けられない。温度調整バルブを設置し、暖房による室温の調整を各住宅側で可能とすることで、温度調節のための窓開けも回避が図れるものとしている。

また同条例では、建築物の竣工検査前に、省エネルギー性についての検査を行うことや、住宅分譲の際には、断熱性能、暖房の省エネルギー性等についての情報を公表することも規定されている。

3）計測・計量の推進策

建築エネルギー消費量の実態を把握し、エネルギー管理を強化するために、「民用建築（民間建築）エネルギー消費統計報告制度」が施行されている。民間建築の他、公共建築と住宅建築や熱供給プラ

造同時进行。

③ 供热计量设备的安装与热量计价收费同时进行。

并提出相应的惩罚性措施，对于不符合供热计量要求的新建项目，一律不予竣工验收，不予供热。凡是未能完成供热改革目标任务的城市，不得申报国家级可再生能源示范项目。

2008年，沈阳市颁布了民用建筑的节能管理条例，规定所有新建建筑必须安装调温阀，预留热量表的安装位置。凡不符合要求的项目，一律不予竣工验收。只有安装了调温阀，才能在供热时调节各住户的室温，从而可以避免通过开窗户来调节室温。

另外，该条例还规定，竣工验收前，要进行建筑的节能检查。销售住宅楼时，要公开围护结构的保温性能，供热节能指标。

3）推进供热计量的政策

为了把握实际建筑能耗，强化能源管理，政府制定了《民用建筑能耗统计报表制度》。以民用建筑、公共建筑，住宅和供热企业等为对象，调查建筑的用途、规模和能耗量。今后，通过这些数据，不仅

ントも対象とし、建物用途、規模や、エ
ネルギー使用量等を調査する。今後これ
らのデータをもとに、個別建物やプラン
トのエネルギーの利用効率などの定量的
評価が可能となるため、それぞれのエネ
ルギー管理、監督が強化されていくもの
と期待される。

　また、地域暖房料金徴収のための熱計
量については、瀋陽市では、計量推奨の
制度を 2005 年に定め、2008 年にも「住
宅熱計量管理方法」を発布したが実行性
に乏しく、既設住宅の改修等は進んでい
ないのが実情である。但し、新築住宅で
はメーターの設置スペースは確保されて
いる。

【参考】世界銀行による中国地域暖房の計量・課金改革勧告

　2001 ～ 2002 年、世界銀行がフィンランド
政府の資金援助を受けて、各戸計量につい
ての本格調査を実施した。熱エネルギー計
測とそれによって料金を取ることは、熱エ
ネルギーの提供の効率を高め、ユーザーの
節約を促す。このような市場促進活動「熱エ
ネルギーの商品化」は、中国の熱供給効率を
高め建物の省エネルギー化を図るため不可
欠との認識である。

　計量・課金のための条件整備として以下を
挙げている。
　① 新築と既設建築物への対策の区分；既
　　 設の建物の大半の単管垂直システム
　　 に対する計量方法は、棟別計量と各
　　 戸面積による配分と、棟別計量と各
　　 戸に熱分配器設置による配分に区分
　② 適切な暖房契約形式の選択；各戸契約

可以定量分析各栋建筑、供热企业的能耗
效率，也可以强化能源管理和监督。

　为了推进集中供热系统的热计量，2005
年沈阳市确立了推荐热计量制度，2008
年颁布了《住宅供热计量管理办法》。但
是，没有落实到行动上，既有住宅的供热
计量改造几乎没有什么进展，新建住宅中
也仅仅预留了热量表的安装位置。

【参考】世界银行对中国集中供热计量与收费的建议

　2001-2002年，世界银行受芬兰政府的资助，
对分户供热计量进行了正式调查。耗热量的
测定与计量收费，不仅可以提高供热方的效
率，而且可以促进用户侧的节约。为了提高
中国的供热效率，实现建筑节能，促进市场
机制的运作，承认"供热商品化"是必然的。

　实现供热计量与热量计价收费的条件，具
体如下：
　① 新建建筑与既有建筑的政策区分：对采
　　 用单管垂直系统的大部分既有建筑进
　　 行供热计量时，要选用楼栋计量再按
　　 住户面积分摊法，或楼栋计量再按各
　　 户供热量分摊法。
　② 选择合适的供热签约模式：分户签约和

18

第一章　地域暖房団地の現場実測に基づいた省エネルギー対策と課題
第一章　从集中供热小区的实测探讨节能对策与课题

と多数ユーザーの代表機構（所有者委員会や不動産会社）との集団契約

③ 暖房費補助の「裏」（給与に暖房費補助を含める）から「表」への改革

④ 熱計量器のコストダウンと品質の確保、循環水処理による水質の向上

⑤ 国際経験の活用；棟別計量と各戸面積配分（フィンランド）、棟別計量と各戸熱配分計分配（ドイツ・デンマーク他）、各戸温水流量計（韓国）、各戸熱量計からの選択については、一律適用は不適切

⑥ 部屋の位置による負荷の差異の考慮、固定費と変動費の構成と省エネの関連、公正な熱計量の機器の設置・料金徴収・銀行システムの整備、供給熱量の最低保障等の国際経験の活用

そして、以下の政策提言を行った。

『「熱商品化」の体制改革の実行、棟別計量と各戸配分の強制実行、関連技術と能力開発、「裏補償」から「表補償」への改革、計測設備・評価センターの整備、モデルプロジェクトのサポート、熱エネルギーや省エネルギーについての基本情報の公開、複数の熱計量方式の選択の市場への委任、などを推進すべきである。』

この勧告を受けて、北京市その他でモデル地区での導入が進んだ。長春市の11,000戸対象の実証事業では全体で約30%の省エネルギーの成果を上げたとされる。その後の一般化は、瀋陽市の実態を見るように大きな進展はしていない。

用户代表机构（业主委员会和房地产公司）的集体签约。

③ 供热补贴由"暗贴"（供热补贴包含在工资中）改成"明补"。

④ 确保供热计量器质量并降低成本，加强循环水的水质处理，改善水质。

⑤ 充分利用国际先进经验：因地制宜，可以选择楼栋计量再按住户面积分摊法（芬兰式），楼栋计量再按各户供热量分摊法（德国）和分户热水流量计量法（韩国）和分户供热计量法，不可以一刀切。

⑥ 考虑房间位置差异所带来的供热负荷差异，固定费用与可变费用的构成与节能的相关性，设置可靠的热量计，确保供热计量的公正性，加强供热计量收费和银行结算系统的建设，充分利用供热量最低保障等国际先进经验。

因此，提出以下政策建议：

『实行"供热商品化"的体制改革，强制采用楼栋计量再按住户面积分摊的供热计量法，开发相关的技术，培养技术能力，供热补贴由"暗贴"改成"明补"。加强计量设备的开发与评价中心的建设，示范性项目的支持，供热与节能基本信息的公开，通过市场机制来选择供热计量方式等推进供热体制的改革。』

据说以上建议，在北京等其他地区，实施供热计量与热量计价收费示范性项目。长春市11,000户的实证项目达到约30%的节能目标。正如在沈阳市所看到的供热现状，其后的普及推广并没有什么大的进展。

19

1.2 地域暖房住宅のエネルギー消費量と室内環境

(1) 省エネルギーに関する社会実験の概要

1）瀋陽航空工業学院（現、瀋陽航空・航天大学）での実証事業の概要

地中熱ヒートポンププラントからの地域暖房を実施している瀋陽航空工業学院家族寮において、2008年11月から2009年1月にかけて、地域暖房の省エネルギー対策として最も有効な方策のひとつと考えられる、計量・課金による省エネルギーの有効性を確認するため、以下の実態調査を行った。（図1.2.1）

① 家族寮40戸を対象に、省エネ住戸（バルブ制御を推奨、節約量に応じた暖房料金を還付）・一般住戸各20戸それぞれの消費熱量、室温等を計測

② 同40戸について生活行動（在宅時間・窓開閉等）及び省エネルギー意識についてのアンケート調査（質問紙調査）、家族寮全230戸を対象とした省エネルギー意識・行動についてのアンケート調査

③ 家族寮建築仕様及び現地気象条件に基づく暖房負荷及びエネルギー消費量についてのシミュレーション

④ 地中熱ヒートポンププラントの送出熱量・電力消費量等の計測

1.2 集中供热住宅的能耗消费与室内环境

(1) 节能实测的内容概要

1）沈阳航空工业学院（现沈阳航空航天大学）实证项目的概要

对采用地源热泵进行集中供热的沈阳航空工业学院家属楼，为了确认供热收费与热计量对节能的有效性，这也是实现集中供热系统节能的最有效的方法之一，于2008年11月到2009年1月，进行调查，具体以下：（图1.2.1）

① 在家属楼里选40户分为两组（各20户）进行实测，一组为节能住户组（推荐使用调节控制阀，根据节约的热量返还采暖费），另一组为一般住户组。对每户的消费热量及室内温度等进行实测。

② 对40户家庭的生活方式（在家时间、窗户的开闭等）以及节能意识进行问卷调查，并对家属楼所有住户（230户）的节能意识、节能行为进行问卷调查。

③ 根据家属楼的建筑图纸和当地气象条件对供热负荷和能源消费量进行模拟计算。

④ 对地源热泵机组的产热量、电力消费量等进行实测。

1章 地域暖房団地の現場実測に基づいた省エネルギー対策と課題
第一章 从集中供热小区的实测探讨节能对策与课题

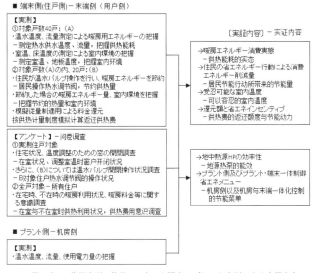

図 1.2.1 住戸実測、住民アンケート調査、プラント実測による実証内容
图 1.2.1 住宅实测、居民问卷调查已经机房实测的实证内容

以上の計測、調査結果に基づいて地域暖房住宅の省エネルギー手法を提案するものである。

瀋陽航空工業学院は瀋陽市の都心部から北に約20キロの郊外に立地する4年制の大学で、家族寮はキャンパスの近傍の教職員のために建てられた総戸数300戸の家族向けの集合住宅である。2007年に竣工した。戸当たりの床面積は106-168 ㎡（ベランダ、共用部を含む）の2LDK、3LDKである。この集合住宅への熱供給のために、地中熱を利用したヒートポンプを熱源とするエネルギープラントが隣接している。

対象住戸の特性は表1.2.1の通りである。

根据上述实测及调查结果，对集中供热住宅的节能手法进行提案。

沈阳航空工业学院是以工科为主的4年制大学，位于沈阳市北部的郊外，离开市中心约20公里。在校园附近建造的教职工家属公寓，共有300户，于2007年竣工。每户为建筑面积106-168 ㎡（包括阳台和共用部）的2室一厅（2LDK）或3室一厅（3LDK）住宅。通过建在附近的地源热泵供热机房给这些公寓供热。

调查住户的情况详见表1.2.1。

21

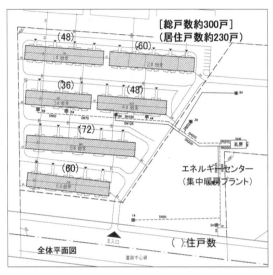

家族寮－家属楼

地域暖房プラント
（地中熱ヒートポンプセンター）
地域暖房プラント－供热机房

図 1.2.2 瀋陽航空工業学院家族寮
图 1.2.2 实施地点（沈阳航空工业学院家属楼）

表 1.2.1 対象住戸の特性
表 1.2.1 调查住户的详细情况

		全体－所有住户	省エネ住戸 －节能住户	一般住戸
対象戸数－户数		40 戸	20 戸	20 戸
平均延床面積－平均建筑面积		112.9m² (106～168m²)	114.9m² (106～168m²)	110.9m² (106～135m²)
平均世帯人数－平均家庭人数		2.28 人／戸 (1～4 人／戸)	2.25 人／戸 (1～4 人／戸)	2.30 人／戸 (1～4 人／戸)
住戸位置	1 階住戸－1 楼	6 戸	3 戸	3 戸
	妻側住戸－山墙侧	6 戸	3 戸	3 戸
	最上階住戸－最高层住户 (両隣有り)－(两边有住户)	5 戸	3 戸	2 戸
	中間階住戸－中间楼层	23 戸	11 戸	12 戸

選定された省エネ住戸、一般住戸は平均延床面積、平均世帯人員、住戸位置ともに全体の分布とほぼ同様の傾向を有することした。

また、瀋陽市政府や瀋陽市内の地域暖

被选定的节能住户和一般住户的平均建筑面积、平均家庭人数以及住户位置，与总体分布基本相同。

另外，访问调查沈阳市政府及沈阳市内

房会社からの聞き取り調査により把握した、瀋陽市における地域暖房料金制度を踏まえて、省エネルギー効果が導入コストを回収できるような従量料金制度を検討し、事業収支を踏まえてモデル料金試算を行った。さらに、従量料金制の導入促進に資するエネルギーサービス事業の可能性についても検討を行った。

2）計測・アンケートの内容

住戸における実測は、住宅内床暖房用温水ヘッダー周りに温度計、流量計等を設置し、室内に温度計を設置して行った。測定項目は、室温・床面温度、温水往き・戻り温度、温水流量である。室温、使用エネルギー量については、パソコンのモニター上に表示することにより住民に「見える化」した。

省エネルギー住戸（20戸）においては、既設の温水流量制御弁を活用して居住者が弁を操作して室温の調整を行えるようにした。（図1.2.3、図1.2.4）

地中熱ヒートポンププラント側では、温水往き・戻り温度、温水流量をプラント内で計測、外気温と日射量をプラント屋上でそれぞれ計測した。計測は暖房期間前に準備を完了し、暖房期間後に計測器の撤去、原状復旧を行った。

住民アンケート調査は、全居住者対象（調査時点の入居者全員：約230戸）に対して、望ましい室温、暖房が暑すぎる時の調整方法、外出時の暖房設備の開閉、

的供热企业，了解沈阳市的集中供热收费制度的构成。在此基础之上通过分析节能技术的经济效果和投资回报，探讨计量收费制度的实施模式，从技术经济分析的角度计算实证项目单位热量的热价。为推进计量收费制改革，最后还探讨了引进能源服务事业的可能性。

2）实测项目与调查内容

在各住户的地暖分水器周围设置温度计和流量计，在房间里设置温度计，测室温、地板表面温度、热水的供水温度、回水温度和流量。通过计算机屏幕，让居民们可以直接看到室温与使用的热量。

节能住户（20户），居民可以通过原有的热水调节阀调整室温（图1.2.3、图1.2.4）。

在地源热泵机房，测定热水的供水和回水温度、热水流量、室外气温以及机房屋顶的日射量。供暖季开始之前，完成测试的准备；供暖季结束后，拆除所有测试设备，恢复原状。

对家属楼所有居民（调查时共有230户）进行问卷调查，主要包括室温的期待值、暖气过热时的调节方法、外出时是否关停暖气、节能意识、供热费用和对供

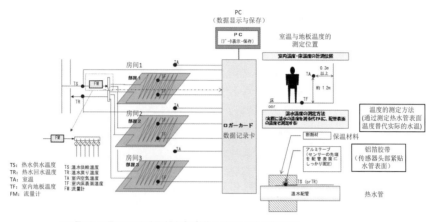

図 1.2.3　住戸内実測状況
图 1.2.3　住户内的实测状况

省エネルギー意識、地域暖房費用と料金制度についての質問を行った。省エネルギー住戸（上記の内 20 戸）については、在宅状況、窓の開閉状況、温水調整バルブの開閉状況についての質問を行った。

調査は、計測・アンケート共に瀋陽航空工業学院側のスタッフの協力を得て、日本側（日本環境技研と宇都宮大学）が実施した。

各住戸における計測項目を表 1.2.2 に示す。温度の計測点数は計 400 点、流量の計測点数は計 40 点である。

热收费制度的意见等。对节能住户（20户），还调查了在室人员、窗户开闭和热水阀调节状况等。

实测和问卷调查得到沈阳航空工业学院的大力协助，由日方（日本环境技研公司与宇都宮大学）实施。

各住户的测试项目详见表 1.2.2，温度测点共 400 点，流量测点共 40 点。

1章　地域暖房団地の現場実測に基づいた省エネルギー対策と課題
第一章　从集中供热小区的实测探讨节能对策与课题

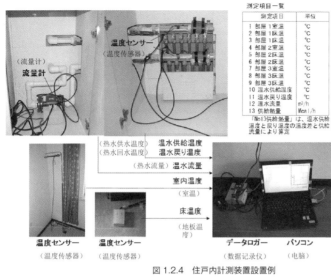

図 1.2.4　住戸内計測装置設置例
图 1.2.4　住户内的测点分布

表 1.2.2　住戸計測項目・計測点数
表 1.2.2　住户的测试项目与测点数

場所	計測項目－測試項目	点数－測点数	備考－备注
住戸(40戸)	温水供給流量－热水流量	1(住戸当たり)	
	温水各戸供給温度－热水供水温度	1(住戸当たり)－1(每户)	
	温水各戸戻温度－热水回水温度	1(住戸当たり)	
	室内温度	3(住戸当たり)	住戸当り3室測定
	室内床面温度－室内地板温度	6(住戸当たり)	住戸当り3室測定
住戸合計－共计	温度	440	
	流量	40	

アンケート調査の対象と内容は表 1.2.3 に示すとおりである。全住戸（約230戸）を対象とする調査票1、一般住戸（20戸）を対象とする調査票2、省エネ住宅（20戸）を対象とする調査票3、調査票4があり、それぞれ質問票を配布して、留め置き・回収を行った。

问卷调查的对象与内容详见表 1.2.3。调查表共4种，针对所有住户（230户）为调查表1，针对一般住户（20户）为调查表2，针对节能住户（20户）为调查表3和调查表4。逐户分送、回收调查表。

25

表 1.2.3　アンケート調査票の対象・内容

表 1.2.3　问卷调查的对象与内容

調査票	対象	内容
調査票1	全住戸 －所有住户 （約230戸）	・地域暖房利用状況について（望ましい運転期間・望ましい室温、暖房が暑すぎるときの温度調整方法、外出時の暖房） 　－集中供热的利用状况（理想运行时间、室温期待值、过热时调整室温的方法、外出时供热利用状况） ・地域暖房費用について（年間暖房費用、補填額、従量料金制の適用について、節約インセンティブが生ずる還付額の目安） 　－集中供热费用（年供热费、补贴额度、热计量收费后的节能动力与供热费的返还额度） ・その他エネルギー利用等について（バス・シャワー等の利用状況、エネルギー源、エアコンの設置状況・今後の設置予定、省エネルギーについての関心） 　－其他能源的使用状况（泡澡、淋浴、用能种类、空调设置、今后的设置计划、节能关心度） ・各住戸の属性について（住戸位置、家族人数、回答者の年齢・性別） 　－住户属性（位置、家庭人数、答卷人年龄、性别）
調査票2	一般住戸 （20戸）	・在宅状況、温度調整のための窓の開閉状況 　－在室时间、室温与窗户开关情况
調査票3	省エネ住戸 －节能住户 （20戸）	・在宅状況、温度調整のための窓の開閉状況、温水バルブ開閉状況 　－在室时间、室温与窗户开关、热水阀开关情况
調査票4	省エネ住戸 （20戸）	（バルブ操作経験後に実施）－（在操作过热水阀之后进行） ・省エネ意識の変化　、従量料金制受容、バルブを閉める目安とした温度 　－节能意识的变化、是否接受热计量收费制度、关阀时的室温

調査票1は、全住戸（約230戸）を対象として、地域暖房に係る省エネ意識、行動やその他のエネルギー利用についての調査であり調査開始時点で実施した。201件を回収し、90％近い回収率であった。

調査票2は、一般住戸（20戸）を対象に、毎日の在宅状況、温度調整のための窓の開閉状況を、日毎の調査票に記入するものである。

調査票3は、省エネ住宅（20戸）を対象に、調査票2の内容に加えて、バルブの開閉状況を日毎の調査票に記入するものである。

調査票2、調査票3は日々の行動記録であり、実測データ回収と合わせて、1

调查表1针对所有住户（230户），调查居民在项目开始前对集中供热的节能意识、节能行动和其他能源利用状况。得到201户的回答，回答率近90%。

调查表2针对一般住户（20户），调查居民每天在室状况、调整室温时窗户开闭状况。

调查表3针对节能住户（20户），除调查2的内容之外，还增加每天热水调节阀的操作状况状况。

调查表2和3记录居民每天的行动，与收集实测相配合，每隔一周或10天左右

週間から10日間分程度をまとめて回収したが、一部に、居住者の長期不在等から、データ回収が不可能となった住戸、期間が生じた。

調査票4は、省エネ住戸（20戸）を対象に、一定の期間バルブ操作を行った後、事後アンケートとして調査したものである。調査期間の終盤に実施した。対象全戸数について回答を回収した。

3）実測期間の気象条件

実測期間における気象条件と一般気象条件との整合を検証する。本調査では実測期間中の気温及び日射量を測定している。瀋陽市では年間1時間間隔の標準気象データが整備されており、標準気象データと本調査での気温、日射量の実測結果を比較する。図1.2.5に気温についての比較を示す。

回收居民们的记录。部分住户由于长期不在家，无法回收数据，造成数据的缺损。

调查表4针对节能住户（20户），操作热水调节阀一定时间之后，调查使用后的感想。在调查的最后阶段进行，得到所有节能住户的回答。

3）实测期间的气象条件

为检验实测期间的气象条件与一般气象条件是否一致，本调查中测定实测期间的气温与日射量。以沈阳市全年每小时的标准气象数据为基准，与实测的气温和日射量进行比较。图1.2.5为气温的比较。

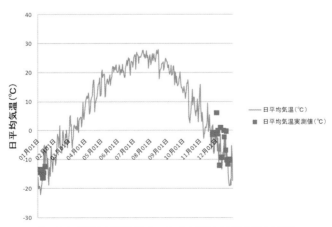

図 1.2.5　瀋陽市の標準気象データによる気温と日平均気温の実測値
图 1.2.5　沈阳市的标准气温与实测的日平均气温

比較の結果、実測期間中の日平均気温、日累積日射量と日累積日射量は、概ね平均的な気象条件での測定であったと言える。そのため、実測で得られた暖房熱消費量、節約量は標準的な値として評価される。

結果表明，实测期间的日平均温度、日累计日射量基本与平均气象条件一致。因此，测试得到的耗热量、节能量可以作为评价的标准值。

(2) 省エネルギー行動の室内環境とエネルギー消費量への影響

1) 省エネ住戸と一般住戸の暖房用エネルギー消費量

11月から3月までの暖房期間のうち、調査事業期間の制約（本調査事業では調査結果を取りまとめ2月中には発注者への報告が必要）から、2008年11月1日から2009年1月20日まで実測を行った結果を用いて分析を行った。なお、一部住戸で欠測やデータ異常のあった住戸（省エネ住戸で5戸、一般住戸で3戸）は分析から除外した。

実測調査期間中における調査対象全住戸の1日の平均使用流量は14.3㎥/日、平均使用熱量は211.1MJ/日であった。

各戸の温水流量弁を住民が調整できる仕組みとし、調整を奨励、省エネルギー量に応じ熱料金を還付することとした省エネルギー住戸（以下、省エネ住戸）15戸の暖房用消費熱量は、調査期間中の平均で193MJ/日・戸で、（事前の情報提供等を行わなかった）一般住戸17戸の平均227MJ/日・戸に対して、実測期間平均では約15%の省エネルギーが図られた。

(2) 节能行动与室内环境和耗热量

1) 节能住户与一般住户的耗热量

11月到3月为采暖期，受委托项目期限的制约（须在2月份向委托方提交调查报告），在2008年11月1日到2009年1月20日进行实测并分析结果。部分住户由于数据缺损和异常等（节能住户5户，一般住户3户），未列入分析结果。

测试期间，各住户的平均热水流量为14.3㎥/日，平均供热量为211.1MJ/日。

由于节能住户居民可以调节热水流量，为了鼓励居民积极参与，对节约的热量，返还供热费。15户节能住户的平均耗热量为193MJ/日・户，一般住户（事先未向住户进行任何的说明）平均为227MJ/（日・户）。实测期间，节能住户的节能率约为15%。

瀋陽の気象条件から外挿して推計した、11月から3月までの暖房期間の暖房用消費熱量の平均は、省エネ住戸で170MJ/（日・戸）（25.6GJ/（年・戸））に対し、一般住戸で213MJ/（日・戸）（32.2GJ/（年・戸））で、省エネ住戸で約20%の省エネルギーが図られることが推計された。

なお、一部住戸でエネルギー消費量が著しく低い住戸があった。いずれも単身世帯で不在が多い住戸でバルブを閉めたままの長時間外出の多いことによるものと推測される。

月別の省エネルギー住宅の省エネルギー率は、外気温の低下につれて小さくなることが分かった。厳冬期に比べ外気温が高い暖房開始時期のほうが、バルブ操作により温水流量を絞っても一定以上の室温が確保できるためと考えられる。

温水流量のバルブ調整が可能で、熱料金面でのインセンティブがあれば、暖房期間中で20%程度の暖房用エネルギーの削減が期待されること実証された。省エネ率は厳寒期を除く気候が穏やかな時期の方が多く期待できる。（表1.2.4、図1.2.6）

根据沈阳市的气象条件，据推算，从11月到3月的整个采暖期，节能住户的平均耗热量为170MJ/（日·户）【25.6GJ/（年·户）】，而一般住户的平均耗热量为213MJ/（日·户）【32.2GJ/（年·户）】，因此节能住户的节能率约为20%。

部分住户的耗热量非常低，多为单身住户，估计常常无人居住，关闭供热水阀长期在外的情况比较多。

从逐月的节能率来看，随着室外气温的下降节能率逐渐缩小。大概时因为与严冬季节相比，在采暖期刚开始时室外气温较高，居民们可以调节热水阀，关小热水流量，仍能确保室温。

由此证明，只要在供热收费方面给予居民一定的激励，通过调节热水阀来调整热水流量是可行的。整个采暖季可以节能20%左右。在气候较为暖和的季节节能率较高，而寒冬季节则较低。（表1.2.4，图1.2.6）

表 1.2.4　消費熱量集計表

表 1.2.4　耗热量统计表

	省エネ住戸平均エネルギー消費量 ―节能住户平均耗热量 (MJ/(日・戸))n=15	一般住戸平均エネルギー消費量 ――般住户平均耗热量 (MJ/(日・戸))n=17	省エネ率 ―节能率 (%)
11月	112.3	171.8	34.6
12月	189.0	228.8	17.4
1月	244.7	264.5	7.4
期間平均	192.6	227.4	15.3
年間平均 (推計)-(估算)[*1]	169.5	213.1	19.5

*1　瀋陽市の 11月～3月の月別平均気温は 11月 1.0℃、12月 -7.6℃、1月 -11.5℃、2月 -6.1℃、3月 1.7℃で、11月と3月、12月と2月はほぼ等しいことから、2月、3月のエネルギー消費量を 12月、11月と等しいものと想定して年間平均値を求めた。

*1　沈阳市的月平均气温，11月为 1.0℃、12月为 -7.6℃、1月为 -11.5℃、2月为 -6.1℃、3月为 1.7℃。由于 11月和3月、12月和2月的气温基本相同，因此假定2月、3月的耗热量分别与 12月、11月相同，从而估算出全年的平均值。

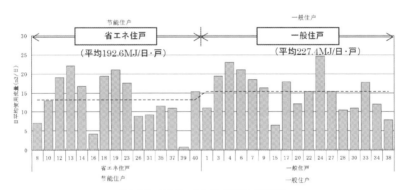

図 1.2.6　各住戸エネルギー消費量（全期間）

图 1.2.6　各住户的能耗量（整个实测期间）

2）住戸位置による暖房用エネルギー消費量の差、室温の期間平均

住戸位置による消費熱量の差は、11月、12月、1月と外気温が低下するにつれて差が生ずるようになり、1月には中間階＜中間階妻側＜最上階＜1階の順で増大する傾向が認められた。中間階住戸に対

2）住户位置差异对耗热量的影响与平均室温

住户位置差异带来了耗热量的差异，从 11月、12月到1月，随着室外气温的降低，耗热量的差异越来越明显。1月份，中间楼层＜中间楼层两侧＜最高楼层＜1楼。与中间楼层相比，1楼住户的耗热量

して1階住戸の消費熱量は10〜20%程度大きい値を示す。（図1.2.7〜図1.2.9）。

これらの結果は概ね住戸位置による暖房負荷の比を反映している。

要多出10-20%左右（图1.2.7〜图1.2.9）。

此结果大致反映出住户位置与供热负荷的关系。

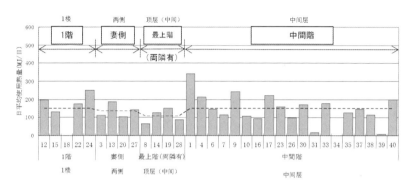

* 2　住戸 NO.18、34 は 11 月分データなし － 住户 No.18 和 No.34 无 11 月的数据

図 1.2.7　住戸位置別エネルギー消費量（11 月）

图 1.2.7　不同位置住户的能源消费量（11 月）

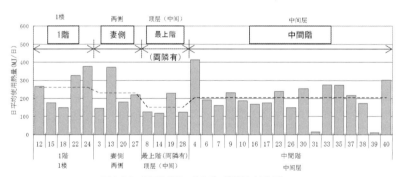

図 1.2.8　住戸位置別エネルギー消費量（12 月）

图 1.2.8　不同位置住户的能源消费量（12 月）

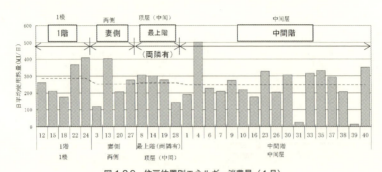

図 1.2.9 住戸位置別エネルギー消費量（1月）
图 1.2.9 不同位置住不同位置住户的能源消费量（1月）

3）省エネルギー住戸の省エネルギー率による還付金

　省エネルギー住戸については、アンケート調査によりバブルを絞り温水流量を削減することによる省エネルギー率を把握し、各戸の熱料金に省エネルギー率を乗じた金額を省エネルギー還付金として各戸に配布した。一月分をまとめて集計し、翌月に配布した。

　還付金の額はその年の瀋陽市における熱単価水準による月額値（平均649元、8,760円）を基準に各戸の省エネ率に応じて定めた。還付額の平均は12月で152元、2,050円である。

3）根据节能率奖励节能住户

　问卷调查记录了居民们调节热水阀、关小热水流量的频度，从而把握节能住户的节能率。把各户的供热费乘上节能率得到的金额作为奖励，返还给各住户。一个月汇总一次，下个月给住户发奖励金。

　以当年度沈阳市月供热单价（平均649元，折合8,760日元）为基准，根据各住户的节能率确定奖励金额。12月各住户的平均奖励金为152元，折合2,050日元。

1章　地域暖房団地の現場実測に基づいた省エネルギー対策と課題
第一章　从集中供热小区的实测探讨节能对策与课题

表 1.2.5　省エネ行動に伴う還付金額
表 1.2.5　节能奖励金的一览表

住戸ID	熱料金(年間)(元)	熱料金(月)(元)	2008年／11月		12月	
			省エネ率	還付額(元)	省エネ率	還付額(元)
2	2,930	586	31.4%	184	50.0%	293
5	2,700	540	14.8%	80	31.8%	172
8	3,705	741	23.9%	177	23.6%	175
10	2,930	586	44.2%	259	49.5%	290
11	3,811	762	22.0%	168	13.4%	102
12	2,999	600	19.5%	117	33.8%	203
13	4,397	879	23.0%	202	35.2%	310
14	4,119	824	17.5%	144	0.0%	0
16	3,104	621	26.5%	165	30.9%	192
18	2,930	586	12.7%	74	15.7%	92
19	3,651	730	36.9%	269	8.1%	59
23	3,282	656	27.1%	178	8.9%	58
25	2,930	586	9.5%	56	10.1%	59
26	2,930	586	3.3%	19	14.6%	86
29	3,651	730	4.2%	31	0.8%	6
31	2,930	586	38.2%	224	62.7%	367
35	2,647	529	2.5%	13	3.2%	17
37	2,862	572	28.1%	161	53.2%	305
39	2,700	540	30.1%	163	38.8%	210
40	3,705	741	11.9%	88	7.0%	52
	3,246	649	21.4%	139	24.6%	152
	64,913	12,983		2,772		3,048

＊多くの住戸では瀋陽航空工業学院から支払った熱料金の補填を受けているが、ここでは補填額を除いた実質的な負担額ではなく、元の熱料金をもとに還付額を設定した。
一大多数住户都从沈阳航空工业学院获得供暖补贴，这里的返还的奖金不是扣除供暖补贴之后各住户的负担金额，而是按照原有采暖费设定的。

4）アンケート調査結果

以下にアンケート調査の結果について述べる。

① 省エネ住戸と一般住戸の室温と窓の開閉

　消費熱量の違いにも拘わらず、室温については平均して 22 ～ 23℃で省エ

4）问卷调查的结果

问卷调查的结果具体如下：

① 节能住户与一般住户的室温和窗户开关

　尽管使用热量不同，但是节能住户与一般住户的室内温度基本上没有差别，平均

ネ住戸と一般住戸の差は殆ど無い。(図 1.2.10)

约为 22～23℃（图 1.2.10）。

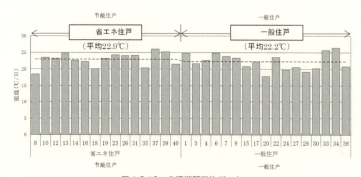

図 1.2.10　室温期間平均データ
图 1.2.10　实测期间室内温度平均值

実測住戸を対象としたアンケート調査によれば、省エネルギー住戸に比べて一般住戸では窓の開放時間が平均で2倍近く長い。(図 1.2.11) 省エネルギー住戸では温水流量弁を操作して温度を調整したのに対し、暖房期間中に室温が高いときには、一般住戸では窓の開放により温度を調整したことが分かる。

根据问卷调查的结果，与节能住户相比，一般住户的平均开窗时间要长2倍左右（图 1.2.11）。节能住户通过调节热水阀来调整室温，而一般住户则通过开窗散热来调整。

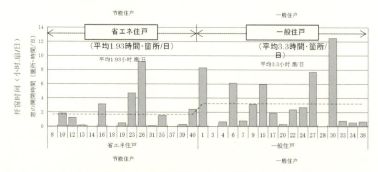

図 1.2.11　窓開閉状況アンケート結果
图 1.2.11　窗户开闭状况的问卷结果

1章　地域暖房団地の現場実測に基づいた省エネルギー対策と課題
第一章　从集中供热小区的实测探讨节能对策与课题

② 外出時の暖房の開閉

全住戸を対象としたアンケート調査でも、暖房期間中に室温が上がると窓を開けて温度調整をする、外出時にも暖房をつけたままにしておくといった住宅がそれぞれ5割超に及び、熱の浪費傾向が確認された。ただし、外出時につけたままとする者の30%はバルブ操作が分からないとの回答であり、温度調整が可能な可能な操作しやすい装置があれば、熱の無駄遣い傾向は抑制されるものと考えられる。（図1.2.12）

② 外出时暖气的开关

从所有住户问卷调查的结果中可以看出，室温过高时开窗散热的住户，和外出时不关闭暖气的住户各占50%，有浪费热量的倾向。但是，外出时不关闭暖气的住户中有30%是因为不知道如何关闭阀门才没有关暖气。如果有便于操作的调节阀可以调整室温的话，这些浪费现象应该可以得到改善（图1.2.12）。

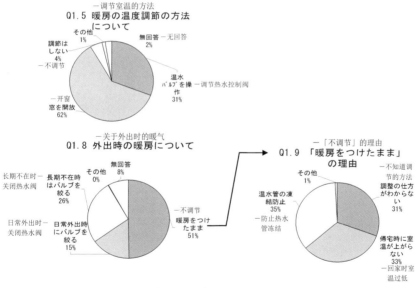

図1.2.12　暖房の温度調整方法、外出時の暖房について
图1.2.12　供热时室温调整的方法和外出时暖气的开关

35

③ 望ましい室温、我慢できる最低室温

「望ましい室温」、「我慢できる最低室温」は、回答の平均でそれぞれ 22.5℃、19.0℃である。「望ましい室温」については 20-25℃とやや分布に幅があるのに対し、「我慢できる最低室温」は 18-20℃に回答が集中している。(図 1.2.13) 16℃では我慢ができないという結果である。東京在住の我々の感覚からすると、数度高い室温水準である。

室温の実測結果は前述（4）①のように省エネ住戸、一般住戸ともに 22-23℃であり、「望ましい室温」が実態としても確保されている。

③ 室温的期待值和可以忍受的最低室温

住户们「室温的期待值」回答为 22.5℃（平均值），「可以忍受的最低室温」为 19.0℃。「室温的期待值」为 20～25℃，有一定的分布范围。「可以忍受的最低室温」集中在 18～20℃（图 1.2.13）。16℃ 则为无法忍受的温度。根据我们在东京的生活经验，感觉这个室温要比东京高几度。

如前文 4）①所述，室温的实测结果表明，节能住户与一般住户的室温均为 22～23℃，实际室温达到了「室温的期待值」。

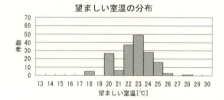

図 1.2.13　望ましい室温、我慢できる室温の分布
图 1.2.13　室温的期待值与可以忍受的最低室温的分配

* 3　中国では、地域暖房住宅の室温の国の基準は 16℃であり、実際は 18 ± 2℃で運用されている。一方、住民の要望は 20-23℃と高い。実測調査を行った瀋陽航空工業学院家族寮の設計値は、ロビー、寝室、食堂で 18℃、トイレで 15℃である。

＊3　中国集中供热住宅的最低室温为 16℃，实际使用中一般为 18 ± 2℃。另一方面，居民则希望 20-23℃，更高的室温。被测沈阳航空学院家属楼的设计室温，客厅、寝室和餐厅为 18℃，厕所为 15℃。

④　料金制度、省エネルギーへの関心

料金制度については「従量料金制の導入が望ましい」とする者が 69%を占め、計量・課金制度の導入についての抵抗感

④　供热收费制度和节能关心度

在供热收费制度的回答中，「希望引进计量热价制度」的占 69%，反映出居民们并不反对引进供热计量收费制度。

1章　地域暖房団地の現場実測に基づいた省エネルギー対策と課題
第一章　从集中供热小区的实测探讨节能对策与课题

は少ないものと考えられる。

大学の教職員家族という比較的意識の高い住民の回答だが、省エネルギーへの関心も極めて高く（96%）、その理由としては「家計の節約」、「大気汚染の防止」の回答がほぼ拮抗している。計量・課金制度の導入についても、使用熱量の削減が暖房料金の負担減につながることが要件となる。

大学教职员工、家属相对层次较高，居民们的节能关心度非常高（96%），理由多是「节约家庭开支」、「防止大气污染」，两者势均力敌。供热计量和收费制度改革，必须把节约耗热量与降低采暖费结合起来。

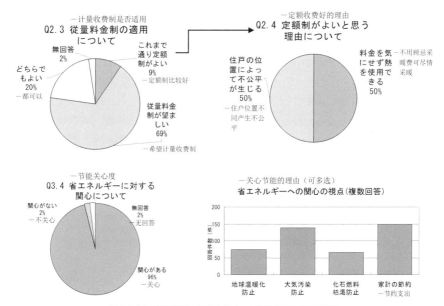

図 1.2.14　料金制度、省エネルギーへの関心についての回答
图 1.2.14　供热收费制度与节能关心度

(3)　過剰な暖房用負荷の推定

1）シミュレーションによる暖房用負荷

家族寮の建築仕様と現地の気象条件により、HASP（動的熱負荷計算・空調システム計算プログラム）を用いて暖房負

(3)　过剩供热负荷的估算

1）耗热量的模拟计算

根据家属楼的建筑图纸和当地的气象条件，利用HASP软件（空调动态负荷计算软件）模拟计算耗热量。

荷シミュレーションを行った。

計算結果によれば、室温の実態に近い22℃基準での暖房負荷は、中間階で22GJ/（年・戸）、最上階で31GJ/（年・戸）である。前項（(2)1））で述べた実測値から求めた年間暖房用エネルギー消費量の推計値：省エネ住宅の26GJ/（年・戸）〜一般住宅の32GJ/（年・戸）より若干低い値となった。

住戸の位置による暖房負荷の違いは、中間階の22GJ/（年・戸）（1.00）に対して、中間階妻側で23GJ/（年・戸）（1.05）、最上階で31GJ/（年・戸）（1.41）、最上階妻側で32GJ/（年・戸）（1.45）という結果である。（室温22℃基準）

アンケート調査による室温の受忍温度（我慢できる最低室温）は18〜20℃であったが室温20℃を適正温度と考えると、シミュレーションによれば、22℃基準に対し15%程度暖房負荷は低下し、室温の適正管理による省エネルギー効果が極めて大きいことが分かった。

结果表明，基准室温为22℃（与实测时的温度基本一致）时，中间层的耗热量为22GJ/（年・户），顶层为31GJ/（年・户）。前文（(2)1））所述由实测值推算的全年耗热量，节能住户为26GJ/（年・户），一般住户为32GJ/（年・户）。相比而言，模拟计算的结果要小一些。

住户位置差异带来了耗热量的差异。以中间楼层的耗热量22GJ/（年・户），为基准1。中间楼层两侧的住户为23GJ/（年・户），比率1.05；顶层住户为31GJ/（年・户），比率1.41；顶层两侧的住户为32GJ/（年・户），比率1.45（以室温22℃为基准）。

根据问卷调查的结果，可忍受室温的最低为18〜20℃，因此20℃是合适的供热室温。根据模拟计算，室温20℃时的耗热量比基准室温22℃时低15%左右。由此可见合理调整室温的节能效果非常大。

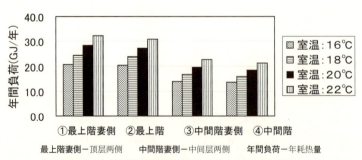

図1.2.15 住戸位置別年間暖房負荷（シミュレーション結果）
图1.2.15 不同住户位置年供热负荷的计算结果

2）過剰暖房負荷

地域暖房システムを採用し、個別制御を行わないと、各住戸に対する温水送水量は一律にプラントから送水される量に比例することになる。一方、住戸は最上階に位置する住戸や中間階に位置する住戸があり、暖房負荷の変動はそれぞれ異なっている。

暖房負荷率を〔暖房負荷率＝暖房負荷（MJ/h）/ ピーク暖房負荷（MJ/h）〕と定義する。

過剰暖房負荷の生じる理由は、地域暖房プラントが最も暖房負荷率の大きい室に合わせて熱を供給するために暖房負荷率の小さい室では過剰暖房となる。ある時刻において最上階と中間階では同じ室温であっても暖房負荷率が異なり、

最上階の室温 20℃、暖房負荷率 80%

中間階の室温 20℃、暖房負荷率 50%

となる。この場合、地域暖房プラントの負荷率は 80% であり、中間階でも 80% の温熱が供給され、過剰暖房となる。結果として室温が高くなり、居住者は窓を開けて室温を調整することになる。

シミュレーション結果によれば過剰暖房比率は、年間負荷の 16% に及び、住戸位置の熱負荷特性に合わせた供給システムの導入が効果的であることがわかった。この過剰暖房負荷をなくすには個別制御システムを取り入れる以外にない。

プラントだけで一律に制御する地域暖房では過剰暖房はどうしても避けること

2）过剩热量

采用集中供热时，如果各住户不进行单独调控，那么各户的供水量与机房的供水量成比例关系。另一方面，住户由于位置不同，最高层住户和中间层住户的供热负荷变化各不相同。

供热负荷率由供热负荷（MJ/h）与最大供热负荷之比来定义。

集中供热时，一般根据供热负荷最大的房间来供热，导致供热负荷率小的房间供热过剩。某一时刻，即使最高层和中间层的室温相同，其供热负荷率也不同：

最高层室温 20℃，供热负荷率 80%

中间层室温 20℃，供热负荷率 50%

这种情况下，集中供热机房的负荷率为80% 时，中间层的供热负荷也为80%，造成供热过剩。结果导致室温偏高，居民们不得不通过开窗来调节室温。

根据模拟计算的结果，过剩热量占全年负荷的 16%。因此，按照住户位置差异的供热负荷特性，导入供热系统会有很大的节能效果。消除过剩供热负荷，只有通过住户的单独调控才能实现。

仅靠调控集中供热机房无法消除过剩供热负荷，为了实现过剩供热最小化，必须

のできない現象となっており、これを最小にするためには最上階住戸の室温を必要以上に下げることによって、中間階の室温も下げるといった方法になってしまう。かつて石油危機の起こった時代にスウェーデンでそのような方法を採用したが、住戸の位置によっては室温が非常に低い住戸となってしまい、結局、そのような住戸では電気ストーブを設置する等、個別暖房を導入しなくてはならないことになった。

把最高层住户的室温降低到相当低的温度才行，但是会降低中间层的室温。以前在石油危机时，瑞典就曾采用这种方法，结果导致部分住户由于位置的不同，室温非常低。最终，这些住户只好设置电加热器等，不得不导入分散型供热设备。

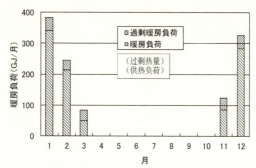

図 1.2.16　月別の過剰暖房負荷（室温：20℃）（シミュレーション結果）
图 1.2.16　各有过剩热量的计算结果（室温 20℃）

室温と過剰暖房負荷の削減により、以下の大きな省エネルギーが期待できる。
① 　室温を 22℃ から 20℃ にすると 13％の省エネルギーになる。
② 　過剰暖房負荷を系統負荷制御によって削減すれば、16％の省エネルギーになる。
③ 　合計すると最大で 27％の省エネルギーとなる。

通过降低室温和减少过剩热量，可以带来以下节能效果：
① 　室温由 22℃ 降到 20℃ 时可节能 13%。
② 　通过调控供热系统负荷，消除过剩热量，可节能 16%。
③ 　合计最大可节能 27%。

1.3 地中熱ヒートポンプ地域暖房プラントの効率

(1) 地中熱ヒートポンププラントの概要

1) 地中熱ヒートポンプシステムの概要

瀋陽航空工業学院では地中熱ヒートポンププラントにより地域暖房が行われている。

プラントでは、敷地内に4箇所の汲み上げ用の井戸（揚水井）、5箇所の還水用の井戸（還水井）を設置して、地下水を利用してヒートポンプの熱源に利用している。揚水井の深さはポンプの設置位置で地下60mである。ヒートポンプは6台設置され（内、1台は予備）、自動制御による運転と管理員による手動運転を組み合わせて運転されている。

ヒートポンプユニットの設計時の定格COPは3.5である（二次エネルギー換算）。

ヒートポンプユニット外観、地中熱ヒートポンプ系統図及び配管系統図を、図1.3.1～図1.3.3に示す。

1.3 地源热泵集中供热机房的能效

(1) 地源热泵供热机房的概要

1) 地源热泵供热系统的概要

沈阳航空工业学院采用地源热泵机组进行集中供热。

在机房用地内该系统设置4口抽水井（抽地下水）和5口灌井（地下水回水），利用地下水作为热泵的热源。抽水井深60m。热泵机组共6台（其中1台位备用），自动运行与管理员的手动操作相结合，控制机组的运行。

热泵机组的额定制热系数为3.5（二次能换算值）。

机组的外观、供热系统以及管网分布见图1.3.1～图1.3.3。

图1.3.1 地中熱ヒートポンプユニット
图1.3.1 地源热泵机组

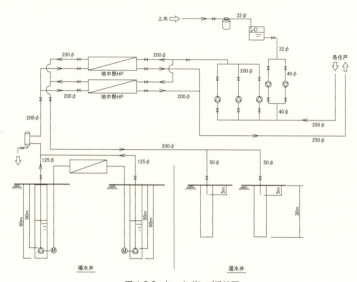

図 1.3.2　ヒートポンプ系統図

图 1.3.2　地源热泵的供热系统图

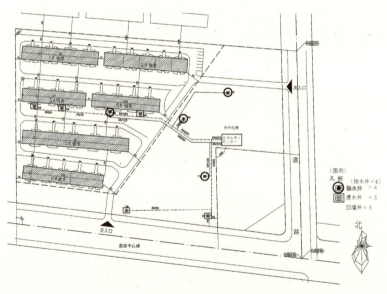

図 1.3.3　地域配管系統図

图 1.3.3　管网分布图

42

1章　地域暖房団地の現場実測に基づいた省エネルギー対策と課題
第一章　从集中供热小区的实测探讨节能对策与课题

(2) 地中熱ヒートポンププラントの効率の測定

1）地中熱ヒートポンププラントの測定

瀋陽航空工業学院家族寮の地中熱ヒートポンププラントの測定を行った。主な測定項目は温水往き・戻り温度、温水流量、外気温、日射量である。実測期間は、需要家側の測定、調査に合わせ、2008年11月から2009年1月まで実施した。

(2) 地源热泵供热机房能效的测定

1）地源热泵供热机房的测定

对沈阳航空学院家属楼的地源热泵机组进行了测定，主要测定项目为热水供水温度、回水温度、热水流量、室外气温以及日射量。为了配合热住户侧的测定，测试期间为2008年11月～2009年1月。

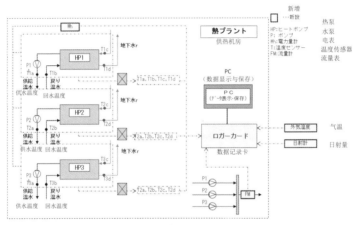

図1.3.4　プラント計測計画図
图1.3.4　机房测试规划图

熱源プラントの計測項目は表1.3.1に示す通りで、計測点数は計21点である。

供热机房的测试项目详见表1.3.1，共21个测点。

表 1.3.1　熱源プラントの計測項目・計測点数

表 1.3.1　地源热泵的测试内容与测点分布

場所	計測項目－測試項目	点数	備考
プラント－机房	温水供給温度－热水供水温度	3	各ヒートポンプにつき1点×3台
	温水戻り温度－热水回水温度	3	各ヒートポンプにつき1点×3台
	熱源水(地下水)入口温度 －热源水（地下水）进口温度	3	各ヒートポンプにつき1点×3台
	熱源水(地下水)出口温度 －热源水（地下水）出口温度	3	各ヒートポンプにつき1点×3台
	温水供給流量	1	温水供給総流量(流量計は新設)
	ヒートポンプコンプレッサ動力 －热泵压缩机耗电量	3	各ヒートポンプにつき1点×3台
	温水供給ポンプ動力－热水泵耗电量	3	各ヒートポンプにつき1点×3台
	外気温度	1	プラント近くに設置－机房附近
	全天空日射量	1	プラントの屋上に設置－机房屋顶
合計－共計		21	

2）測定結果

プラントにおける測定の結果、プラントのシステム COP（送出熱量／電力消費量：1 次エネルギー換算）は、期間中、年間（推計）ともに 0.47（2 次エネルギー換算では 1.62）程度で、地中熱ヒートポンププラントとしては比較的低水準であることが分かった。

設計時点のこのプラントのシステム COP は必ずしも明確でないが、年間電力消費量の見積り値から推計すると、システム COP は 0.7（2 次エネルギー換算では 2.40）程度であり、運転実績値はこれに比べるとかなり低い。

2）实测结果

实测结果表明，测试期间和全年的机房系统能效系数（供热量 / 机房耗电量的一次能换算值）均约为 0.47（折合二次能换算为 1.62）。对于地源热泵系统来说，实测机房的能效处于比较低的水平。

设计时，本机房的系统能效系数并不高。根据年耗电量来推算，其能效系数约为 0.7（折合二次能换算为 2.4）。实际运行时，比这不要低得多。

1章　地域暖房団地の現場実測に基づいた省エネルギー対策と課題
第一章　从集中供热小区的实测探讨节能对策与课题

表 1.3.2　地中熱ヒートポンププラントの測定結果

表 1.3.2　地源热泵机组的测定结果

	流量 (m3/日)	供給温度 一供水温度 (℃)	戻り温度 一回水温度 (℃)	日平均Δ (℃)	供給熱量 (MJ/日)	消費電力 一耗电量 (kWh/日)	システム COP (1次換算)	システム COP (2次換算)
11月平均	2,962.9	34.93	32.41	2.52	31,280.8	5,246.4	0.4808	1.6562
12月平均	3,991.9	36.60	34.42	2.18	36,876.4	7,170.9	0.4147	1.4285
1月平均	5,273.2	39.96	36.90	3.06	67,786.0	10,052.7	0.5438	1.8731
全期間 一采暖期	4,278.4	37.48	34.97	2.50	46,096.0	7,862.2	0.4728	1.6286
年間平均 (推計値) 一(估算値)	－	－	－	－	40,820	6,978	0.4715	1.624

システムCOP(1次換算) - 系统COP(1次能换算)

　入居率が未だ低く（230戸/300戸）熱損失が多いこと、運転制御がプラントの運転管理員の判断により行われている部分が大きく最適な省エネ運転が実行されていないことが、システム COP が設計時点に比べて 2/3 程度と低下している理由と考えられる。

　另一方面，由于家属楼的入住率较低（230 户/300 户），热损失比较大，再加上很多时候需要通过管理员的人为判断来运行机组，要实现最优化运行很不容易，因此本机房的系统能效系数仅为设计值的 2/3。

45

1.4 新料金制度の導入とエネルギー事業者の参入効果

(1) 新料金制度のモデル検討

1) 省エネルギー促進のための従量料金制度の導入

2部料金（基本料金および従量料金）構成における従量料金の割合を高めると、一般に価格に対する消費の感応度は上がり、消費節約へのインセンティブになる。又、単位面積あたり使用量が控えめな低所得者への優遇措置にもなる。ただし、単位面積あたり使用量は、家族構成等、他の要因にも大きく影響される。一方、事業者側にとっては、消費節約により減収となるため、消費節約を顧客に促すモチベーションが低下する。もし、収入減の規模が費用減を上回る場合、利益も圧縮されてしまうため、事業者は消費抑制をむしろ回避する行動を取ることになる。

1.4 供热收费制度与合同能源管理

(1) 新供热收费制度的方案探讨

1) 为促进节能导入热计量收费制度

实行两部制热价（基本热价和计量热价）时，如果提高计量热价的比例，一般来，说会提高热价与供热消费的敏感度，成为节约热费的动力。对单位面积供热使用量少的低收入家庭来说，也比较实惠。但是，单位面积供热使用量也取决于家庭的人数、构成等其他因素。另一方面，对供热企业来说，供热消费量的节约意味着收入的减少，所以鼓励用户节约消费的动力就会减少。如果收入减少超过支出减少，那么利润就要下降，供热企业或许会对抑制消费有抵触。

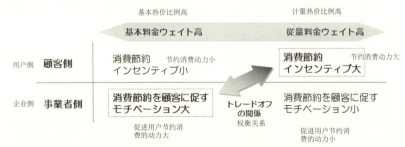

図 1.4.1　従量料金導入と省エネルギーインセンティブの関係
图 1.4.1　导入热计量收费与节能动力的关系

* 1　1.4(1)、(2)の検討は、東京電力㈱国際部の検討結果である。
－ 1.4(1)、(2)为东京电力㈱国际部的分析结果

従量料金制度導入により省エネルギーを推進するためには、消費節約による便益を顧客だけでなく事業者も受けられるようにし、熱供給事業者側にも消費節約を積極的に促すインセンティブが働くよう、制度設計する必要がある。

・顧客側の便益：料金負担（従量部分）の減
・事業者側の便益：可変費（燃料費等）の減－収入減（従量部分）－追加コスト（計器設置等）

従って、少なくとも「可変費の減－収入減」がプラスとなるよう、1熱量単位あたりの従量料金単価を、同じく1単位あたり可変費（燃料費等）より小さくする必要がある。

2）モデル検討の条件設定

瀋陽市の地域暖房を対象に、各戸での計量を前提とした熱料金制度として、省エネルギーにつながる従量料金制度のモデル設計を行う。瀋陽市の地域暖房の実態（地元熱供給会社からのヒヤリング及び本調査事業による調査結果に基づく）をふまえ以下のような条件設定によった。

导入热计量收费，推动节能事业的发展，不仅要让用户享受节约供热消费的益处，而且也要让供热企业获益。因此，在制定热计量收费制度时，必须要考虑如何提高供热企业提高供热效率的积极性。

・热用户的收益：供热费的减少（计量热费）
・供热企业的收益：计量热费的成本下降（燃料费用等）－收入减少（计量热费）－追加投资（设置测量仪器等）

因此，只要【计量热费的成本下降 - 收入减少】为正的话，单位供热量的计量热价必须小于单位供热量的成本（燃料费等）。

2）探讨收费方案时的条件设定

以沈阳市集中供热系统为对象，在实现分户热计量的前提下，为实现节能，导入热计量收费，探讨新的收费方案。根据沈阳市的供热实态（当地供热企业的调查以及本项目的调查结果），设定以下计算条件。

表 1.4.1　モデル設計における設定内容

表 1.4.1　探讨收费方案时的条件设定

項目	設定内容
住宅熱供給面積	100m²/戸
年間熱供給量	39,200MJ/年·戸
石炭消費量－煤炭消费量	(単位発熱量)4,500kcal/kg(地元熱供給会社聞き取り)＝18.84MJ/g ー (煤的发热量)　　　　　ー (采访当地供热企业) (石炭消費量)23kg/m×18.84MJ/g(ボイラ熱効率70%を含む)×(1－10%) ×100 ㎡＝39,200MJ(導管熱損失10%：各想定) ー (锅炉热效率设为 70%、管网热损失设为 10%)
料金支払額－采暖费	22 元/m²×100m²＝2,200 元/年·戸
供給費用－供热成本	2,100 元/年·戸(可変費 1,500(71%)、固定費 600 元(29%) 　　　　　ー计量热费　　　　　　ー基本热费 ・地元供熱会社の収支金額を参考に可変費：固定費＝7：3程度とした。 なお、ボイラーや導管等の初期投資は、新設時に加入金として回収されるものとし熱料金には含まない。 ー参考当地供热企业的收支金额，设定计量热费与基本热费之比为 7：3。锅炉及管网的初期投资，通过入网费回收，未包含在采暖费中。
計量·課金制度導入による 省エネルギー量 ー导入热计量收费制度后的节能量	(今回の実証事業に基づき)20% ー根据本次实证项目结果
計量機器設置費用－计量器的设置费用	1,200 元/戸(地元熱供給会社聞き取り)、耐用年数 15 年で償却 →1,200 元÷15 年＝80 元/年　　　　　ー折旧年限 15 年
検針·課金費用－抄表与收费成本	300 件の需要家に対し1名分の人件費増として、800 元/月×5ヶ月/年 ÷300 戸＝13 元/年
支払い利息	10% 元利均等払いとして－本利均等摊还法、78 元/年
従量料金制導入による追加費用計 ー导入计量收费制后追加投资合计	171 元/年

3）検討結果

従量料金制導入により 20% 消費削減
された場合の事業者から見た事業収支
（1需要家当たり）は以下のとおり。

・年間料金収入：16.12 元 /㎡×100㎡
＋ 0.015 元 /MJ × 39,200MJ × 80 %
＝ 2,082 元

・年間費用：固定費 600 元 + 可変費
1,500 元× 80% + 追加費用 171 元＝
1,971 元

・1需要家当たり税引前利益：2,082 元
－ 1,971 元＝ 111 元

従って

3）讨论结果

导入计量收费制度实现 20%的节能目
标时，供热企业的费用收支（折算到 1 户
热用户）具体如下：

・年采暖费收入：16.12 元 /㎡×100㎡
＋ 0.015 元 /MJ × 39,200MJ × 80 %
＝ 2,082 元

・全年费用：基本热价 600 元＋计量热
价 1,500 元× 80%＋追加投资 171 元
＝ 1,971 元

・折算到每户热用户的税前收益：2,082
元－ 1,971 元＝ 111 元

因此，

- 需要家が受ける便益（料金負担減）：
  2,200 元 − 2,082 元 = 118 元
- 事業者が受ける便益（利益増）：
  111 元 − 100 元 = 11 元

となり、モデル上は計器設置等の追加費用を控除しても事業者に便益が残ることから、事業者に対しても従量料金制を導入するインセンティブが働くことになる。

- 热用户的收益（供热费减少）：
  2,200 元 − 2,082 元 = 118 元
- 供热企业的收益（利益增加）：
  111 元 -100 元 = 11 元

通过模拟试算可以看出，除去计量设备的追加投资后，供热企业仍有获利，所以对供热企业来说，导入计量收费制度也是有利可图的。

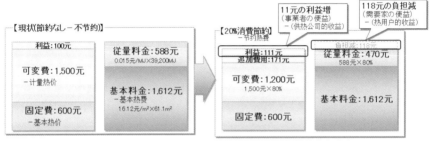

図 1.4.2　需要家・事業者ともに消費節約の便益を受けられる従量料金制（モデル）
图 1.4.2　热用户・供热企业都能获利的供热计量收费方案

従量料金制による追加費用（117 元/（年・戸））を、消費削減による可変費（燃料費等）の削減分の一部を熱供給事業者側で留保することにより、回収が可能という試算結果である。

耗热量的减少带来计量热费的节约（燃料费等），除去热计量器的追加投资 117 元/（年・户）后，仍能获利，可以实现投资回收。

49

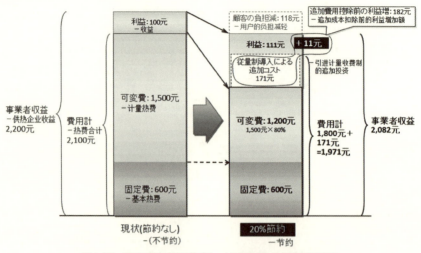

図 1.4.3　モデル料金試算に基づく、1 需要家あたり年間事業者収支
图 1.4.3　热计量收费方案实施时供热企业的年收支状况（折算到单位热用户）

このモデルでは、従量料金単価 0.015 元 /MJ にて本調査事業で確認された 20％の消費節約が実現されるという仮定により、事業者が投資回収可能としている。前提として需要家側は現状よりも消費節約により料金負担が軽減される一方、熱供給事業者側は需要家が想定通り節約しないと追加費用を上回る便益が得られず、投資回収できない恐れがある。すなわち追加費用の回収に係るリスクは事業者側が負う仕組みである。

4）札幌市における棟毎従量制
参考に、日本における棟毎従量制を紹介する。北海道札幌市の一部の集合住宅向け地域暖房で、棟毎従量制を採用している。熱量メーターを棟毎に設置し、毎

以实现节能 20％ 的目标为前提，这个节能目标也在本调查中确认，计量热价定为 0.015 元 /MJ 时，供热企业可以回收投资这个收费方案可以实现。其前提也是建立在热用户实现节能的同时，可以节省供热费用的支出。但是如果热用户没有实现预期的节能目标，供热企业的获利小于设备的追加投资，就无法收回投资。也就是说，供热企业要承担一定的投资风险。

4）参考资料札幌市楼栋热计量收费制度
作为参考，下文介绍日本楼栋热计量收费制度。北海道札幌市部分集中供热的公寓中采用楼栋热计量收费，各公寓楼设置一只热量表，测定每月的耗热量。热量表

1章　地域暖房団地の現場実測に基づいた省エネルギー対策と課題
第一章　从集中供热小区的实测探讨节能对策与课题

月の消費熱量を計測する。棟毎の熱量
メーター設置費用は、メーター本体は熱
供給事業者負担し、工事費は使用者負担
である。

費用由供热企业负担，安装费用由热用户
承担。

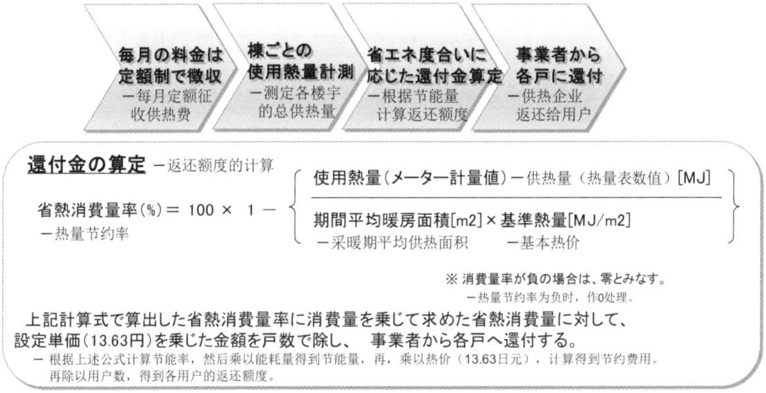

図 1.4.4　札幌市の棟毎従量制における還付金
图 1.4.4　札幌市楼栋热计量收费的返还额度

(2)　ESCO 事業導入の可能性

1）エネルギーサービス事業者の参画形態

省エネルギーに関するノウハウを有するエネルギーサービス事業者が、熱供給事業者の代わりに費用回収リスクを引き受ける方式を検討する。

エネルギーサービス事業者は熱供給事業者に対し、消費節約の実績に拘わらず従量料金制導入による追加費用を差し引いて、かつ定額制と同水準の利益確保を保証する一方、熱供給事業者に保証した利益を上回る便益を自らの利益として受け取る必要がある。

(2)　开展节能服务（ESCO）业务的可能性

1）节能服务公司的参与形式

以下主要探讨如何让拥有节能技术的能源服务公司，代替供热企业来承担投资回收风险。

节能服务公司不论实现多少节能量，都要负担热计量系统的设备投资，而且要保证供热企业的效益与以前定额收费时相同。只有超过供热企业保证效益的部分，才能成为其自身的利润。

51

需要家当たりの事業収支を算定すると以下の通り。

（需要家の年間消費熱量をC（MJ）とする）

・需要家への課金額：従量料金モデルと同様

16.12元/㎡×100㎡＋0.015元/MJ×C（MJ）＝1,612＋0.015C元－①

・熱供給事業者の収入：機器設置等の追加費用（171元/年）を回収し、加えて定額制と同水準の利益（100元）を確保

7.00元/㎡×100㎡＋0.0383元/MJ×C（MJ）＋171元＝871＋0.0383C元－②

・エネルギーサービス事業者の損益：

①－②＝741－0.0233C元

Cが31,802MJ/年（＝741÷0.0233）より小さければ（19%の節約に相当）エネルギーサービス事業者は利益を確保するが、31,802MJ/年を上回れば損失となる。

このリスクを負ったエネルギーサービス事業者が出現するか否かが鍵となる。瀋陽市では、中小の熱供給事業者向けに、それらを一定程度集約したサービス事業の可能性はなくはないが、むしろ計量・課金部分に限定せずにプラントシステムの省エネルギー改善を含めたエネルギーサービス事業が現実的であろう。

2）事業性の検討

従量料金制度を伴うメーター設置事業がどのように国家経済に寄与するかを検

折算到每一户热用户的营业收支，具体计算如下：

热用户的耗热量为C（MJ）

・热用户的付费额：与计量收费方式相同

16.12元/㎡×100㎡＋0.015元/MJ×C（MJ）＝1,612＋0.015C元－①

・供热企业的收入：收回设备追加投资（171元/年），实现定额收费制时的相同效益（100元）

7.00元/㎡×100㎡＋0.0383元/MJ×C（MJ）＋171元＝871＋0.0383C元－②

・节能服务公司的盈亏：①－②

＝741－0.0233C元

当C小于31,802MJ/年（＝741÷0.0233）（相当于节约19%）时，节能服务公司就盈利。但大于31,802MJ/年时，就会亏损。

因此，关键就在是否有公司愿意承担这种风险。在沈阳市，面向中小型供热企业提供一定的节能服务，虽说这也不是完全没有可能，但是，节能服务不能仅局限在供热计量、供热收费方面。如果能把供热系统的节能改造也纳入服务范围，则更有现实意义。

2）技术经济分析

接下来讨论实施计量收费制度后，仪表安装能给国民经济带来多少效益。具体而

1章　地域暖房団地の現場実測に基づいた省エネルギー対策と課題
第一章　从集中供热小区的实测探讨节能对策与课题

討した。具体的には、既存設備に対して取り付けるメーターの設置及び運営コストを国家経済的な経済コストとみなし、その事業から得られる国家への寄与（省エネルギーによる石炭節約及び発電所建設抑制効果）を経済便益とみなす。なお地域暖房本体設備は既存という前提であり、今回検討する事業の分析範囲から除外し埋没コストとして取り扱う。

　想定するモデルサイトは本実証事業（瀋陽航空工業学院家族寮）と同規模のものとし、メーター設置費用、課金・徴収人件費、メーター設置による省エネルギー効果等は前述(1)と同様に設定した。

　下記のとおり、国家的観点に立てば、従量料金制を前提にしたメーター設置事業の単純投資回収年数は 3.5 年（＝経済コスト 364,000 元／経済便益 103,250 元）である。なお、これはコスト負担者と便益享受者が同一（つまり国家）という前提で国家的観点に立った場合の評価結果であり、実際のメーター設置コスト負担者にとっての財務的評価を表したものではない。

言，把既有设备安装计量表及其营运成本看作国民经济上的成本投入，把项目对国家的贡献（节能带来的节煤量及发电站投资的减少）看作经济效益。当然，集中供热系统的热源设备为既有设备，算作沉没成本，未列入讨论范围。

　假定示范项目的规模与本次实证项目（沈阳航空学院家属楼）相同，计量仪表安装费、抄表员和收费员的人工费、安装仪表后的节能效果等与前文(1)相同。

　站在国家的立场上，具体如下考虑。仪表安装项目的单纯投资回收年数为 3.5 年（＝经济成本 364,000 元／经济效益 103,250 元）。其前提为费用投资方和受益方相同为（也就是均为国家），是站在国家的立场上来评价的，不是从实际负责仪表安装费用方来进行财务评价的。

表 1.4.2　経済コスト積算条件（年間コスト）
表 1.4.2　经济成本的估算条件（全年成本）

メーター設置費（材工）－计量仪表安装费（材料费和人工费）	360,000 元（＝1,200 元／戸[*2]×300 戸）
課金・徴収人件費－抄表员和收费员的人工费	4,000 元（＝800 元／月[*3]（1 名分）×5 ヶ月）
経済コスト－经济成本　　　計	364,000 元

＊2　現地聞き取り値－当地采访到的数值　　＊3　月最低賃金－最低月工资

表 1.4.3　経済コスト積算条件（年間便益）

表 1.4.3　经济效益的估算条件（全年效益）

省エネルギー効果(電力量)－节能效果（电量）	181MWh（＝496kW×152 日×12 時間－小时×20%[*4]）
石炭節減量－节煤量	74.5ton（＝181MWh/0.85[*5]×0.35kg/kWh[*6]）
石炭節減額（1）	37,250 元（＝500 元/ton[*7]×74.5ton）
省エネ効果（最大電力）	99kW（＝496kW×20%[*4]）
発電所建設抑制額－节约发电站投资额(2) （1 年換算値）	66,000 元（＝99kW×10,000 元/kW[*8]/15 年[*9]）
経済便益－经济效益　　計 (1)+(2)	103,250 元

＊4　本実証調査から得られた省エネルギー効果（11月～3月までの省エネ効果推定値）
　　－从实证得出的节能效果（11月～3 月的节能效果推算值）

＊5　ロス率－热损失率　　　　　　　＊6　石炭発電所の発電効率－燃煤发电站的发电效率

＊7　石炭購入単価－煤炭单价　　　　＊8　石炭発電所建設単価－燃煤发电站建设费用

＊9　石炭発電所のプロジェクトライフ－燃煤发电站的回收年数

3）環境面の効果

瀋陽市全体に本事業モデルが適用された場合のインパクトを試算する。試算にあたっての条件は以下のとおりである。

① 既存のヒートポンプ式地域暖房設備を検討対象とする。

② 市全体で既存ヒートポンプ式地域暖房設備は1,000万㎡。（瀋陽市の目標値）

③ ヒートポンプ地域暖房設備はすべて石炭火力発電所を電源とする。

④ 石炭 1 ton あたり 2.506ton-CO_2 を排出する。

試算結果は以下のとおりである。

・石炭節減量：24,833ton/ 年（＝ 74.5ton×10 百万㎡ /0.03 百万㎡）

・CO_2 排出削減量：62,231ton-CO_2（＝ 24,833ton × 2.506ton-CO_2/ton）

3）环保效果

本示范项目扩展到整个沈阳市时，计算其环保效果，计算条件如下。

① 以现有的热泵型集中供热设备为对象。

② 全市现有热泵供热机房的供热面积为1,000万㎡(沈阳市的建设目标)。

③ 热泵供热机房的用电全部来自燃煤发电站。

④ 1 吨煤炭的二氧化碳排放量为2.506 吨。

计算结果如下：

・煤炭节约量：24,833ton/ 年（＝74.5ton×10 百万㎡ /0.03 百万㎡）

・CO_2 减排量：62,231ton － CO_2（＝ 24,833ton × 2.506ton-CO_2/ton）

1.5 住宅団地を対象とした地域暖房システムの省エネルギー対策と課題

　瀋陽航空学院家族寮における住戸での実測・検証、地域暖房プラントにおける実測結果を踏まえて、地域暖房住宅における省エネルギー手法として、主に需要サイドの対策として、下記が挙げられる。

① 消費熱量によって課金される従量料金制度の導入を前提として、各戸でバルブ操作により消費熱量を制御することは、省エネルギー面で有効である。本調査事業でも年間を通じて20%程度の省エネ効果が期待されることが分かる。また、この範囲での消費熱量の削減は室温の低下を招かずに実現し得る。

② 各戸でのバルブの操作性を改善することはもとより、需要家側、供給者側が納得できる消費熱量に応じた適正な料金を設定するには、適正な計量システムの導入（各戸計量または各棟計量＋各戸簡易分配方式等）が必要となる。

③ 室温の適正管理も省エネルギー上は極めて重要である。現状の22℃を20℃にすることで15%程度の省エネが図られ、外出時には16℃程度の室温を許容すればさらに省エネルギー量は大きくなる。計量と各戸制御による省エネルギー20%と合わせると、30%強

1.5 住宅小区集中供热系统的节能对策与课题

　根据沈阳航空工业学院家属楼住户、集中供热机房的实测结果，集中供热住宅的节能手段，特别是热用户侧的对策，具体如下。

① 以导入按耗热量收费的计量收费制度为前提，各户通过调节阀来控制耗热量，能有效地实现节能。从本调查中也可以看到，年节能效果约达20%，并且也不会降低室内温度。

② 改善各用户调节阀的操作性能，根据耗热量，制定热用户、供热方都可以接受的收费标准，必须引进合适的计量系统（分户计量或分栋计量＋分户简易分配方式等）。

③ 正确管理室温也是节能的重要环节。从目前的22℃降到20℃时，大约可以节能15%。如果外出时室温可以降到16℃左右的话，那么节能量还会更大。与热计量和分户调节的节能效果20%加起来，节能总量可以超过30%。

の省エネルギー量となる。

④ 住戸の位置による暖房負荷の違い
は、課金上の公平性の点でも課題
となるが、供給側のシステムでも
多くの事例が採用している垂直配
管方式では負荷の大きい最上階に
合わせて熱供給を行うことで中間
階の過剰暖房をもたらす。シミュ
レーション結果によれば過剰暖房
による消費熱量の割合は年間負荷
の 16％に及ぶ。

⑤ この過剰暖房を防ぐには各住戸側
での制御性（バルブ制御）を良く
することと、供給側で最上階、中
間階、1 階等系別の水平型の供
給配管方式に変更することが適切
である。

（以下は主に供給側の対策）

⑥ 地中熱ヒートポンププラントも、
その運用の良否によってエネル
ギー効率は向上しない点に留意す
る必要がある。地下水位や水温・
水量による課題もあるが、入居
率の低さやプラントの運転管理方
法によって効率が向上しない場合
がある。ただし、地中熱ヒートポ
ンププラントは石炭プラントに比
べて、機器本来の効率性に加えて、
制御性の良さから、効率向上の余
地が大きい。

⑦ プラントの運転管理方法の改善は、
ヒートポンプ本体、ポンプ類の運

④ 房间位置不同带来的供热负荷差异
会影响收费的公平性。当前大多数
的供热系统采用垂直系统，根据热
负荷最大的顶层房间进行供暖，从
而导致中间层过剩供暖。通过模拟
试算可以看出过剩供暖占年热负荷
的 16%。

⑤ 为了防止过剩供暖，应提高各住户
的调节性能（阀门控制），在热水
供水回路把顶层、中间层、1 楼等
各自分开，改成独立的水平系统。

机房侧的对策，具体如下：

⑥ 在地源热泵机房侧，要注意设备运
行是否会影响能效的提高。地下水
位、水温、水量等问题也会影响能
效。另外，入住率低以及机房的运
行管理方法也会影响到能效。但
是，地源热泵与燃煤锅炉相比，设
备本身的效率高，再加上良好的调
控性能，可以实现高效运行。

⑦ 通过改善热泵机组、水泵等的运
行，改善机房的运行管理，分析地

転と地下水の水量・水温及び送出温水の流量・温度を分析することで、最も高効率の運転が可能になる。運転マニュアルの作成により、10%オーダーでの省エネルギーは充分に可能である。

⑧ 気象条件に応じた暖房負荷予測を含めた運転制御システムの導入や、ヒートポンプ機器やポンプ類の効率を低下させる最大の要因である低負荷運転を減らすための蓄熱槽の設置といった設備改修を伴う省エネルギー策の導入により、総合エネルギー効率1.0超（日本の電気式地域暖房の総合エネルギー効率の水準）の達成は充分に可能である。

下水的水量、水温及热水流量、温度等因素，可以实现高效运行。编制运行手册，完全可以实现10％以上的节能。

⑧ 导入自控系统，根据气象条件预测供热负荷，通过设置蓄热槽等节能改造，减少热泵机组及水泵等的低负荷运行工况（低负荷是降低热泵和水泵等设备能效的最大原因），那么集中供热系统综合能效完全可以超过1.0(日本电力型集中供热系统的综合能效水平)。

2章 瀋陽市の地域暖房システムの省エネルギー対策と課題

2.1 地域暖房プラントの熱効率の実態

⑴ 調査対象プラントの概要

　1）瀋陽市内での各種地域暖房プラントの計測

　都市住宅を対象に地域暖房を行うプラントのエネルギー供給実態を把握するために、1.2 の計測・社会実験の対象とした瀋陽航空工業学院の家族寮プラント（地中熱ヒートポンプ）と、市内の各種熱源方式（住宅団地内の地中熱ヒートポンププラント、CHP（熱電併給）・石炭ボイラープラントからの熱供給プラント）を選定した。それらのエネルギー需給の実態とエネルギー管理システムの導入による省エネルギー効果の推計を行うことを目的としている。

　瀋陽航空工業学院の家族寮については住戸数約 300 戸に地域暖房を行う地中熱ヒートポンププラントを対象に、2009 年の 11 月上旬から 1 月中旬にかけて、熱量の長期連続計測（計測ポイント数約 20 ポイント）を行い、それに基づいて省エネルギー診断を行い、改善メニューの検討とそれに基づく改善運転・最適化運転、すなわち BEMS 導入による省エネルギー効果を検証した。

第二章 沈阳市集中供热系统的节能与相关课题

2.1 集中供热机房能效的实际状况

⑴ 调查对象的概要

　1）沈阳市各类集中供热机房的实测

　为把握城市住宅集中供热机房的能耗实态，选定 1.2 节所述沈阳航空学院家属楼的供热机组（地源热泵型）和市内其他类型的供热机房〔住宅小区的地源热泵型供热机房，燃煤热电联产型（CHP）供热机房〕进行实测。通过分析能源收支的状况和导入能源管理系统（BEMS）来评估节能效果。

　沈阳航空学院家属楼约有 300 家住户，采用地源热泵集中供热。从 2009 年 11 月上旬到 2010 年 1 月中旬期间对其供热机房进行了长期连续测定（约 20 个测点）。根据测定结果进行节能诊断，探讨改进方案，并验证改善设备运行参数，实现最优化运行，也就是导入 BEMS 验证节能效果。

59

その他のプラントについては、瀋陽市の地域暖房プラントから、地中熱ヒートポンププラント3箇所、CHP（熱電併給）から熱供給を受けるサブプラント1箇所、石炭ボイラープラントから熱供給を受けるサブプラント1箇所、計5プラントを、2009年11月から12月の間、1箇所当たり各2日間の短期計測（計測ポイント数；各プラント約20箇所）を行い、省エネルギー診断（効率低下要因の抽出と改善提案）を行った。

調査対象の5プラントの位置は、図2.1.1の通り。同図には並行して行ったビル熱供給実態調査対象（12棟）、地域暖房プラントマクロ調査（約40箇所）を表示している。これらの調査結果は2.3(1)で解説している。

另外，以沈阳市其他集中供热机房，地源热泵机房3处、热电联产型（CHP）供热机房的热力站1处、燃煤锅炉房的热力站1处，共5处为研究对象，从2009年11月至12月，分别进行为期2天的短期测定（各处测点数约为20个测点），实施节能诊断，分析效率低的原因，提出改善方案。

这5个供热机房的位置分布详见图2.1.1。图中还表示了被调查的12栋供热建筑以及集中供热宏观调查对象（约40个）的位置，在2.3.1节中说明调查结果。

2章　瀋陽市の地域暖房システムの省エネルギー対策と課題
第二章　沈阳市集中供热系统的节能与相关课题

図 2.1.1　調査対象 5 プラント他調査対象の位置
图 2.1.1　本调查中 5 处供热机房的位置

(2)　エネルギー消費量の計測と熱効率

1）各種熱源プラントの計測の経過

調査対象の地中熱ヒートポンププラント 3 箇所、CHP（熱電併給発電所）・サブプラント 1 箇所、石炭ボイラー・サブプラント 1 箇所の計 5 箇所を対象に、エネルギー消費量、エネルギー収支を計測した。経過及び結果は次の通りである。

① 各計測作業は、計測器の設置から撤去に至る間、運用中のプラントに全く支障を与えずに予定の計測を終え所定の成果を得た。地元の管理者、運転要員とも計測への関

(2)　供热机房能耗与能效的现状

1）各种热源供热机房的实测经过

本次实证项目对地源热泵机房 3 处、热电联产发电站（CHP）热力站 1 处、燃煤锅炉房热力站 1 处，共计 5 处，测定能耗量和能源的收支平衡。测试的过程与结果如下所述。

① 从测试仪器的安装到拆除，实测工作均没有影响供热机组的运行，顺利完成预定的测试工作，得到预期结果。当地的管理人员、操作人员对实测非常关心，也表明大家都知道测试的重要性。

心は高く、またその重要性も周知
できたものと考える。

② 計測の結果、計測期間中の各プラ
ントのエネルギー使用状況が克明
に把握できた。但し、CHP（熱電
併給）とボイラープラントのメイ
ンプラントに関しては、地域暖房
事業者へのヒヤリングによらざる
を得ず、計測はサブプラントに限
定された。

③ 地中熱ヒートポンププラントにつ
いては、計測時の条件での定格
COP（エネルギー効率）を計測
し、熱源機単体COP及び設備全
体でのシステムCOPを把握する
ことができた。短期間での計測で
あるため、暖房期間を通じての期
間COPを推定することは困難で
あるが、単体としての定格COP
の把握と、単体及び設備全体とし
ての問題点を把握できた。

④ 今回計測された熱源機単体の
COP、設備システム全体のCOP、
運転期間中のシステムCOP推定
値は、今後、瀋陽市における地中
熱ヒートポンププラントのエネル
ギー効率の基準値となるものと思
われる。

2）計測結果とエネルギーフロー図の
作成
各プラントのエネルギー収支について

② 仔细测定各供热机房的能源使用状
况，掌握详尽的测量结果。但是，
对于 CHP（热电联产发电站）和燃
煤锅炉房的主机，无法实测只能对
供热公司进行访问调查，仅在各自
的热力站进行实测。

③ 对地源热泵机房，实测当时条件
下的额定 COP（能源效率），也掌
握了热源机组单体 COP 以及所有
供热设备的系统 COP。由于实测
期较短，很难推定整个供暖期的
COP，但通过测定设备单体的额
定 COP，就可以把握单体及所有
设备的全体问题。

④ 本次调查中实测到的热源机组单体
的 COP、设备全体的系统 COP、
运行期间的系统 COP，可以成为
今后沈阳市地源热泵机组能源效率
的基准值。

2）实测结果与供热系统的能流图

各供热机组的能量使用状况用能流图来

は、エネルギーフロー図として示した。エネルギーフロー図は、投入エネルギーから出力までのエネルギーの流れを「見える化」し、プロセスでのエネルギーロスを明確化できる。中国では初めての表現として注目された。（図 2.1.2）

　清華大学江億教授によれば（事業期間中の日中技術交流セミナー資料による）、瀋陽市全体の地域暖房の CHP（熱電併給発電所）及び石炭ボイラープラントから成る標準エネルギー収支（プラント送出以降と考えられる）は、500MJ/（㎡・年）のプラント送出に対し、地域配管熱損失 10MJ/（㎡・年）、熱交換器熱損失 10MJ/（㎡・年）、建物内不均衡熱損失 100MJ/（㎡・年）、住戸側での 350MJ/（㎡・年）の出力と推計、プラント送出以降需要端までのシステム COP は（350/500MJ/（㎡・年））0.70 とされた。

　一方、日本の地域冷暖房（2001 年時点）の年間の投入エネルギーに対するエネルギー効率の平均は、プラントエネルギー効率（プラント COP）で 0.78、需要端までの総合エネルギー効率（システム COP）で 0.70 であり、プラント送出端からの COP は 0.9 である。

（表 2.1.1 参照）

表示。能流图将能量从投入到产出的流程状况可视化，并将各阶段的能量损失数量化、明确化。因为是第一次应用于中国的供热行业，备受关注（图 2.1.2）。

　据清华大学江亿教授介绍（源自项目期间举行的日中技术交流研究会资料），沈阳市集中供热系统中，热电联产发电站（CHP）和燃煤锅炉房的标准能量收支（机房供热端）：输送热量为 500MJ/（㎡・年），其中供热管网的热损失为 10MJ/（㎡・年），热交换器热损失为 10MJ/（㎡・年），不同建筑物间供热不平衡的热损失为 100MJ/（㎡・年），同一建筑物内供热不平衡的热损失为 100MJ/（㎡・年），住户侧供热量为 350MJ/（㎡・年）。由此推算，从供热机房到热用户端的供热能效系数（系统 COP）为 0.7。

　另一方面，与年能源消费量相比，日本集中供冷供热系统（2001 年）供热端的平均能效（机房侧）为 0.78，热用户端的供热能效系数（系统 COP）为 0.7，机房侧的能效系数为 0.9（参照表 2.1.1）。

表 2.1.1　日本の地域冷暖房の年間のプラント及び需要端までの総合エネルギー効率

表 2.1.1　日本集中供热系统的机房侧和用户侧的综合能效

プラント熱源方式－机房热源的种类		プラント/総合エネルギー効率 －机房侧能效/综合能效
電気主体の方式 －用电型供热方式	未利用エネルギー活用－使用未利用能源	1.08/0.99
	一　般－普通型	0.90/0.85
ガス主体の方式 －燃气型供热方式	未利用エネルギー活用－使用未利用能源	0.82/0.70
	コージェネレーション活用－热电联产型	0.75/0.68
	一　般－普通型	0.68/0.61
電気・ガス併用方式－电力燃气并用型供热方式		0.74/0.68
平均		0.78/0.70

出典：「平成14年度　新エネルギー等導入促進基礎調査」、資源エネルギー庁による、2002年3月
　　　－《2002年促进新能源利用的基础调查》，日本资源能源厅，2002年3月

これに対して、今回の計測対象では、地中熱ヒートポンププラント（プラント送出端まで、以下様であることに留意が必要）のシステム COP は 0.72-0.78、CHP（熱電併給）サブプラントのシステム COP は 1.03、ボイラプラントサブプラントのシステム COP は 0.58 という結果であった。

瀋陽の地中熱ヒートポンププラント（本調査事業による推計値 0.72 ～ 0.78）と日本の電気主体の地域冷暖房プラントのプラント・エネルギー効率（0.90 ～ 1.08）と比較すると、0.1 ～ 0.4 低い効率となっている。

与上述内容相比，本调查中地源热泵供热机房（供热端，以下类同）的系统 COP 为 0.72-0.78，热电联产发电站（CHP）热力站的系统 COP 为 1.03，燃煤锅炉房热力站的系统 COP 为 0.58。

与日本电力型供热系统（能效 0.9 ～ 1.08）相比，沈阳市地源热泵供热机房（本调查的推算值 0.72 ～ 0.78）的能效要低 0.1 ～ 0.4。

64

C 地区（地中熱ヒートポンププラントの例）
－ C 小区（地源热泵供热机房之例）

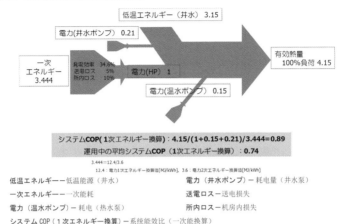

低温エネルギー－低温能源（井水）　　　電力（井水ポンプ）－耗電量（井水泵）
一次エネルギー－一次能耗　　　　　　　送電ロス－送電損失
電力（温水ポンプ）－耗電（熱水泵）　　　所内ロス－机房内損失
システム COP（1次エネルギー換算）－系統能效比（一次能換算）
運用中の平均システム COP －运行期间平均系統能效比（一次能換算）

H 地区（CHP（熱電併給）プラント・サブプラントの例）
－ H 小区（热电联产型供热机房与热力站之例）

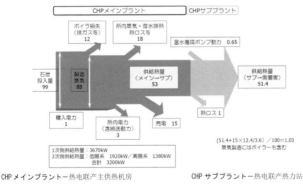

CHP メインプラント－热电联产主供热机房　　　CHP サブプラント－热电联产热力站
ボイラ損失（排ガス）－锅炉热損失（排烟）　　　製造蒸気－产生蒸汽
所内蒸気・復水排熱 熱ロス等－机房内蒸汽与冷凝水排热損失等
供給熱量（メイン→サブ）－供热量（主机房→热力站）
供給熱量（サブ→需要家）－供热量（热力站→热用户）
温水循環ポンプ動力－热水循环泵动力　　　石炭投入量－耗煤量
電力－耗電量　　　　　　　　　　　　　熱ロス－热損失
所内電力（含搬送動力）－机房内用電量（包括水泵能耗）
蒸気製造にはボイラも含む－也包括锅炉产生的蒸汽

Mk 地区（石炭ボイラープラント・サブプラントの例
－ Mk 小区（燃煤锅炉供热机房与热力站之例）

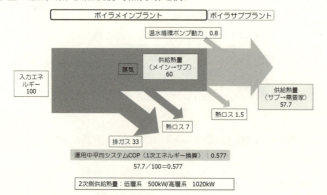

ボイラメインプラント－燃煤锅炉供热系统主机房　　ボイラサブプラント－燃煤锅炉供热系统热力站
温水循環ポンプ動力－热水循环泵动力　　　　　　　入力エネルギー－使用能源
供給熱量（メイン→サブ）－供热量（主机房→热力站）熱ロス－热损失
供給熱量（サブ→需要家）－供热量（热力站→热用户）排ガス－排烟
システム COP（1次エネルギー換算）－系统能效比（一次能换算）
運用中の平均システム COP－运行期间平均系统能效比

図 2.1.2　性能検証実証プラントのシステム COP とエネルギーフロー
图 2.1.2　实测供热机房的系统能效比和能流图

2.2　エネルギー管理システム導入による省エネルギー効果

⑴　測定に基づくプラントの省エネルギー診断1：簡易性能検証

1）測定対象プラントと測定方法

　瀋陽市内の地域暖房プラントで、今後瀋陽市で普及が進むとされている地中熱ヒートポンププラントを3箇所、エネルギー効率面での地中熱ヒートポンププラントとの比較を目的にCHP（熱電併給発電プラント）・サブプラントを1箇所、BP（石炭ボイラプラント）・サブプラントを1箇所、計5箇所で以下の要領で計測を行い、簡易性能検証を実施した。その際、以下の点に留意した。

①　運用には支障を与えないこと
②　計測終了後は計測前の状態に復旧可能なこと
③　機器単体およびシステムでのCOPが算出可能なこと

簡易診断対象プラントは表2.2.1の通りである。

2.2　导入能源管理系统的节能效果

⑴　供热机房的节能诊断1：简易能效测试

1）测试对象和测试方法

　沈阳市集中供热热源中，选定3处地源热泵供热机房，因为地源热泵今后将在沈阳普及。为了与地源热泵机房进行能耗比较，还选定一处热电联产发电站（CHP）热力站和一处燃煤锅炉房热力站，共5处供热机房为对象，进行简易能效测试。测试时的注意点具体如下：

①　不影响机组的运行使用
②　测试结束后可以恢复原状
③　可以算出热源机组和系统的COP

简易测试的机房概要见表2.2.1。

表 2.2.1　簡易性能検証プラント一覧
表 2.2.1　简易测试的机房概要

種　別ー热源种类	地区名称	システム概要ー系统概要	所在地ー所在地
地中熱ヒートポンプー地源热泵	C	地熱HP×2台ー地源热泵	和平区西塔
地中熱ヒートポンプー地源热泵	K	地熱HP×3台ー地源热泵	沈北新区正義三路
地中熱ヒートポンプー地源热泵	Mw	地熱HP×4台（低層用/高層用）	大東区東北大馬路
CHP（熱電併給プラント）・サブプラントー热电联产发电站（CHP）与热力站	H	温水/温水熱交×2台ー热水/热水换热器	大東区大北関街
BP(石炭ボイラープラント)・サブプラントー燃煤锅炉房与热力站	Mk	蒸気/温水熱交×2台×2セットー蒸汽/热水换热器×2台×2套	和平区青年大街

熱源機及び熱源システムの性能を把握するために、温水及び地下水の温度・流量、各機器の電流値を計測した。計測機器は表2.2.2に示すものを使用し、それらの計測データは、計測機器からのアナログ出力値をデータロガーに取り込んで48時間程度連続的に記録した。

用いた計測機器は図2.2.1～2.2.3に示す通りである。

計測項目は、以下の項目を原則とした。
① 熱源機の加熱能力測定：熱源機の温水出入口温度及び温水流量
② 熱源機の入力値測定：圧縮機電流値
③ 熱源機の効率確認：地下水出入口温度及び地下水流量
④ プラント毎のシステムCOPを確認：需要側への温水供給温度と戻り温度、温水ポンプの電流値

［T熱電対］
JIS規格で「T」のクラス1を使用。低温での精密測定に広く使用されるセンサーで、安定した温度計測が可能で、データロガーに取り込むことができる。

为把握热源机组和供热系统的性能，测定了热水和地下水的温度与流量，各设备的电流。测试仪器见表2.2.2，实测数据通过模拟转换，由数据记录仪连续48小时进行记录。

实际使用的测试仪器见图2.2.1～2.2.3。

测试项目，主要如下：
① 热源机组的供热能力：供热设备的进水，出水温度及流量
② 热源机组的耗电量：压缩机的电流值
③ 热源机组的效率判定：地下水的进水/出水温度及流量
④ 各供热机房系统COP：用户侧热水的供水温度，回水温度和热水泵的电流值

［T型热电偶］
使用JIS标准的T型1级热电偶，适用于低温的精密测定，使用广泛。测定值安定，可以直接由数据记录仪读取。

外観―外观

温度検出部―温度测量端（φ1.6×150）

図2.2.1　T熱電対
图2.2.1　T型热电偶

2章　瀋陽市の地域暖房システムの省エネルギー対策と課題
第二章　沈阳市集中供热系统的节能与相关课题

[超音波流量計]
配管表面に取り付ける方法で流量の計測が可能なため、運用に支障を与えることなく設置が可能。流量データは外部に4-20mAで出力可能なため、ロガーにて連続的な計測が可能である。

[超声波流量计]
可直接安装在管道表面进行测试，不影响系统的运行。流量数据可转换成4-20mA的电流信号，直接由数据记录仪读取。

検出器（取付状態）－流量計（安装后）　　　　　変換ユニット－信号转换器

図 2.2.2　超音波流量計
图 2.2.2　超声波流量计

[クランプメータ]
動力配線を挟み込む方法で電流値が計測できるので、運用に支障を与えることなく電流値を計測可能。電流値を0-1Vで出力可能なため、ロガーにて連続的に計測が可能である。

[钳形电流表]
电线穿过钳形电流表进行测试，不影响系统的运行。电流值可转换成0-1V的电压信号，直接由数据记录仪读取。

図 2.2.3　クランプメータ
图 2.2.3　钳形电流表

表 2.2.2　計測項目及び計測内容と目的
表 2.2.2　测试仪器一览表

計測項目－测试项目	計測機器－测试仪器	計測内容－测试内容	目的
温水・地下水温度 －热水和地下水温度	"T"熱電対 －T型热电偶	供給温度、熱源水温度 －热水供水温度、地下水温度	HP 暖房能力 －热泵供热能力的测定
温水・地下水流量 －热水和地下水流量	超音波流量計 －超声波流量计	温水流量、地下水流量 －热水流量、地下水流量	
HP 圧縮機消費電力 －热泵压缩机耗电量	クランプメータ －钳形电流表	電流値－电流值	HP 入力（動力） －热泵的耗电量
ポンプ消費電力 －水泵耗电量	クランプメータ	電流値	ポンプ動力 －水泵的耗电量

69

地中熱ヒートポンプが100%負荷で運転している状態での、温水出入口温度、温水流量、地下水出入口温度、地下水流量から計測時条件での定格COPを推定した。また、計測期間での平均COP等との比較による運用上の問題点や設備上の問題点を抽出し、計測データや現地での調査内容から総合的に改善策を検討した。

COPの算出方法は下記の通り。

HP単体COP＝HPの加熱能力/HPの消費電力

= {（HP出口温水温度 − HP入口温水温度）× 温水流量 × 60/860}/HP電流値 × 電圧 × $\sqrt{3}$ × 力率/1000）

システムCOP＝HPの加熱能力/
（HPの消費電力＋温水循環ポンプの消費電力＋地下水ポンプの消費電力）

2）測定に基づく省エネルギー診断

測定結果をもとに、省エネルギー診断すなわち各プラントの運転状況とエネルギー効率（熱源機器およびシステム全体のCOP）の推定、運用上の改善策提案を行った。

以下にC地区、K地区についての測定結果の概要とそれに基づく省エネルギー診断結果を示す。

根据地源热泵负荷率100%时的热水供回水温度、热水流量，地下水抽水/回水温度、地下水流量，推算机组的额定COP，并与测试期间的平均COP进行比较，找出运行与设备方面的问题。根据实测数据以及机房的实际调查内容，探讨并提出综合改善对策。

能效比（COP）的计算方法具体如下：

热泵（HP）单机COP＝HP的供热能力/HP的耗电量

= {（HP热水供水温度 -HP热水回水温度）× 热水流量 × 60/860}/HP电流 × 电压 × $\sqrt{3}$ × 功率因数/1000）

系统COP＝HP的供热能力/（HP的耗电量＋热水循环泵耗电量＋地下水循环泵耗电量）

2）根据实测结果进行节能诊断

根据实测结果和各供热设备的运行状况，估测能源效率（热源设备和系统的COP），也就是节能诊断，提出改善运行的方案。

C小区和K小区的测定结果及节能诊断结果如下所述。

2章　瀋陽市の地域暖房システムの省エネルギー対策と課題
第二章 沈阳市集中供热系统的节能与相关课题

【例1】C 地区簡易診断における測定結果と省エネルギー診断
－ C 机房的简易测试结果与节能诊

① 設備フローと計測ポイント　　　　　① 设备系统图和测点分布（图 2.2.4）
（図 2.2.4）

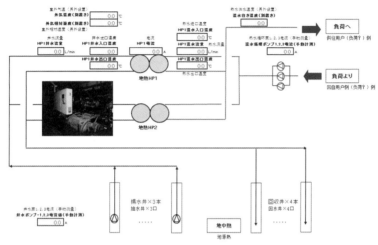

図 2.2.4　設備フローと計測ポイント
图 2.2.4　设备系统图和测点分布

② 運転状況

- 温水供給温度は 40℃〜41℃、温水戻り温度は 38℃〜39℃、温水供給温度差は 2-3℃である。
- ヒートポンプ起動時は、温水供給温度が 20℃〜17℃まで低下する。
- 温水供給ポンプは HP 運転・停止に拘らずほぼ連続運転を行っている。
- 井水ポンプは HP 運転に連動して運転（手動）している。

③ ヒートポンプ単体 COP とシステム COP（図 2.2.5、2.2.6）
起動時から温水温度が目標温度（40℃

② 机组运行状况

- 热水供水温度为 40℃〜41℃，回水温度为 38℃〜39℃，供回水温差为 2-3℃。
- 热泵机组起动时，供水温度降到 17℃〜20℃。
- 热水循环泵连续运行，与热泵机组的开机、停机无关。
- 井水泵与热泵机组联动运行（手动）

③ 热泵单机 COP 和系统 COP
（图 2.2.5、2.2.6）
从热泵启动到热水温度没有达到设定

71

付近)に達するまでは100%負荷の状態で運転しており、その単体でのCOPは定格の4.5付近での運転が確認できた。目標温度達成後は容量制御に入り部分負荷運転状態になる。この状態では単体COPは低下し3.5程度となる。

100%負荷時のシステムCOP(1次エネルギー換算値)は0.89、計測期間中の平均値COPは0.78である。

温度(近40℃)时,热泵机组满负荷(负荷率100%)运行,其单机COP接近额定值4.5。热水温度达到设定温度以后,实施供热量控制,机组变为部分负荷运行,COP降到3.5左右。

负荷率100%时系统COP(一次能换算值)为0.89,实测期间的平均COP为0.78。

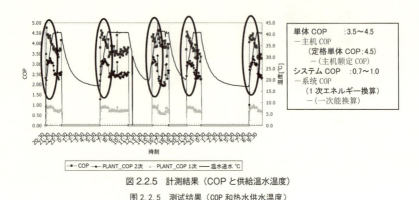

図 2.2.5　計測結果（COP と供給温水温度）

图 2.2.5　测试结果（COP 和热水供水温度）

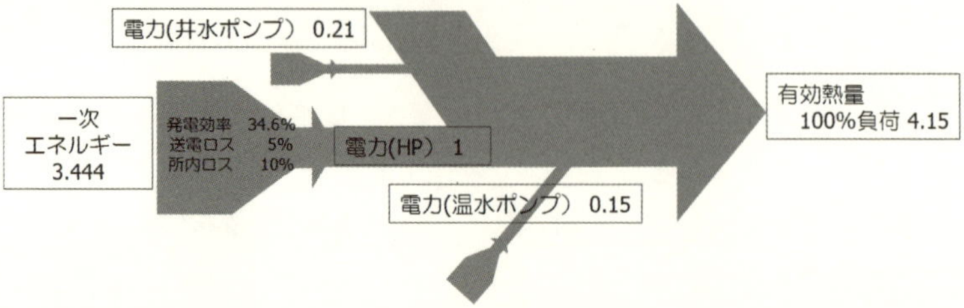

図 2.2.6　エネルギーフロー（2 次エネルギー換算）

图 2.2.6　能流图（二次能换算）

低温エネルギー（井水）－低温能源（井水）
一次エネルギー－一次能耗
送電ロス－送电损失
所内ロス－机房内损失

電力（井水ポンプ）－耗電量（井水泵）
電力（HP）－耗电（热泵）
電力（温水ポンプ）－耗电（热水泵）

④ 運用上の検討項目と改善案

1) 温水供給温度が 40℃〜 41℃である
温水供給温度を 2-3℃低くするこ
とが可能であれば、ヒートポンプ
効率は更に向上させることが可能
である。

2) 温水供給温度が暖房効果が無い
17℃〜 20℃になるまで温水ポンプ
を定格運転している。ヒートポン
プ停止時に温水ポンプを止めるこ
とで、無駄な温度の低下を抑制し
熱ロスを削減できる。

3) 温水供給温度差が 2-3℃と小さい。
既に設置されているインバータを
利用することで、負荷に応じて温
水ポンプの回転数を制御すること
で流量を変化させ、温水温度差を
適正に保つことが可能である。同
時に回転数を下げることができれ
ば、搬送動力を削減することが可
能となる。

④ 运行参数的探讨和改善方案

1) 热水供水温度为 40℃〜 41℃，如果
可以把热水供水温度降低 2 〜 3℃,
那么热泵效率还可以提高

2) 供水温度为 17℃〜 20℃时，没有供
暖效果，但是热水循环泵一直满负
荷运行。当热泵停机时，关闭热水
泵，可以抑制水温的下降，减少热
损失。

3) 供回水温差太小，仅为 2-3℃充分
利用变频热水泵，根据供热负荷的
变化调节水泵的转速来调整流量，
可以确保正常的供回水温差。同
时，降低转速，减少水泵输送动力。

【例2】K 地区における測定結果と省エネルギー診断
　　　－K 机房的测试结果与节能诊断

① 設備フローと計測ポイント　　　　① 设备系统图和测点分布（图 2.2.7）
　（図 2.2.7）

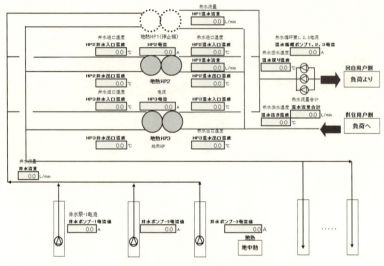

図 2.2.7　設備フローと計測ポイント
图 2.2.7　设备系统图和测点分布

② 運転状況（概要）　　　　　　　② 机组运行状况（概要）

・温水供給温度は 35℃±3℃程度、温　　・热水供水温度为 35℃±3℃左右，供
　水供給温度差は 2-3℃である。　　　　回水温差为 2-3℃

・ヒートポンプは 1 日 2 回に分けて運　・热泵机组每天分两班运转，中午和深
　用している。昼間と夜中は停止して　　夜停止运行。
　いる。

・温水循環ポンプ、井水ポンプはヒー　・热水循环泵、井水泵与通过手动方式
　トポンプ運転に連動して手動で運転　　联动运行
　している。

③ ヒートポンプ単体 COP とシステム　③ 热泵主机 COP 和系统 COP（图 2.2.8）
　COP（図 2.2.8）
　　システム COP（一次エネルギー換算　　　如图 2.2.8 所示，满负荷时的系统

値)は、図 2.2.8 に示すように、100%負荷時で 0.68 計測期間中平均値で 0.72 である。

COP 为 0.68 (一次能换算)，测试期间的平均值为 0.72。

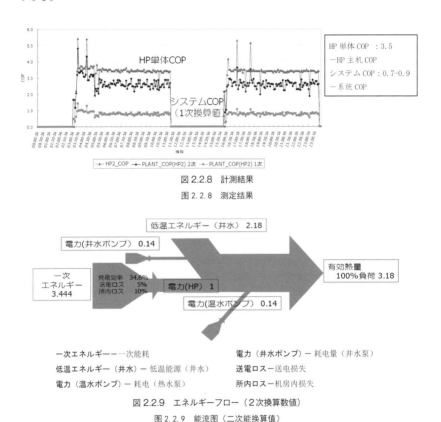

図 2.2.8　計測結果
图 2.2.8　测定结果

図 2.2.9　エネルギーフロー（2次換算数値）
图 2.2.9　能流图（二次能换算值）

④ 運用上の検討項目と改善案
　（図 2.2.10）

　ヒートポンプ運転台数とポンプ流量との不整合の解消が有効である。ヒートポンプ 1 台運転時に温水流量が定格値の 2 倍程度になっており、それが原因で温水温度差がつかないため送水温

④ 运行参数的探讨和改善方案
　（图 2.2.10）

　消除热泵台数和水泵流量不匹配，较为有效。一台热泵运行时，热水供水量为额定流量的 2 倍，原因在于热水供水温度低，供水和回水几乎没有温度差。一台热泵运行时，要调整水泵流量，确

75

度の低い状況が見られる。そこでヒートポンプ1台運転時の温水流量が、定格値以内になるようポンプ流量を調整する。可能であれば、ヒートポンプ毎に温水ポンプ及び井水ポンプが連動するようなシステムに改造することが有効である。

保水量不超过额定流量。如果可能，要进行系统改造，对每台热泵的热水循环泵、井水泵实施联动运行，则更有效。

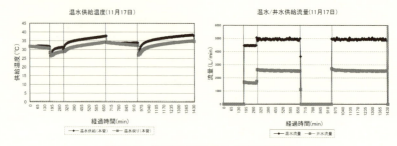

図2.2.10 温水供給温度と温水・井水の供給流量
图2.2.10 热水供水温度和热水与井水流量

3) 簡易性能検証結果に基づくエネルギー管理上の課題

計測作業を通じて、以下のようなエネルギー管理上の課題が明確になった。

① 省エネルギー機器としてインバータが3プラントともポンプ設備に導入されていたが、実際に周波数制御ができている設備は無かった。

② 温水温度は36℃～40℃程度の現場が多く、ヒートポンプ定格点より低い温度での運用が行われている。

③ ヒートポンプに対して温水循環ポンプ及び地下水ポンプが連動しておらず、2次側への送水ポンプも兼用していることから、ヒートポ

3) 从简易性能测试结果来看地源热泵供热机房所存在的课题

通过对各机房的实测，发现能源管理方面存在以下课题：

① 虽然3个供热机房均设置了节能的变频水泵，但实际运行中并没有进行调频。

② 热泵运行时，供水温度一般多为36-40℃左右，低于热泵的额定供热温度。

③ 热泵机组的热水循环泵与井水泵不联动，并且兼作二次侧热网的供水泵，这样的设备配置无法兼顾热泵的流量平衡。

ンプに対するバランスを考慮した
組合せとはなっていない。

(2) 測定に基づくプラントの省エネルギー診断2：BEMS 性能検証

1）検証サイト：K 地区の概要と計測の概要

K 地区においてはより詳細な計測を行った。詳細計測に基づいて省エネルギー診断、改善提案として BEMS 性能検証を行うものである。

K 地区は 1 章の 1.1、1.2 で社会実験を行った瀋陽航空工業学院家族寮である。地区の概要は 1.2(1)で、プラントの概要は 1.3(1)で紹介したとおりである。

計測点数は 40 点で、その内訳は、プラント側で温度14点、流量4点、消費電力10点、電流量1点の計 29 点、住戸側で対象とした 4 住戸に対して 2 点毎の計 8 点の室温計測を行い、外的条件として外気温度1点、日射量1点、住棟側配管温度1点の計40点計測を行った。外気温と日射量については、プラントの屋上で計測を行った。

BEMS による運転管理を行うための基礎データとして、40 点の計測データから温度差7項目、供給熱量4項目、積算供給熱量4項目、積算消費電力8項目、システム効率8項目、積算日射量1項目、計32項目の演算を行った。また、1 分間隔での機器性能を把握するため、機器容量に対する供給熱量とした負荷率を算定した。

(2) 机房的节能诊断2：BEMS 的性能检验

1）实验地点 K 小区的概要与实测内容

对 K 小区进行详细测定，根据测定结果进行节能诊断。提出采用 BEMS 的改善方案，并进行性能验证。

K 小区为第一章 1.1 节与 1.2 节中所述沈阳航空学院家属楼，小区概要在 1.2(1)已经说明，供热机房的概要在 1.3(1)中已经介绍。

共设 40 个测点，其中机房侧有 14 个温度测点，4 个流量测点，10 个电量测点和 1 个电流测点，共 29 点；住户侧共测 4 个住户，每户设置 2 个温度测点，共 8 点。再加上，室外气温 1 个测点，日射量 1 个测点和住户大楼侧供水温度 1 个测点，共 40 个测点。室外气温和日射量的测点布置在机房屋顶布置。

为了实施 BEMS 运行管理，根据 40 个测点，计算 7 个温度差，4 个供热量，4 个累计热量，8 个累计耗电量，8 个系统效率，和 1 个累计日射量，共 32 项。为把握设备的性能，每隔一分钟通过供热量与额定容量之比计算了机组的负荷率。

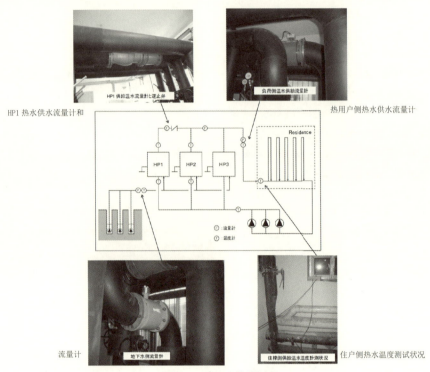

図 2.2.11　プラント計測概略図

图 2.2.11　机房实测的概要

2）プラント計測結果による性能の検証
① プラント及びヒートポンプ性能

設置された3台のヒートポンプの内稼働している2台のヒートポンプの効率は、メインの機器でCOP3.5程度、サブで3.0程度で、機器の著しい性能の低下等は見られなかった。

② 温水ポンプ、地下水ポンプ性能

温水供給ポンプは、ヒートポンプ2台稼働時に2台稼働する制御を行っている。流量及び電力消費量から機器の

2）机房的实测结果以及性能检验
① 机房与热泵机组的性能

3台热泵机组中处于运行状态的2台机组的效率，主机COP为3.5左右，辅机为3左右，设备性能并没有显著下降。

② 热水循环泵和井水泵的性能

2台热泵运行时，启动2台热水循环泵。从水泵的流量和耗电量来看，设备性能并没有显著下降。井水泵性能虽然

性能低下異常等は見られなかった。地下水ポンプについても性能低下等は見られなかったが、設置されているインバーターを利用した流量制御は実施されていなかった。

③ プラントの消費電力の構成

ヒートポンプの電力消費がプラント全体の電力消費量の8割近くを占め、温水ポンプが1割弱、地下水ポンプが1割強の割合であった。

3）月別のプラント稼働状況

計測結果の月別の集計値と、それに基づく年間値の推計結果（2，3月の暖房期間をそれぞれ気象条件で外挿して推計したもの）を表2.2.3に示す。

也没有变化，但是所配置的变频器并没有调节流量。

③ 机房耗电量的比例

热泵耗电量约占整个机房的80%，热水循环泵不到10%，井水泵略微超过10%。

3）机房逐月运行状况

逐月实测结果与年估测结果汇总在表2.2.3（供暖期2月和3月的值为通过气象数据外推得到）。

表2.2.3 地中熱ヒートポンププラントの稼働状況
表2.2.3 地源热泵的运行状况

	データ取得日数 -有数据的日数	供給温水流量 (m³/日)	供給温水温度 (℃)	日平均Δt 日平均温差 (℃)	供給熱量 一供热量 (MJ/日)	消費電力 一耗电量 (kWh/日)	システムCOP -系统COP
11月平均	3	5,390	36.0	2.9	68,303	7,325	0.748
12月平均	29	5,080	36.2	3.2	68,934	7,731	0.723
1月平均	9	6,495	38.3	3.3	90,340	10,704	0.680
全期間 -测试期间平均	41	5,413	36.6	3.2	73,587	8,354	0.716
年間平均(推計値)					73,073	8,177	0.721

また、年間平均として推計した供給熱量73,073MJ/日と家族寮の供給面積（90㎡×300戸）から、年間の暖房期間を11月から3月まで（151日間）と設定すると、年間の単位面積当たりの暖房需要量は、408.7MJ/（年・㎡）と推計される。

根据估测的年供热量73,073MJ/日和家属楼的供热面积（90㎡×300户），供暖期间11月到3月（共151天），单位面积的供热量推算为408.7MJ/（年・㎡）。

表 2.2.4　単位面積当たりの年間暖房需要量

表 2.2.4　単位面积的年供热量

項目		値	単位
住棟諸元 一住户信息	住戸面積－住户面积	90	㎡/戸
	住戸数	300	戸
	供給面積－供热面积	27,000	㎡
熱量諸元 一热量	日平均供給熱量－日平均供热量	73,073	MJ/日
	暖房期間－供暖期	11 月～3 月	―
	供給日数－供热日数	151	日
	年間暖房需要量－年供热量	11,034,023	MJ/年
単位面積当たりの年間暖房需要量－単位面积的年供热量		408.7	MJ/年·㎡

4）詳細性能検証結果に基づく省エネルギー提案

計測結果を踏まえ、実証サイトにおいて簡易なエネルギー管理システム（簡易BEMS）を導入して省エネルギー効果を検討する。以下の最適化運転手法について検討した。

① 供給温水温度の適正管理：ヒートポンプの COP 向上を目的に、供給温水温度を適正に管理し温水を供給することにより省エネルギー運転を実施する。

② インバーターの活用：地下水ポンプに設置されているインバーターで流量を適正に管理することで省エネルギー運転を実施する。

シミュレーションの結果、供給温水温度の適正化及び供給熱量の適正化によって、各月 10％強、年間で 14％程度の省エネルギー効果が試算された。また、地下水ポンプのインバーターを活用することで、地下水ポンプの電力量は概ね半減できることが試算された。

4）基于详细性能测试结果提出节能方案

根据实测结果，在实验地点导入简易能源管理系统（简易 BEMS），探讨节能效果。主要有以下优化运行方法：

① 热水供水温度的正确管理：为提高热泵的 COP，合理管理热水供水温度，实现设备的节能运行。

② 充分利用变频器：通过井水泵所配备的变频器，调节流量，实现节能运行。

经计算发现，通过实现热水供水温度和供热量的合理化，每月可节能超过 10％，年节能 14％。另外，通过使用变频器，可以减少井水泵约 50％ 的电耗。

これらの効果を合計すると、年間で18.4%の省エネルギーが見込まれる。また、この時の供給熱量と電力消費量から、年間のプラントのシステムCOPは0.783から0.914に改善されるものと見込まれる。

(3) 省エネルギー対策とその効果の算定
1) 地中熱ヒートポンププラントの省エネルギー対策

簡易計測データをもとにした各プラントでの省エネルギー診断の結果、以下の対策が有効と考えられる。

① 地下水温度が定格値より低いプラントでは、可能な範囲でヒートポンプ機の温水出口温度を下げることで単体COPの向上を図る。

② 停止機において温水系統のバルブを全閉にすることで無駄な運転を抑制し、システムCOPの向上を図る。

③ 設置されているが使用されていないインバータを、手動にて周波数を調整或いは切り替え可能にし、システムに最適な流量となるよう調整し、或いは運転状況に応じた流量となるように適宜手動で切り替えできるようにする。可能であれば温度や差圧による自動制御を導入する。

2) 対策実施時の省エネ効果試算

地中熱ヒートポンププラントでは、上述の対策を実施した場合の試算の結果、

这两项节能措施，总计每年可节能18.4%。这样通过供热量和耗电量的分析，供热机房的年系统COP可由0.783提高到0.914。

(3) 节能对策与节能效果的估测
1) 地源热泵供热机房的节能对策

根据简易测试数据和机房的节能诊断结果，以下节能对策较为有效：

① 地下水温度低于额定工况的机房，尽可能降低热泵机组出水口的供热水温，提高热泵主机的COP。

② 热泵机组停机时，应该关闭所有热水系统的阀门，可以减少水泵动力的浪费，提高系统COP。

③ 充分利用已配置而未使用的变频器，手动调节频率，或者实现频率的切换，优化系统流量。根据实际运行状况，通过手动方式调整流量。尽可能实现水温和压差的自动控制。

2) 节能效果的评估

导入上述节能措施，根据估算，地源热

19 〜 27% の省エネルギー効果が期待できる。

泵供热机房可以节能 19 〜 27%。

CHP（熱電併給）サブプラント及び石炭ボイラーサブプラントについては、サブプラント側でのインバータ利用による効果のみでは限定的であり、メインプラントを含めたシステム全体での対策が必要である。（例えば、温水駆動或いは蒸気駆動式の吸収式ヒートポンプの導入などはシステム全体の効率向上に有効である。）

热电联产发电站（CHP）热力站及燃煤锅炉房热力站，如果仅采用变频供水泵的话，热力站侧的节能效果非常有限。这些热源系统，必须结合热源主机的节能对策综合考虑（例如，导入热水或蒸汽吸收式热泵，可以有效提高系统的整体效率）。

表 2.2.5　プラントごとの省エネルギー効果試算結果

表 2.2.5　各供热机房节能效果的估算

プラント名称－机房名称	定格COP 额定COP	計測環境での推定定格COP	計測定格COP 測量额定COP	計測時平均システムCOP	改善内容	改善後推定平均システムCOP －改进后的平均系统COP	改善効果
C	1.31	1.31	1.2	0.74	・HP停止時の温水ポンプ回転数最適化－HP停机状态下热水泵转速的最优化・HP運転中の温水ポンプ・井水ポンプ回転数の最適化－HP运行时热水泵、井水泵转速的最优化・HP温水出口設定温度を40→37℃に変更－HP热水出口温度由40℃降到37℃	0.88	19%
K	1.01	1.31	0.92	0.79	・温水ポンプ・井水ポンプの回転数最適化－热水泵、井水泵转速的最优化・HP温水目標温度の設定変更（BEMSによる設定値）－HP热水设定温度的变更（由BEMS设定）	0.95	20%
Mw	1.26	1.26	0.90	0.78	・温水ポンプ・井水ポンプの回転数最適化・HP停止箇所の温水配管部へのバルブの設置－HP热水出口处设置阀门，停机时关闭阀门・HP温水出口設定温度を40→37℃に変更	0.99	27%
H	1.03	1.03		1.030	・温水ポンプの回転数最適化	1.032	0.2%
Mk	0.577	0.577		0.577	・温水ポンプの回転数最適化	0.579	0.3%

計測環境での推定定格 COP －测试条件下估测的额定 COP

熱供給プラント側での省エネルギーが、20%期待できるとすれば、1 章の 1.5 で述べたの需要側の省エネルギー対策としての、室温管理＋計量・課金制度導入の効果 30％と合わせると、エネルギー消費の半減は実現可能性を増すことが確認された。

如果机房侧的节能效果可以达到 20%，再加上第一章 1.5 节中所述的热用户端的节能对策，室温管理＋供热计量与收费制度的实施可以产生的 30% 的节能效果，总节能效果可达 50%。这表明实现能耗减半的节能目标是可能的。

これらの省エネルギー対策に加えて、今後設備の大規模改修時や地中熱ヒートポンププラントの新設時に実施可能な省エネルギー対策としては以下が挙げられる。

① 温水循環ポンプと地下水ポンプとをヒートポンプと連動させることで、無駄の少ない設備運用が可能となる。

② 機械室（1次側）と供給設備側（2次側）とを明確に区分し、1次/2次ポンプ方式を採用することで、負荷変動に対する柔軟性を向上させ、無駄な運転を抑制する。

③ 2次側（熱供給端）設備への2方弁制御導入による圧力の一定制御を図り、ポンプの搬送動力削減を実現する。

なお、負荷条件・使用条件に最も適したシステムを構築することが重要である。また、施工された設備が計画通りの機能・性能を発揮しているかどうかを、今回実施した簡易性能検証等の手法で検証することや、検証における計測項目の重要な項目を日常の管理項目に取り入れること、あるいは水質管理により機器の劣化防止と長期の安定運用を図ることなどは、省エネルギー・省CO_2削減を確実に実施するためにも重要な手法であることが、確認された。

除了以上节能对策，在今后设备大修或者新建地源热泵机房时，还可以实施以下的节能对策：

① 通过热水循环泵和地下水泵的联动，减少设备运行时的浪费。

② 明确区分机房侧（一次侧）和热网侧（二次侧）系统，采用一次泵和二次泵方式，提高应付负荷变动的灵活性，减少设备运行时的浪费。

③ 二次侧（热网侧），导入双通阀，实现定压控制，可减少水泵输送动力。

总之，构筑与热负荷和使用工况相适应的供热系统最重要。另外，通过本项目中实施的简易测试方法，检验竣工后的设备是否能够达到设计的功能与性能，并把测定的各项重要参数列入日常管理的项目，或者通过水质管理防止设备劣化，实现机组的长期稳定运行等等，都是实现节能减排的重要方法。

2.3 建築物エネルギー消費原単位の推定と省エネルギー施策の効果

(1) 建築物のエネルギー消費量の測定

瀋陽市の建築物と熱供給プラントを対象に質問紙とヒアリング調査によりエネルギー消費量を把握し、住宅エネルギー消費量の実態調査結果（1章の1.2(2)）と合わせて、建物用途別のエネルギー消費量原単位とその活用について検討する。

1) 業務施設等、地域暖房プラントのエネルギー消費量調査の概要

瀋陽市都心部に立地する業務施設等（業務、商業、官公庁、宿泊等）を12棟抽出し、質問紙により暖冷房の実態とエネルギー消費量調査を行った。その内10棟について熱供給事業者ヒアリング調査により、熱供給に関わるエネルギー消費量を把握した。調査対象の位置は前掲図（図2.1.1）に示す通りである。

2.3 建筑供热能耗指标的估测和节能对策效果的分析

(1) 建筑能耗的测定

通过问卷与访问调查，对沈阳市建筑物和供热设施的供热能耗进行调查，再加上住宅能耗的调查结果（第一章1.2(2)），讨论不同用途的建筑能耗指标及其应用。

1) 商务楼集中供热机房的能耗调查概要

对沈阳市中心12幢商务楼（办公楼、商业设施、政府机关、宾馆等）通过问卷方式调查采暖、空调设备的运行状况和能耗量。并通过对供热公司的访问调查，得到了其中10幢的供热能耗数据。调查对象的位置分布见图2.1.1。

図2.3.1 調査対象建物の例
图2.3.1 调查建筑的实例

さらに、瀋陽市の地域暖房に関わる統計データ（「資質審査登記表」）から抽出した40箇所程度の地域暖房プラントについて、地域暖房事業者ヒヤリング調査により、熱源システム別の熱供給エネルギー消費原単位、エネルギー消費総量を推計した。

これらの調査結果による各種原単位等を用いて、瀋陽市全体の建築物のエネルギー消費の現状と各種省エネルギー施策による省エネルギー効果を試算した。

エネルギー消費量調査は、都心のビル管理者と当該ビルに供給する地域暖房会社の双方に、ヒヤリング調査を行ったが、前者は多くの場合エネルギー使用量に関する記録等が無く、現状では管理水準が極めて低いことが確認された。

2）ビル／プラント実態調査とエネルギー消費量原単位

① ビルエネルギー消費実態調査

省エネルギー推進のための基礎データとして、地域暖房プラントから熱供給を受けているビルの暖冷房運転の実態、エネルギー消費量実態を把握した。

調査対象は瀋陽北駅および都心南部金融街区周辺の業務用ビル計12棟であり、調査項目は、建物概要（延床面積、竣工年月、階数、建物用途）、暖冷房運転実態（運転期間、運転時間、設定温度）、空調および熱源設備の概

另外，根据沈阳市集中供热统计数据（供暖单位资格审查登记表），抽取40处供热机房，对供热公司进行访问调查。推算不同热源系统的供热能耗指标和总能耗。

根据调查得到个各种能耗指标，把握沈阳市建筑能耗的现状，估算各种节能对策的节能效果。

能耗调查时，对市中心的大楼管理者和该大楼的供热公司都进行了访问调查，但是很多大楼管理者并没有能耗量的数据记录，这也说明目前能源管理水平比较低。

2）建筑和供热机房的实态调查与建筑能耗指标

① 建筑能耗的调查

为了促进节能水平的提高，调查集中供热建筑物的采暖，空调设备的运行状况和能耗数据。

调查对象为沈阳北站和金融街周边的12幢商务楼，调查内容主要有建筑物概况（建筑面积、竣工日期、层数、建筑用途），采暖、空调设备的运行状况（运行期间、运行时间、设定温度），空调和冷热源设备的概要（空调方式、

要（空調方式、熱源設備の種別、容量）、エネルギー使用実態（蒸気、温水、電力、燃料等の月別使用量）などである。

冷热源设备的种类与容量）和实际能耗（蒸汽、热水、电力、燃料等的月使用量等）等。

表 2.3.1　調査対象ビル一覧
表 2.3.1　调查建筑的一览表

NO.	建物用途	延床面積 一建筑面积 （万㎡）	暖房用エネルギー源 一采暖用能 〇印は熱供給からの受入一〇直接来自供热公司	冷房用エネルギー源 一空調用能
①	事務所・ホテル	3.5	〇蒸気・温水	電気一电力
②	ホテル一旅馆	4.2	〇蒸気一蒸汽	〇蒸気
③	事務所一办公楼	2.8	〇温水一热水	〇蒸気
④	事務所	4.8	〇温水	〇蒸気
⑤	事務所・ホテル・住宅	8.0	〇温水	〇蒸気
⑥	事務所	4.0	〇温水	電気
⑦	事務所	2.7	〇温水	電気
⑧	事務所・ホテル・住宅	12.0	〇温水	電気
⑨	ホテル	1.2	〇温水	電気
⑩	事務所・ホテル	3.6	〇蒸気・温水	電気
⑪	ホテル	3.2	〇蒸気	電気
⑫	事務所・住宅	20.0	〇蒸気	都市ガス一煤气

＊1　暖房用エネルギー源はすべて地域熱供給による。冷房用エネルギー源は、地域熱供給からの蒸気受入が4棟あるが、それ以外では電気が多い。
　　　一采暖能耗全部来自供热公司。4幢大楼的空调用能耗来自供热公司的蒸汽数据，其他多为电力。

調査方法は、調査対象ビルに熱供給を行っている地域暖房会社の紹介のもと、現地調査員がビル設備管理者を訪問しヒアリングを実施した。

暖房用エネルギー消費原単位（温水による暖房を行っている表 2.3.2 の 7 棟）は、7 棟のうち 5 棟の原単位が 300 ～ 500MJ/（㎡・年）の範囲内で、事務所ビルの間での原単位にばらつきは大きい。ホテルや複合ビルなど用途の違いによる原単位の顕著な差異はなかった。（表 2.3.2）

调查方法：通过供热公司的介绍，委派沈阳当地的调查员直接向大楼设备管理人员进行调查。

关于采暖能耗（表 2.3.2 中 7 栋热水供热的大楼），7 栋中有 5 栋为 300 ～ 500MJ/（㎡・年）。办公楼的能耗差异比较大，旅馆和多用途建筑虽然用途不同，但是能耗差得并不多（表 2.3.2）。

86

2 章　瀋陽市の地域暖房システムの省エネルギー対策と課題
第二章　沈阳市集中供热系统的节能与相关课题

表 2.3.2　温水供給ビルの暖房用エネルギー消費量

表 2.3.2　热水供热大楼的供热能耗

NO.	建物用途	延床面積 －建築面積 （万㎡）	温水使用量 －热水使用量 （TJ/年）	暖房用エネルギー消費原単位 －单位面积采暖能耗 （MJ/(㎡・年)）
③	事務所－办公楼	2.8	18.6	664
④	事務所	4.8	10.0	208
⑤	事務所・ホテル・住宅	8.0	39.6	495
⑥	事務所	4.0	18.6	465
⑦	事務所	2.7	12.2	452
⑧	事務所・ホテル・住宅	12.0	47.1	392
⑨	ホテル－旅馆	1.2	4.0	330

＊2　北京市での調査例　暖房用エネルギー消費原単位（事務所）：30 ～ 90kWh/（㎡・年）、平均
216MJ/（㎡・年）（「中国建築節能年度発展研究報告 2008」による）
－北京的能耗调查结果, 采暖能耗（办公楼）:30 ～ 90kWh/（㎡・年）, 平均 216MJ/（㎡・年）
（中国建筑节能年度发展研究报告 2008）

冷房用エネルギー消費原単位（蒸気
による冷房を行っている表 2.3.3 の 3
棟）は、事務所ビルの原単位は 60 ～
70MJ/（㎡・年）であり、住宅を含む
ビルで、40MJ/（㎡・年）と原単位はや
や小さい。事務所ビルの冷房用エネル
ギー消費量原単位は暖房用の 1/6 程度
の水準であった。（表 2.3.3）（2009 年
調査時点）

关于空调能耗（表 2.3.3 中 3 栋使
用蒸汽进行空调的大楼），办公楼约为
60 ～ 70MJ/（㎡・年），商住两用大楼
略微少一点，为 40MJ/（㎡・年）。办公
楼的空调能耗约为采暖能耗的 1/6(2009
年调查时)。

表 2.3.3　ビルの冷房用エネルギー消費量

表 2.3.3　建筑空调能耗

NO.	建物用途	延床面積 －建築面積 （万㎡）	蒸気使用量 －蒸汽使用量 （TJ/年）	冷房用エネルギー消費原単位 －单位面积空调能耗 （MJ/(㎡・年)）
③	事務所－办公楼	2.8	1.8	64
④	事務所	4.8	3.2	67
⑤	事務所・ホテル・住宅	8.0	3.2	40

＊3　北京市での調査例　冷房用エネルギー消費原単位（事務所）：9 ～ 46kWh/（㎡・年）（94 ～
480MJ/（㎡・年））（「中国建築節能年度発展研究報告 2008」による）
－北京的能耗调查结果:空调能耗（办公楼）:9 ～ 46kWh/（㎡・年）（94 ～ 480 MJ/（㎡・年），
《中国建筑节能年度发展研究报告 2008》

87

暖冷房運転期間は、表 2.3.4 に示すようにビルによってばらつきはあるものの、概ね暖房期間は 11 月〜3 月（5 ヶ月間）、冷房期間：6 月〜9 月（4 ヶ月間）である。

如表 2.3.4 所示，各大楼的采暖期与空调期有些差异，一般来说，采暖期为 11 月〜3 月（5 个月），空调期为 6 月〜9 月（4 个月）。

表 2.3.4　暖冷房期間
表 2.3.4　采暖期与空调

No.	1月	2月	3月	4月	5月	6月	7月	8月	9月	10月	11月	12月
①												
②												
③												
④												
⑤												
⑥	暖房					冷房					暖房	
⑦	采暖					空调					采暖	
⑧												
⑨												
⑩												
⑪												
⑫												

暖冷房時間に関しては、暖房時間は 1 棟を除き 24 時間暖房、冷房時間は事務所ビルで、8:00 〜 17:00、8:30 〜 17:30、8:00 〜 16:00 等、ホテルで 6:00 〜 2:00、5:00 〜 2:00、24 時間等であった。

暖冷房設定温度（回答のあった 6 棟について）は、暖房設定温度で概ね 24 〜 25℃、冷房設定温度：概ね 20 〜 22℃であった。（図 2.3.2）

关于采暖与空调运行时间，除 1 幢大楼之外采暖运行时间均为 24 小时运行。空调运行时间，办公楼为 8:00 〜 17:00、8:30 〜 17:30 和 8:00 〜 16:00 等；宾馆为 6:00 〜 2:00、5:00 〜 2:00 和 24 小时等。

关于采暖与空调的设定室温（6 栋大楼有数据），采暖室温一般为 24〜25℃，空调室温一般 20 〜 22℃（图 2.3.2）。

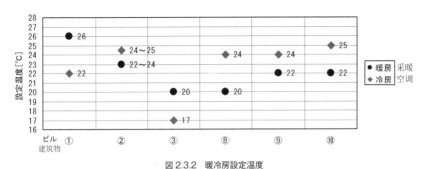

図 2.3.2 暖冷房設定温度

图 2.3.2 采暖与空调的设定室温

② プラントエネルギー消費実態調査

施策効果のマクロ推計・分析等を行うためのデータベースとして、瀋陽市内熱地域暖房プラントの現状のエネルギー使用量、効率等を把握した。

調査対象は、CHP（熱電併給）プラント及びそのサブプラント 13 ヶ所、石炭ボイラープラント及びそのサブプラント 8 ヶ所、地中熱ヒートポンププラント 20 ヶ所である。

調査項目は、供給対象面積、設備容量、年間エネルギー使用量（石炭、電力、年間送出（販売）エネルギー量である。

瀋陽市が管理する「資質審査登記表」より、各プラントの熱供給面積、設備容量等の情報を入手した。その他の項目について、地域暖房会社にヒアリングを実施した。

各サブプラントの単位熱供給面積あたりの設備容量（W/㎡）は、大規模（20 万㎡以上）事例で平均 60W/㎡、

② 供热机房的能耗调查

为了对节能效果进行宏观预测与分析，调查沈阳市集中供热机房能耗、能效的现状。

调查对象主要为热电联产发电站 CHP 及热力站，共 13 处；燃煤锅炉房及热力站，共 8 处；地源热泵供热机房，共 20 处。

调查项目有：供热面积、供热设备容量、年能耗（燃煤、电力）和年供热量（售热量）。

根据沈阳市供暖单位资格审查登记表，得到供热机房的供热面积、设备容量等数据，其他数据直接向供热公司进行调查。

各供热站单位供热面积的设备容量（W/㎡），基本如下：大型（供热面积 20 万㎡以上）平均为 60W/㎡；中型

中規模（5～20万㎡）事例で平均89 W/㎡、小規模（5万㎡以下）事例で平均114 W/㎡である。

小規模になるほど単位熱供給面積あたりの設備容量は上昇する傾向であった。小規模プラントでは機器台数が少なく、機器停止時に備えた設備余裕率が大きくなるためと考えられる。（図 2.3.3）

（供熱面積5～20万㎡）平均為89W/㎡；小型（5万㎡以下）平均為114W/㎡。

供熱站規模越小，単位供熱面積的設備容量有上升的趨勢。小型供熱站的設備台数較少，考慮到其他機組停机時，設備容量的安全系数往往設得較高（図2.3.3）。

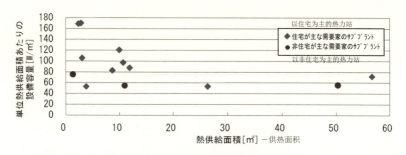

図2.3.3　単位面積当たり設備容量
图2.3.3　单位供热面积供热设备的容量

各サブプラントの単位熱供給面積あたりの年間送出エネルギー（MJ/（㎡・年））は、CHP（熱電併給）プラント（サブプラント受入れ熱量）で、サブプラントの熱供給規模により、大規模（20万㎡以上）事例で平均371MJ/（㎡・年）、中規模（5～20万㎡）事例で平均392MJ/（㎡・年）、小規模（5万㎡以下）事例で：平均453MJ/（㎡・年）、全体平均は411MJ/（㎡・年）であった。

石炭ボイラープラント（ボイラープ

各热力站单位供热面积的年供热量，主要如下：热电联产供热的大型热力站（20万㎡以上）平均为371MJ/（㎡・年）；中型（5～20万㎡）平均为392MJ/（㎡・年）；小型（5万㎡以下）平均为453MJ/（㎡・年）；总体平均为411MJ/（㎡・年）

燃煤锅炉供热机房的能耗（以产生

2章　瀋陽市の地域暖房システムの省エネルギー対策と課題
第二章　沈阳市集中供热系统的节能与相关课题

ラント発生蒸気熱量ベース）のエネルギー消費原単位は525MJ/（㎡・年）、地中熱ヒートポンププラント（プラント出口）のエネルギー消費原単位は295MJ/（㎡・年）[4]である。
（図2.3.4）

＊4　この値は、他の調査結果に比し小さい値となった。別途計測を行った地中熱ヒートポンププラン3プラントの平均は、運用中平均COP推計値から540MJ/（㎡・年）程度であった。

小規模なプラントほどばらつきが大きいが、概ね400MJ/（㎡・年）程度という結果である。なお、航空学院家族寮の2008年度住戸端末での調査実績では、省エネルギー住戸は224MJ/（㎡・年）、一般住戸は282MJ/（㎡・年）であった。

的蒸汽热量为基准）为525MJ/（㎡・年），地源热泵供热机房（机房出口侧）的能耗为295MJ/(㎡・年)[4]图2.3.4）。

＊4　此值比其他调查数据要小。其他实测的3处地源热泵供热机房根据运行期间的平均COP，年能耗估计约为540MJ/（㎡・年）。

机房供热规模越小，能耗差异越大，一般约为400MJ/（㎡・年）。2008年沈阳航空学院家属楼用户端的实测结果，节能用户为224MJ/（㎡・年），一般用户为282MJ/（㎡・年）

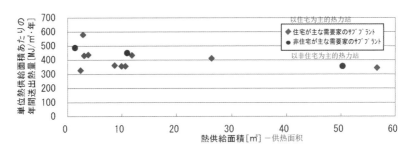

図2.3.4　単位面積当たり年間送出熱量
图2.3.4　单位供热面积的年供热量

91

(2) エネルギー消費原単位の測定結果の
　　まとめ
　1）中国・瀋陽市のエネルギー消費原
　　　単位のまとめ

　今回の調査事業による瀋陽市のエネル
ギー消費原単位の測定結果、及び中国北
方暖房地域における文献調査による原単
位を表 2.3.5 に一覧表でまとめる。

　エネルギー消費原単位は、計画・設計
の基礎になるだけでなく、省エネルギー
効果の把握の際の基準になる重要な指標
である。今回の調査ではサンプル数等が
限定されたこと、実測よりも地域暖房会
社の管理者へのヒヤリングに依存したこ
と、その際一部管理者側では正確なエネ
ルギー消費データの記録がないこと、等
から必ずしも精度の高い原単位とは言え
ないものの、一定の基準値は示すことが
できた。

　中国側には、エネルギー消費原単位の
意義の周知、調査方法と課題の提起には
十分な意義があった。原単位の計測位置
の明確化には留意する必要があるとの指
摘など、中国側の関心も高かった。

　今後、より本格的な調査実施や各管理
者へのエネルギー消費量の記録により、
中国において建築エネルギー消費原単位
の確立が望まれる。

(2) 供热能耗指标测定结果的总结

　1）中国沈阳市能耗指标的总结

　本调查得到的沈阳市供热能耗指标测定
结果和中国北方供热能耗指标的文献调查
结果见表 2.3.5。

　能耗指标不仅是规划、设计的基础，同
时也是评价节能效果的基准，是一个非常
重要的指标。在本次抽样调查中，样板数
量有限，实测之外，更多地依赖于对供热
公司管理员的访问调查，其中一部分管理
员没有能耗数据的记录。因此本次调查得
到的能耗指标精度不一定很高，但是也反
映了一定的能耗基准。

　向中方宣传能耗指标的意义，介绍调查
方法，发现课题，是十分有意义的。中方
也明确表示必须要关注能耗指标测试的重
要性，这也表明中方对此非常关心。

　今后，通过严格实施调查，收集管理者
的能耗数据，有望确立中国建筑能耗指标。

2章　瀋陽市の地域暖房システムの省エネルギー対策と課題
第二章　沈阳市集中供热系统的节能与相关课题

表 2.3.5　中国・瀋陽市の建築エネルギー消費原単位のまとめ
表 2.3.5　中国沈阳市建筑能耗指标

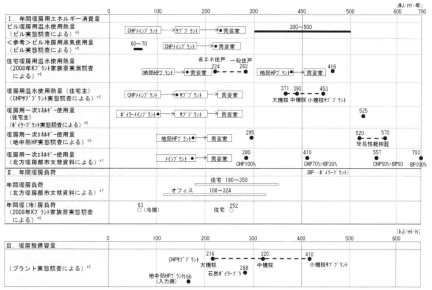

年間暖房用エネルギー消費量ー年采暖能耗　　年間暖房負荷ー年采暖负荷　　暖房設備容量ー供热设备容量
ビル暖房用温水使用熱量（ビル実態調査による）ー建筑采暖用热水耗量（实际建筑调查）
住宅暖房用温水使用熱量（Kプラント家族寮実測調査による）ー住宅采暖用热水使用量（K供热机房家属楼实测调查）
暖房用温水使用熱量（CHPサブプラント実態調査による）ー采暖用热水使用量（实际CHP热力站调查）
暖房用一次エネルギー使用量（ボイラープラント実態調査による）ー采暖用一次能耗（实际燃煤锅炉房调查）
地中熱HP実態調査によるー实际地源热泵调查　　北方暖房都市文献資料によるー北方采暖城市文献资料

＊5　本調査事業結果による（2.3（1）2））ー本調査的結果
＊6　2008 年度調査事業結果によるー 2008 年的調查結果
＊7　巻末【参考1】中国の文献によるエネルギー消費原単位、参照
　　　ー巻尾【参考1】中国文献調査得到的供热能耗指標
＊8　表中の枠内の ● は●位置での値を示すー表中 ● 的●为数値的位置

2）日本と中国の建築物エネルギー消費原単位の比較

中国瀋陽市の建築物エネルギー消費原単位と日本の原単位を比較する。

業務施設の原単位は暖房最大時で日本の全国値より高く、北海道の値より若干

2）日本与中国建筑能耗指标的比较

中国沈阳市的建筑能耗指标与日本进行比较。

办公楼的最大供热能耗指标超过日本的平均值，但是比北海道要稍微小一点。年

93

低い。暖房年間値は日本の全国平均の約3倍、北海道の値より 20－50%高い。

集合住宅の原単位は暖房最大時で日本の全国値より2割程度高く、北海道の値より2割程度低い。暖房年間値は日本の全国値の約3倍、北海道の値の2倍強である。中国、瀋陽市の暖房の年間値が業務施設、集合住宅とも日本全国値の約3倍、北海道の値の約1.2～2倍であることは省エネルギーの推進の必要性から注目すべき点である。

なお、瀋陽市の暖房デグリーデーは3,964℃・日で、札幌市のデグリーデー（3,577℃・日）より1割強大きいだけである。

供热能耗约为日本平均值的3倍，比北海道高 20-50%。

公寓的最大供热能耗指标比日本的平均值高 20%，比北海道小 20%。年供热能耗约为日本平均值的3倍，北海道的2倍。中国沈阳市办公楼和公寓的年供热能耗均为日本平均值的3倍，北海道的2倍，因此有必要推进节能，这一点值得注意。

另外，沈阳市的采暖度日数为3,964℃.d，比札幌市（3,577℃.d）多 10%。

表 2.3.6　業務施設のエネルギー消費原単位

表 2.3.6　办公楼的供热能耗指标

	暖　房－供　热		冷　房－空　调	
	最大時(W/(m²·時)) －最大値	年間(MJ/(m²·年)) －年能耗	最大時(W/(m²·時))	年間(MJ/(m²·年))
中国・瀋陽市*9 －沈阳市	大規模(20万m²以上)　　60 中規模(5～20万m²)　　89 小規模(5万m²未満)　114 (70)	大規模　　370 中規模　　390 小規模　　450 (380)	－	60～70
日本*10＜北海道＞	69＜104＞	126＜302＞	93＜74＞	208＜134＞

*9　中国瀋陽市の値は本調査事業結果による。（　）は開発区でのモデル街区・建物の負荷計算結果（4.2(3)）
　　－中国沈阳市的数据来自本项目的调查结果。（　）中为开发区示范区和建筑的负荷计算结果

*10　日本の値は「コンパクトエネルギーシステム開発」（1985 IBEC 建築・環境省エネルギー機構）による。なお、北海道の値は、各数値に北海道の地域係数（暖房：(最大時) 1.5、(年間) 2.4、冷房：(最大時) 0.8、(年間) 0.6）（「地域冷暖房技術手引書」2013.11 都市環境エネルギー協会）を乗じて求めた。
　　－日本的数据来自《紧凑型能源系统的开发》（1985 IBEC 建筑与环境节能机构）。北海道的数据根据《地域冷暖房技术手册》（2013.11 都市环境能源协会）的能耗指标乘以地区修正系数得到，最大供热能耗时修正系数为 1.5，年供热能耗时为 2.4，最大空调能耗时为 0.8，年空调能耗时为 0.6

2 章　瀋陽市の地域暖房システムの省エネルギー対策と課題
第二章 沈阳市集中供热系统的节能与相关课题

表 2.3.7　集合住宅の暖房用エネルギー消費原単位

表 2.3.7　公寓的供热能耗指标

	最大時(W/(m²·時))	年間(MJ/(m²·年))	
中国・瀋陽市[11]	60-70(59)	省エネ住戸―节能住户　　282 一般住戸 (309)	224
日本[12]〈北海道〉	30-80〈45-120〉	80-100〈190-240〉	

[11]　中国瀋陽市の値は本調査事業結果による。（　）は開発区でのモデル街区・建物の負荷計算結果
　　　（4.2(3)）
　　　―中国沈阳市的数据来自本项目的调查结果。（　）中为开发区典型小区和建筑的负荷计算结果

[12]　日本の値は「コンパクトエネルギーシステム開発」（1985 IBEC建築・環境省エネルギー機構）、
　　　「CGS設計法に関する研究」（空気調和・衛生工学会）による。なお、北海道の値は各数値に北
　　　海道の地域係数（暖房：（最大時）1.5、（年間）2.4）を乗じて求めた。
　　　―日本的数据来自《紧凑型能源系统的开发》（IBEC建筑与环境节能机构，1985出版）和《CGS
　　　设计方法的研究》（空气调和卫生工学会）。北海道的数据是乘上地区修正系数计算得到的，最
　　　大供热能耗时修正系数为1.5，年供热能耗时为2.4。

3）住宅におけるエネルギー消費の構成

　住宅におけるエネルギー消費の用途構成を中国で瀋陽、重慶、南京、日本で東京、札幌についてみると、本調査事業で暖房以外の用途のエネルギー消費の計測を行っておらず、正確な比較はできないが、概ね以下の傾向が分かる。

① 瀋陽での暖房の比率が際立って大きく 40GJ/（年・戸）、全体の70%を占める。札幌（17GJ/（年・戸））の2倍程度に相当し、暖房用が全体のエネルギー消費量の支配的要素になっている。

② 中国での給湯需要の比率が日本に比べて小さい。日本で11〜16GJ/（年・戸）に対し、中国では3〜4GJ/（年・戸）と小さく、生活様式の違いを反映している。（中国では浴槽入浴の習慣に乏しい。）

3）住宅能耗的构成

　本调查中没有测试采暖之外的能耗，虽然不能正确比较中国沈阳、重庆、南京以及日本东京，札幌的住宅中各用途能耗的构成，但是基本情况大致如下：

① 沈阳的采暖能耗比例特别高，采暖能耗为40GJ/（年·户），占总能耗的70%。沈阳的采暖能耗是札幌（17GJ/（年·户））的2倍，采暖是总能耗中的决定性要素。

② 中国生活热水的能耗比例低于日本，日本为11〜16GJ/(年·户)，中国仅为3〜4GJ/（年·户），这也反映出生活方式的差异（中国没有泡澡的习惯）。

95

その他のエネルギー消費（調理・照明・動力・その他）は、最大の東京の18GJ/（年・戸）から最小の南京の8GJ/（年・戸）程度までで生活水準の差を反映しているといえるが、他の用途と比べて大きな差ではない。

其他能耗（炊事、照明、动力、其他等），东京最大为18GJ/（年・户），南京最小为8GJ/（年・户），可以说这反映出生活水准的差异，与其他用途相比并没有很大差别。

表2.3.8　住宅におけるエネルギー消費の構成（2次エネルギー基準）（GJ/（年・戸））

表2.3.8　住宅能耗的构成（二次能基准）（GJ/（年・户））

	計	冷房 一空调	暖房 一采暖	給湯 一生活热水	その他 一其他	注釈一备注
東京*13 一东京	46.1 (100%)	0.9 (2%)	10.6 (23%)	16.2 (35%)	18.4* (40%)	＊内調理用 8.0GJ/(年・戸) 一其中炊事为 (17%)
重慶*13 一重庆	28.7 (100%)	4.0 (14%)	1.4 (5%)	4.3 (15%)	19.2* (66%)	＊内調理用 9.6GJ/(年・戸) (33%)
南京*13 一南京	15.9 (100%)	1.5 (9%)	1.0 (6%)	13.4* (85%)		＊内調理用 4.9GJ/(年・戸)
瀋陽*14 一沈阳	57 (100%)	—	40 (70%)	3 (5%)	14 (25%)	
札幌*15	39.8 (100%)	0.1 (0%)	17.2 (43%)	11.4 (29%)	11.1 (29%)	

＊13　「中国都市住宅における設備と室内温熱空気環境に関する実態調査 その10（2005.6 日本建築学会大会学術講演梗概集）」による。

＊14　本調査事業結果、給湯、その他の（ ）の数値は＊13調査結果の重慶・南京・上海の平均値を用いた。

＊15　「都道府県別建て方別住宅エネルギー消費量とCO₂排出実態の詳細集計」（2005.6 日本建築学会環境系論文集）札幌の共同住宅の例。ちなみに同調査による札幌の戸建て住宅のエネルギー消費は、合計で86.0GJ/年・戸、冷房用0.1、暖房用45.7、給湯用26.6、その他13.6であり、暖房用は瀋陽の暖房用エネルギー消費を上回る。

＊13　《中国城市住宅中设备与室内温热空气环境的实际调查之10》（2005.6 日本建筑学会大会学术讲演梗概集）。

＊14　来自本项目的调查结果，生活热水、其他（ ）中的数据来自＊13中重庆、南京、上海的平均值。

＊15　《各都道府县不同建造方式住宅能耗与CO₂排放实态的详细统计》（2005.6 日本建筑学会环境系论文集）中札幌市公寓的实例。该调查中，札幌独户住宅的总能耗为86.0GJ/(年・户)，其中空调为0.1、采暖为45.7、生活热水为26.6、其他13.6，采暖能耗超过沈阳。

2章 瀋陽市の地域暖房システムの省エネルギー対策と課題
第二章 沈阳市集中供热系统的节能与相关课题

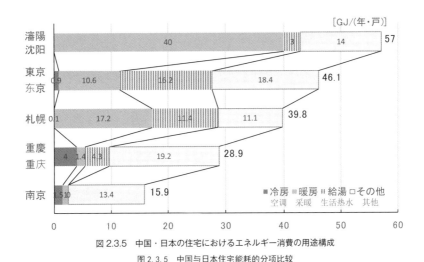

図 2.3.5　中国・日本の住宅におけるエネルギー消費の用途構成
图 2.3.5　中国与日本住宅能耗的分项比较

(3) 原単位に基づく省エネルギー施策による効果の推計

1) 瀋陽市におけるエネルギー消費量と各種省エネルギー施策による効果の推計

以下の手順で、瀋陽市における暖房用エネルギー消費量と、各種施策による効果を推計した。

① 熱源方式別の地域暖房供給床面積に床面積あたりの一次エネルギー消費原単位を乗じて、瀋陽市の年間一次エネルギー消費量を推計し、この一次エネルギー消費量に CO_2 排出係数を乗じて、年間 CO_2 排出量を推計した。各種地域暖房プラントのエネルギー効率は、石炭プラントで 0.58、CHP（熱電併給）プラントで 1.03、地熱ヒートポン

(3) 节能效果的预测

1) 沈阳市供热能耗与节能效果的预测

按照以下步骤，预测沈阳市的供热能耗与节能效果。

① 用不同热源方式的供热建筑面积乘以每平方米一次能耗指标，估计沈阳市的年一次能耗量。根据这个年一次能耗量乘以 CO_2 排放系数，就可以推算出年 CO_2 的排放量。燃煤锅炉的 CO_2 排放系数为 0.58，CHP（热电联产型）供热机房为 1.03，地源热泵为 0.75 ［各机房的能源效率来自(2)1中的实测结果，地源热泵为 3 个机房的平均值］。

97

プラントで0.75の数値を用いた。（各エネルギー効率は(2)1)の計測結果に基づく。地熱ヒートポンププラントは計測3プラントの平均値である。）

② 結果は、一次エネルギー消費量で約10万TJ、CO_2排出量で970万トンCO_2であった。（表2.3.9）

③ 瀋陽市の地域暖房に各種省エネルギー施策を導入した場合の省エネルギー効果、省CO_2効果を試算した。

④ 採り上げた省エネルギー施策は以下の通りである。（表2.3.10）

1) 建物側の暖房負荷削減策としての断熱・気密性の向上

2) 地域熱供給対象需要家の熱の適正利用（室温の適正管理、分戸計量、従量料金制度の適用）

3) 熱供給システムへのBEMS導入等による運用改善（各プラント共通）

4) 小容量石炭ボイラープラントのCHP（熱電併給発電所）、ヒートポンププラントへの更新

5) CHP（熱電併給）プラントへのインバータ導入・適用、高効率機器等の導入

6) 地中熱ヒートポンププラントへのインバータ導入・適用、高効率機器等の導入

② 从而得到沈阳市的年一次能耗量约10万TJ，CO_2排放量约970万吨（表2.3.9）。

③ 根据沈阳市集中供热的不同节能对策，计算导入节能对策后的节能减排效果。

④ 建议节能对策主要如下（表2.3.10）：

1) 提高建筑物的保温隔热性、气密性可以减少建筑物的供热负荷

2) 合理控制集中供热用户的用热量（合理管理室温、分户热计量、按用热量收费）

3) 供热系统导入BEMS等，改善设备的运行工况（各种机房均适用）

4) 用热电联产发电站、热泵供热系统来更新燃煤小锅炉

5) 热电联产供热机房导入、使用变频器和高能效设备

6) 地源热泵供热机房导入、使用变频器和高能效设备

また試算条件は以下（表 2.3.10）の通りである。

1) については、新築建物（10 年で 1/3 の建て替え）の暖房負荷を 50%削減とした。

2) については、新築建物の全てと既設建物の 1/2 に適用、熱需要量の 30%削減（本調査事業成果より）とした。

3) については、全てのプラントに BEMS 導入、エネルギー効率を 10%向上（本調査事業実証成果より）とした。

4) については、石炭ボイラープラントを 10 年間で 30% CHP（熱電併給発電所）に更新、更新プラントのエネルギー効率を 0.58 から 1.03 に向上（本調査事業実証成果より）するものとした。

5) 6) については、50%削減の目標達成のため、エネルギー効率を 30%向上とした。

⑤ 結果は、図 2.3.6 に示す通りで、施策別の CO_2 の排出量削減効果は以下の通りである。

1) 建物の断熱・気密性向上により 160 万トン CO_2 の削減が期待される。

2) 室温の適正管理・計量課金により 146 万トン CO_2 の削減が期待される。

计算条件具体如下（表 2.3.10）：

1) 新建建筑（10 年内有 1/3 要更新）导入上述节能对策 1)，供热负荷可减少 50%。

2) 所有新建建筑和 1/2 的既有建筑导入上述节能对策 2)，可减少 30% 的供热负荷（本项目的调查结果）。

3) 所有供热机房导入 BEMS 技术，也就是上述节能对策 3)，可提供能效 10%（本项目的调查结果）。

4) 关于上述节能对策 4)，今后 10 年内 30% 的燃煤锅炉机房更新为热电联产型系统，更新后机房的能效将从 0.58 提高到 1.03（本项目的调查结果）。

5) 关于上述节能对策 5) 和 6)，为实现能耗削减 50% 的目标，设定能效可提高 30%。

⑤ 如图 2.3.6 所示，不同节能对策所产生的 CO_2 减排效果具体如下：

1) 提高建筑物的保温隔热性、气密性，可以削减 160 万吨 CO_2

2) 合理控制室温，降低热价，可以削减 146 万吨 CO_2

3) 小規模石炭ボイラーのリプレースにより89万トンCO_2の削減が期待される。

4) プラント効率の向上により145万トンCO_2の削減が期待される。

⑥ 以上の検討から、2020年に向けた地域暖房のエネルギー消費を半減するには、プラントにおけるBEMS導入によるエネルギー管理で10%、CHP（熱電併給）や地中熱ヒートポンププラントへの高効率機器の導入で30%のエネルギー効率の向上が必要であることが提起される。

3) 更新燃煤小锅炉，可以削减89万吨CO_2

4) 提高供热机房的效率，可以削减145万吨CO_2

⑥ 根据以上讨论，为实现2020年集中供热能耗减半的目标，必须要通过引进能源管理系统（BEMS），减少供热机房用能10%，以及通过引进高性能设备、热电联产（CHP）和地源热泵等提高能效30%。

表2.3.9 瀋陽市の地域熱供給のエネルギー消費量の推計
表2.3.9 沈阳市的集中供热的能源消耗量的推算

	1次エネルギー消費量原単価 一一次能源消费指标	供給床面積[*16] 一供热面积	1次エネルギー消費量 一一次能耗	CO_2排出量
石炭ボイラープラント 一燃煤锅炉供热机房	メインプラント 525＋サブプラント 26=551MJ/（㎡年） 一个主机房 一个热力站	14,319 万 m²	78,900TJ／年	746 万 tCO_2
CHP プラント 一热电联产供热机房	メインプラント 432＋サブプラント 14=446MJ/（㎡年）	4,500 万 m²	20,100TJ／年	189 万 tCO_2
地中熱ヒートポンププラント 一地源热泵供热机房	540MJ/（㎡年）	676 万 m²	3,700TJ／年	35 万 tCO_2
計		19,500 万 m²	102,700TJ／年	970 万 tCO_2

＊16 2008.10時点の供給床面積をベースとしている－以2008年10月的供热面积为基准

2章　瀋陽市の地域暖房システムの省エネルギー対策と課題
第二章　沈阳市集中供热系统的节能与相关课题

表 2.3.10　省エネルギー施策と試算条件
表 2.3.10　集中供热的主要节能对策与计算条件

建物の暖房負荷の削減（断熱・気密） ー建筑物的采暖负荷的削减（隔热・气密）			新築建物の断熱・気密性向上による負荷の削減（新築建物：10年で33%、立替：50%削減）ー通过提高新建建筑隔热・气密性削减负荷（新建建筑在10年期间33%改建、50%削减）
地域熱供給関連ー与集中供热相关	（需要家側での）熱の適正利用 ー（用户側）适当控制采暖热量		室温の適正管理、分戸計量、従量料金制度（新築建物全て、及び既設建物の50%で、熱需要30%削減）ー合理控制室温、分户计量、供热计量收费制度
	供給側の省エネ策 ー供给端的节能措施	共通	計測、省エネ診断とメインプラント～サブプラントの運用改善（10%エネルギー効率向上）ー测量、节能诊断、改善主供热机房～热力站的运行（提高能效10%）
		石炭ボイラープラント ー燃煤锅炉房	小容量プラントのCHPプラント・ヒートポンププラントへのリプレイス（10年で30%程度のプラントリプレイス：リプレイス分のエネルギー効率 0.58→1.03）ー用CHP、热泵供热机房来更新小型供热机房（10年更新30%左右，更新后的能效由0.58上升到1.03）
		CHPプラント ーCHP供热机房	インバータ導入・活用、CHP発電効率向上、ピークカット用石炭ボイラープラントとの適正分担、効率機器導入（エネルギー効率30%向上：目標）ー设置、利用变频器、提高CHP发电效率、合理使用削峰用和燃煤锅炉房、导入高效率设备（目标：提高能效30%）
		地中熱ヒートポンププラントー地源热泵供热机房	インバータの導入・活用、低負荷時の運用改善等、高効率機器導入（エネルギー効率30%向上：目標）ー设置、利用变频器、改善低负荷时的运行工况、导入高效率设备（目标：提高能效30%）

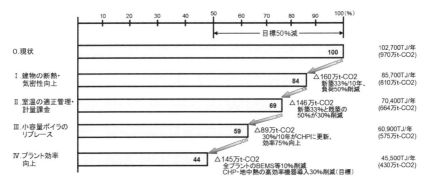

Ⅰ．建物の断熱・気密性向上ー提高建筑物的保温性和气密性　　Ⅲ．小容量ボイラのリプレースー小型燃煤锅炉的更新
Ⅱ．室温の適正管理・計量課金ー合理控制室温和实施热计量收费　　Ⅳ．プラント効率向上ー提高供热机房效率
新築33%/10年、負荷50%削減ー10年内33%的新建建筑节能
新築33%と既築の50%が30%削減ー新建建筑33%和既有建筑50%节能30%负荷
30%/10年がCHPに更新、効率75%向上ー10年内30%的小锅炉更换成CHP，能效提高75%
全プラントのBEMS等10%削減ー所有机房导入BEMS等节能10%
CHP・地中熱の高効率機器導入30%削減（目標）ー导入高效CHP和地热设备，节能30%（目标）

図 2.3.6　瀋陽市地域暖房の省エネルギーシナリオ：2010～2020年
图 2.3.6　2010～2020年沈阳市集中供热系统的节能减排情景分析

101

⑷ エネルギー原単位に関するデータ
　 ベース構築の提案
　1) 瀋陽市地域暖房データベースの構
　　 築について
　瀋陽市不動産局供熱管理弁公室は地域
暖房事業統計として、「城市供熱企業資
質審査登記表」により管理している。当
初、瀋陽市側は地域暖房に関わるデータ
ベースは十分整備、管理されているとの
ことだったが、「登記表」の内容やその
管理状況は適切、十分とは言い難いのが
実情であった。

　これに加えて、「民用建築エネルギー
消費量に関する統計表制度」が、2008
年から施行され、瀋陽市を含む大都市等
では熱供給面積、燃料消費量、供給熱量
といった地域暖房に関するデータが、整
備されることになった。「登記表」を含
めて、これらの実践、拡充により、地域
暖房データベースとしての整備とエネル
ギー管理面での活用が望まれる。

　これに対して日本では、日本全国の熱
供給事業全て（熱供給事業法の認可を受
けた 141 地区、81 事業者；2012 年現在）
を対象に、データベースが作成されてい
る。同事業法を管轄する中央政府機関で
ある経済産業省資源エネルギー庁電力・
ガス事業部政策課熱供給産業室が監修、
熱供給事業者の団体である日本熱供給事
業協会が編纂しており、データベースと
しての内容、運用方法として、中国側に
も参考になるものと思われる。

⑷　能耗指标供热数据库的提案

　1) 沈阳市集中供热数据库的构建

　沈阳市房产局供热管理办公室通过《城
市供热企业资质审查登记表》来管理统计
该市的集中供热行业。刚开始时，沈阳市
管理严格，建立起非常完备的集中供热数
据库，但是从现状来看，《登记表》内容
及其管理状况很难说做得很好。

　此外，2008 年开始施行《民用建筑能源
消耗量统计表制度》，沈阳等大城市对集
中供热数据，如供热面积、燃料消耗量、
供热量等，均进行了统计。通过普及《登
记表》等工作，不仅可以进一步充实集中
供热数据库，也可以应用于能源管理。

　在日本，供热行业（2012 年有供热许
可证的 141 个地区、81 家企业）有非常齐
全的数据库。该数据库由供热行业的主管
机构日本中央政府的经济产业省资源能源
厅电力煤气部政策课供热产业室监修，由
日本供热行业协会编撰，其内容和运用管
理方法可作为中国的参考。

102

また、日本ではエネルギー使用の合理化のために、「省エネ法」（「エネルギーの使用の合理化に関する法律」2010年改正）を定め、一定規模以上の燃料を消費する工場、事業所、建築物等を規制対象としている。熱供給事業に対しても、事業者の責務や目標を定めている。

同法では、熱供給事業者はエネルギー管理者を選任し、定期報告書や中長期計画書の提出等により、省エネルギー措置を明記することにしている。また、事業者には中長期的に年1%以上のエネルギー消費原単位の改善を義務づけている。一方、行政はエネルギー使用状況の報告徴収や立ち入り検査を行うこととしている。

瀋陽市においても、図2.3.7に示すように、今後地域暖房事業のエネルギー管理を進める上で、日本の省エネ法が参考になろう。日本のエネルギー管理士制度の技術移転など地域暖房の省エネルギーに関わる規制のあり方の検討に際しての日本の協力が有効である。また、その際には地域暖房のデータベースの拡充が必須であり、データベース整備の初動段階で日本の技術協力が有効と思われる。

另外，日本为了实现合理化用能，制定了节能法（《能源使用合理化法律》2010年修订），规定能耗超过一定规模的工厂、事务所、建筑物等为监督对象，必须接受监督。同时规定了供热企业的责任和目标。

该法律还规定供热企业必须要选定能源管理者，定期提交报告和中长期规划等，明确记录所采取的节能措施。同时也规定各企业的中长期节能目标，每年必须节能1%以上。另一方面，行政管理部门负责收集能源使用状况报告和现场检查等工作。

如图2.3.7所示，今后，沈阳市在推进集中供热企业的能源管理上，可以参考日本的节能法。日本可以在能源管理师制度的技术转移等与集中供热系统节能相关的方面提供协助。同时，必须进一步充实集中供热的数据库，在构建数据库的初期阶段，日本方面的技术合作也是有效的。

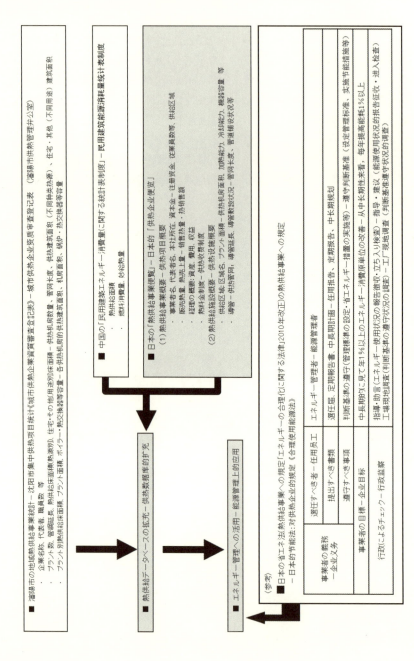

図 2.3.7 瀋陽市地域暖房熱供給データベースの構築提案

2章　瀋陽市の地域暖房システムの省エネルギー対策と課題
第二章　沈阳市集中供热系统的节能与相关课题

2.4　地域暖房システムの省エネルギー対策と課題

(1)　性能検証マニュアル（案）の検討

1）性能検証マニュアル作成の目的

　性能検証（コミッショニング）の目的は、地域暖房施設が経済性、エネルギー、環境ならびに使いやすさの観点から、使用者にとって最適な状態に保たれるように、求めに応じて性能を診断、検証し、必要に応じて発注者、所有者あるいは使用者に性能改善法を提示することにある。
　日本では製造企業を中心に ISO 規格（ISO9000、14000）の取得を契機に品質管理の意識が高まり、客観的な性能検証の必要性が指摘された。また設備機器の運転制御が設計意図通りに働かず、省エネルギーが達成されないことが多く見られるようになった。この解決策の一環として性能検証が取り上げられるようになった。
　しかし省エネルギー効果の実効性、業種間の責任問題等により、十分に社会に浸透しているとはいえないのが実情である。業種間の責任と義務の所在が明確になっている米国では性能検証が普及しやすいという指摘もある。

2）中国おける性能検証の必要性
　中国における地域暖房の設計、施工に

2.4　热源测的节能技术

(1)　性能检验（供热系统调试）手册・节能指南草案的编写

1）编写性能检验（调试）手册的前后经过与其效果
　在集中供热设施中导入性能检验（调试）的目的就是从经济、节能和环保的观点出发，为用户保证设备的最佳工况，根据用户的要求诊断和验证设备的性能，必要时向发包方、业主或用户提出改善设备性能的方法。

　在日本以制造行业为中心，以通过 ISO（ISO9000、14000）认证为契机，品质管理的意识得到提高，因此必须要客观地验证产品的性能。另外，很多项目设备的运行控制不能达到设计目标，而无法实现节能目标。解决方案之一就是实施性能检验。

　然而，由于节能效果的实效性、不同行业间的责任问题等，目前性能检验还未能渗透到社会的各个方面。在美国，正因为不同行业间有明确的责任与义务，性能检验比较容易普及。

2）在中国实施性能检验的必要性
　在中国，集中供热的设计与施工方面有

105

おける問題点として、例えばポンプにインバーター機器が付属しているのにも拘わらず、信号ケーブルが設置されていない等、設計・施工の連携等に基本的な問題があり、性能検証の必要性が高い。又、設計、機器製造メーカー、施工、運転管理等がそれぞれ独立しており、相互の情報伝達あるいは統括者の役割を担う組織が必要であると指摘され、その点からも横断的な性能検証が有効といえる。

特に計測データの収集、記録が著しく不足しており、運転管理が不適切であることが多い。性能検証を導入すれば、計測も必然的に必要となり、正しい運転管理が実行され、省エネルギーが計れる。

3) 性能検証のフロー

企画、設計、工事発注、施工、機能性能試験、運転の各段階での性能検証責任者によって遂行されるべき性能検証の主な内容は以下の通りである。

① 企画フェーズにおける性能検証過程
　・企画・設計要件書の作成と文書化の支援
　・性能検証過程の範囲と予算の確定
　・発注者の設計家提案要求書作成への支援

② 設計フェーズにおける性能検証過程
　・性能検証チームとの協働による、施設の企画・設計要件書の文書化
　・建設図書に含めるための性能検証の要件と活動内容の決定

各种问题，比如虽然水泵附带变频器，但是却没有配信号线。设计与施工的配合方面存在根本性问题，性能检验十分必要。另外，设计、设备制造厂家、施工和运行管理相互独立，必须相互交流信息或者有负责统一协调的部门，因此可以说跨行业的性能检验是有必要的。

特别是测试数据、记录明显不足，运行管理方面有很多不合理的地方。导入性能检验，必然要进行测试，从而可以正确地实施运行管理，测定节能量。

3) 性能检验的实施流程

规划、设计、工程发包、施工、调试、运行等各阶段，性能检验责任人应完成的工作内容具体如下：

① 规划阶段的性能检验过程
　・帮助编写规划、设计目标
　・确定性能检验的范围与预算
　・帮助发包方编写设计招标书

② 设计阶段的性能检验过程
　・协调性能检验组的工作，编写项目的规划、设计目标
　・按照设计、施工资料决定性能检验的重要事项与工作内容

・設計者によって作成される詳細設計図書のチェック

③ **工事発注フェーズにおける性能検証過程**

・見積書に含めるべき工程内検査・試運転調整の項目や性能検証条件の建設図書の確認

・設計図およびこれを補助する各種説明文書の内容の確認

・工事請負者からの質問書およびこれへの設計者、発注者の内容の確認

④ **施工フェーズにおける性能検証過程**

・性能検証部門を組織し、入札前および施工前の性能検証会議を設け、性能検証チームとともに性能検証要件を確認

・定期的に性能検証会議を組織・開催して性能検証活動の計画、範囲、調整、スケジュール策定などの活動を行い問題点を解決

・工事請負者・工事監理者とともに施工チェックリストを完成し、それに基づいてチェック状況を追跡

⑤ **機能性能試験フェーズにおける性能検証過程**

・個々の仕様による試験手順を作成。工事請負者および工事監理者はその手順を吟味

・工事請負者による工程内検査・試運転調整の実施を指示、結果を文書化

・システムマニュアルが規格・設計要件書を満たしているかをチェック

・检查设计单位的施工设计图纸与说明书

③ **工程发包阶段的性能检验过程**

・图纸与说明书的确认，尤其是工程预算书内所规定的工程检查、运行调试项目和性能检验条件等

・确认设计图纸及各种辅助说明书的内容

・确认工程承包方的疑问以及设计方、发包方的回答

④ **施工阶段的性能检验过程**

・召集性能检验部门人员，在招标和施工前召开性能检验会议，与性能检验团队人员一起确认性能检验的内容。

・定期组织、召开性能检验会议，确定性能检验计划、工作范围、调整内容、进度安排等，解决工作中遇到的问题。

・与工程承包方、监理方一起完成施工检查表，并追踪检查情况。

⑤ **调试阶段的性能检验过程**

・根据各种工程说明书编写试验程序，并让承包方与监理方进行检查。

・指挥承包方进行工程检查和试运行调试，并整理书面报告

・检查系统操作手册是否符合规范和设计说明书

⑥ 運転フェーズにおける性能検証過程
・受渡し段階を含めピーク負荷時ならびに四季の外気条件における機能性能試験を指揮し、受渡し物件の初期性能を確定
・教育・訓練の状況を確認
・保証期限2箇月前に運転・保守管理者とともに保証項目のチェックを完了

4) 性能検証における性能検証責任者（CA）の役割

⑥ 运行阶段的性能检验过程
・负责交接阶段、最大负荷以及一年四季室外条件下设备的性能试验，确定交接设备的初期性能
・确认教育、训练的状况
・在保证期结束前两个月，与运行、维修管理人员一起完成质保项目的检查

4) 性能检验责任人（CA）的职责

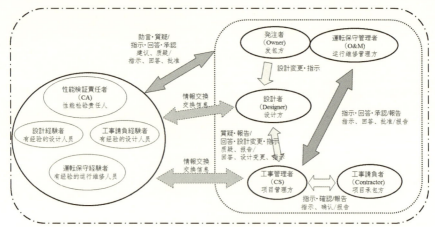

-CAの役割-－CA的职责
1. 性能検証計画書の作成－制定性能检验计划
2. 見積条件の確認－确认预算条件
3. 工事請負者選定の支援－帮助选定项目承包方
4. 設計内容のチェック（制御・省エネルギ性能等）－检查设计内容（控制、节能、性能等）
5. 総合工程表・施工体制・工事管理体制の確認－确认综合进度表、施工体制、项目管理体制等
6. 設計変更内容の評価－评定设计变更
7. 検査・試運転調整計画の確認－确认检查、试运行调整计划
8. 竣工検査の立ち会い－参加竣工检查
9. 性能検証経過報告書の作成・提出－编写、提交性能检验报告

図 2.4.1 施工フェーズにおける性能検証組織図（例示）
图 2.4.1 施工阶段性能检验组织图（示例）

性能検証における性能検証責任者（Commissioning Authority、CA）の主な役割は、図 2.4.1 に示すように、以下の通りである。

- ・性能検証チームを組織し指揮
- ・発注者の企画・設計要件書の文書化を支援
- ・発注者の設計者選定のための設計提案要求書作成を支援し、企画・設計要件書の内容が明確に提案に含められるよう配慮
- ・性能検証活動を工事のスケジュールに組み入れ
- ・性能検証計画書を作成
- ・性能検証計画書に基づいて、性能検証チームの組織化、試験・実証、教育訓練を実行
- ・設計または工事の入札に当たっては、発注者の要請に応じて現場説明会に出席し、候補者である設計者あるいは請負者に性能検証要求事項の詳細を通知
- ・メーカーや工事請負者から提出される「設備取扱説明書（機器取扱説明書を含む）」を受け取りチェックし、それが企画・設計要件を達成していることを確認
- ・施工期間中の検査・試運転調整の計画書を、工事監理者を通じて請負者から提出させ、内容をチェックして認可
- ・工事請負者による試験および試運転

如图 2.4.1 所示，性能检验责任人（Commissioning Authority、CA）的主要职责具体如下：

- ·组织指挥性能检验团队。
- ·帮助发包方整理规划、设计目标文件。
- ·帮助甲方编写设计招标书，切实反映计划、设计概要书的内容，帮助甲方选定设计单位。
- ·施工计划中列入性能检验工作。
- ·编写性能检验计划。
- ·根据性能检验计划，组织性能检验团队，进行试验、实证以及教育训练。
- ·设计和项目招标时，根据发包方的要求，参加现场说明会，向设计候选方或承包方详细说明性能检验项目内容。
- ·检查厂家和项目承包方提出的《设备使用说明书（包括机器使用说明书）》，确认其是否达到计划或设计要求。
- ·通过项目监理方让承包方提交施工期间的检查、试运转调整规划，并确认、批准其内容。
- ·确认承包方试验、试运行调整的结

調整の結果を確認し、試運転調整結果および解析報告書を受領して発注者に提出
・当初システムマニュアルに、試運転調整結果・解析報告、機能性能試験結果・解析報告を含め、さらに運転操作に必要な全情報を付け加えた最終システムマニュアルを作成し発注者に提出して承認を受ける
・企画・設計要件実現の見地からなされた運転・保守管理者の疑問に答え、必要に応じて設計者・施工請負者の意見を求めて要求に回答

5）性能検証の問題点と瀋陽市の役割
① 問題点
　日本においても、性能検証が十分浸透していない状況に関して、次のような問題点があるとされている。
　　1）企画、設計、施工、運転フェーズを通して、各専門家を上回る知識と技能を有する性能検証責任者（CA）が存在するか？
　　2）企画、設計、施工、運転フェーズを通して責任の所在と損害賠償の問題を解決できるか？
　これらは従来の枠組みの中に性能検証という枠組みを導入しようとするために生じている問題である。米国式設計施工と日本の設計施工のシステムと概念が異なるために生じると言われている。中国に性能検証を導入する場合

果，并向发包方提交试运行调整结果以及分析报告。
・把试运行调整结果和分析报告，性能试验结果和分析报告，以及运行操作相关的所有资料，添加进最初版的系统操作手册，编写最终版系统操作手册，提交发包方，并得到发包方的认可。
・从实现规划和设计目标到为运行、维修管理方答疑，必要时听取设计。方、施工承包方的意见，进行回答。

5）性能检验的争议点与沈阳市的职责
① 争议点
　即使在日本，性能检验也没有完全得到贯彻，主要有以下的争议点：
　　1）规划、设计、施工、运行各阶段，知识和技能超过各专业专家的性能检验责任人是否存在？
　　2）规划、设计、施工、运行各阶段，是否可以分清责任和解决损害赔偿的问题？
　这些问题都是因为想在原来的工程项目框架中导入性能检验而产生，据说是由于美国式的设计施工与日本在系统和概念上完全不同所造成的。在中国导入性能检验时必须充分考虑这些问题。

にも十分考慮しなくてはならない。

② **性能検証の浸透、普及に向けた問題点と解決策**

上記の問題点を解決するには性能検証のために異なった観点からの枠組みを作る必要がある。性能検証チーム（性能検証責任者＋設計経験者・工事請負経験者・運転保守経験者）を利益を分配し得るグループとして組織し、各構成員が協調して運営する。

各段階で分担すべき範囲は次の通りであり、性能検証チームは最良の解決策を見出すことが必要である。

・機器は工場出荷時の性能確保が文書または試験運転で認められていること。これは通常の製品検査が行われている工場で生産された機器であれば、製造企業がこれ以上の責任を負う必要はないということである。

・設計はガイドラインに従っていること。少なくともガイドラインや設計基準に従った設計が行われていれば、設計者がこれ以上の責任を負う必要はないということである。

・施工は設計図書に従っていること。

・運転はマニュアルに従っていること。

ガイドラインに従った設計・施工においても基準通りのエネルギー効率で運転できるとは限らない。性能検証チームはその理由と改善策を提案・実行して、システムの効率を向上させることを目的とした組織と考えるべきである。

② **性能检验的贯彻、普及时的注意点与解决方案**

解决上述问题，必须从不同的观点来构筑框架，实施性能检验。组织性能检验团队（性能检验责任人＋有经验的设计者、工程承包者和运行维修者），不仅能实现利益的均衡分配，而且能协调成员间的运作。

各阶段的分担范围具体如下，性能检验团队必须要能找到最佳的解决方案。

・通过书面文件或试运行，确认设备的出厂性能。只要工厂接受过受常规产品检查，厂家对其产品所负的责任也不超过常规检查的范围。

・按照规范进行设计。只要按照规范和设计标准来设计的话，设计方也不会负更大的责任。

・按照设计图纸进行施工。

・按照操作手册进行运行。

即使按照规范进行设计与施工，也并不保证设备运行时能达到标准能效。性能检验团队就是找出原因，提出改善方案并施行，从而提高系统能效的组织机构。

③ 性能検証の浸透に向けた瀋陽市等の
役割

性能検証を社会に浸透させるには、下記の項目を実行することが肝要であるが、これは瀋陽市政府のような公的機関または業界団体がその役割を担うことが適切である。
・性能検証ガイドラインの作成
・普及促進策の策定
・講習会の設置
・性能検証責任者（CA）の育成

最終的には、性能検証がビジネスとして成立する環境を提供できれば、社会的観点から大きな省エネルギー効果を得られることになる。

⑵ 省エネルギーガイドライン付加事項
の検討

1）中国の地域暖房に関わる省エネル
ギーガイドライン

中国には、すでに地域暖房に関わる省エネルギーガイドラインとして代表的なものとして、中国中央政府建設部による「民用建築省エネルギー設計標準」の地域熱供給に関する記述部分や、中国都市熱供給協会による「地域熱供給システムの省エネルギー技術対策」がある。

「民用建築省エネルギー設計標準」（中国建設部：1986 年制定・1995 年改定）では、以下のような内容を設計標準として示している。
・暖房熱源は CHP（熱電併給）プラン

③ 为贯彻性能检验沈阳市的职责

为了在全社会贯彻性能检验，以下工作非常重要，也是沈阳市这样的国家机关和行业团体应负的职责。

・编写性能检验手册
・制定普及政策
・开设讲习班
・培养性能检验责任人（CA）

最终提供性能检验商业运行的大环境，从整个社会来看这也能带来巨大的节能效果。

⑵ 节能指南附加内容的探讨

1）中国集中供热节能指南

中国的集中供热的技术手册，比较有代表性的就是国家建设部颁布的《民用建筑节能设计标准》，其中有与集中供热相关的条文，以及中国城镇供热协会的《城镇供热系统节能技术措施》。

《民用建筑节能设计标准》（国家建设部，1986 年发布、1995 年改订）主要规定以下设计标准：

・集中供热的热源主要为 CHP 热电联

ト又は地域のボイラーを主要熱源とし、工場近傍では排熱を活用する。

・集中ボイラープラントの容量は7.0MW超、供給床面積を10万㎡以上とする。

・分戸計量と分室温度制御の可能性を考慮する。

・温水循環ポンプは2台（1台予備）設置し、大容量・小温度差の運転方式を回避する。

・プラント（サブプラント）、建物入口に監視・計量装置（温度・熱量計等）を設置する。等

「地域熱供給システムの省エネルギー技術対策」（2000年中国都市熱供給協会技術委員会）では、以下のような項目を挙げている。

・熱計量設備の設置による実運転状況の把握

・ボイラー運転管理の強化（運転マニュアル整備）

・大流量・小温度差の運転方式の回避（温水供給温度と輸送効率引上げ）

・熱供給プラントのモニタリングシステム設置、供給熱量の即時調節

・運転管理者の運転状況把握と最適運転の選択

・複数熱源ネットワークの適切な採用（CHP（熱電併給）プラント＋ピークカット用石炭ボイラプラント等）等

产供热机房或集中锅炉房，充分附近利用工厂的排放。

・集中锅炉房的容量超过7.0MW，供热面积超过10万㎡。

・考虑分户计量与分室温控的可能性。

・热水循环泵设两台（一台备用），避免大流量小温差的运行方式。

・在供热机房（热力站）、建筑物入口设置监测、计量装置（温度计、热量仪等）等。

《城镇供热系统节能技术措施》（2000年中国城镇供热协会技术委员会）主要列举了以下内容：

・设置热量计，把握实际运行状况。

・加强锅炉运行管理（制定运行手册）。

・避免大流量小温差的运行方式（提高热水供水温度和输送效率）。

・供热机房设置监视系统，随时调节供热量。

・运行管理人员把握设备的运行状况，实现最佳运行。

・切实采用多热源供热网络（CHP热电联产供热机房＋调峰燃煤锅炉供热机房等）等。

2) 瀋陽市地域暖房ガイドラインへの付加事項の提案

上記の地域熱供給に関わるガイドラインは、中国の実情に即した優れた内容である。ここでは、これらを基本に、今回の実証事業を通じて確認された今日的な課題を日本での経験・技術を踏まえて、付加すべきと考えられる事項を検討した。

特に付加すべき事項として採り上げた点は、表 2.4.1 の通りである。

2) 沈阳市集中供热指南附加事项的提案

上述集中供热技术手册符合中国国情，内容详实。以此为基准，根据本调查中发现的课题，依据日本的经验和技术，探讨需要新增的事项。

详见表 2.4.1。

表 2.4.1　瀋陽市地域熱供給ガイドラインとして特に留意すべき事項（付加事項）

表 2.4.1　沈阳市集中供热指南特别注意事项（附加事项）

1. 熱供給の計画 －供給設施規划	・計画・設計による省エネルギー計画：熱負荷特性に応じた機器容量の分割・台数制御運転計画 　－节能规划的构想与设计：根据负荷特性，正确分配设备容量，控制设备台数，编制运行规划 ・保守管理・設備更新による省エネルギー：機器のエネルギー使用状況・効率の把握、機器の適切な保守管理による改修・設備更新の計画的実施 　－通过维修管理和设备更新实现节能：把握设备的使用状况和能效，合理制定维修保养和更新计划 ・エネルギー供給受入者との連携・部分負荷時の温水供給の引下げ協議 　－与热用户协同工作，签订部分负荷时可减少供热的协议
2. 地域エネルギー 供給計画書の作 成と検証 －编写与验证集 中供能规划	・供給する熱エネルギーの効率は1次エネルギー基準で評価 　－以一次能基准来评价供热能耗 ・熱供給施設の運転実績を常に計測し、エネルギー供給計画書と比較 　－经常测试供热设备的运行工况，并与性能规划比较
3. 熱供給施設の熱 料金－供热收费	・分戸計量の推進、定額料金の場合は建物の熱損失係数と暖房の制御機器の有無で設定。 　－推进分户供热计量，在定额收费时，根据建筑供热损失系数与是否有供热控制设备来确定供热费用

主要な点は図 2.4.2 に示すように、以下の通りである。

・計画・設計時点で熱負荷特性に応じた熱源設備機器の容量の分割を行い、部分負荷時にも対応可能な台数制御運転計画を立てる。

・熱源機器のエネルギー使用状況・効率を的確に把握し、適切な保守管理による改修・設備更新の計画的実施を図る。

主要内容如图 2.4.2 所示。

・在规划、设计阶段，应该根据热负荷特性，正确分配热源设备的容量，部分负荷时实现最佳台数控制。

・正确把握热源设备的用能状况和能耗效率，加强维修管理，有计划地实施设备改造与更新。

2章　瀋陽市の地域暖房システムの省エネルギー対策と課題
第二章　沈阳市集中供热系统的节能与相关课题

- 地域エネルギー供給計画書を作成する。計画書には、供給する熱のエネルギー効率を明記する。エネルギー効率は1次エネルギー基準で評価する。
- 熱供給施設の運転実績を常に計測しエネルギー供給計画書での基準値と比較する。
- 分戸計量を推進する。暫定期間としての定額料金制度の適用時には、建物の熱損失と制御機器の有無を評価し設定する。

- 编写集中供热规划，明确记录系统的热效率。热效率按一次能基准评价。

- 经常测定供热设施的运行工况，并与供能规划中的基准值进行比较。

- 推进分户热计量。过渡期间采用定额收费时，根据建筑供热损失系数与是否有供热控制设备来确定供热费用。

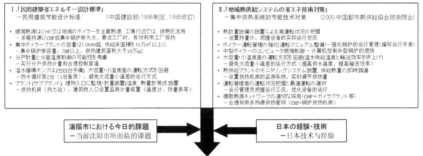

図2.4.2　瀋陽市地域暖房ガイドライン（付加事項）
图2.4.2　沈阳市集中供热指南（附加事项）

115

(3) 地域暖房システムの省エネルギー対策と課題

1) 日中で協力して推進すべき地域暖房の省エネルギー対策

　中国東北地域の地域暖房の省エネルギー推進を、日中の民民ベース（日本側の設計技術者、メーカー等と中国側の技術者、熱供給事業者等間）を中心に、瀋陽市で先導的に進める際の主要事項と双方の役割として以下を提起した。

① 建築物／熱供給プラントのエネルギー消費量を計測、管理する。

　中国側は、2008年に施行された「民用建築エネルギー消費量に関する統計表制度」による、建築物及び地域暖房のエネルギー消費量等の調査、届出制度を確実に実施、拡充する。その際大規模な建築物や地域熱供給施設については、計測を義務づけることが適切であり、その取り組みとしてモデル的にリアルタイムモニタリングシステムの導入を、日本側が支援することが考えられる。（下記③の一環として実施するのが便宜）省エネルギーのための、エネルギー消費量データの管理・活用についても、日本側の助言が有効である。

② 地域暖房のデータベースを構築する。

　中国側は、現行の「城市供熱企業資質審査登記表」の内容を充実させるとともに、「民用建築エネルギー消費量に関する統計表制度」による地域熱供給に関するデータと連携した管理を行

(3) 集中供热节能对策与课题

1) 日中合作共同推进集中供热节能

　为了推动中国东北地区集中供热系统的节能，以日中民民联合（日方的设计、技术人员和厂家与中方的技术人员、供热企业）为中心，在沈阳先行实施，双方的职责和主要责任具体如下：

① 建筑物和供热机房的能耗测量与管理

　2008年起，中国开始施行《民用建筑能耗统计报表制度》，调查建筑物和集中供热的能耗，实施与扩大申报工作。规定大规模建筑物和集中供热设施有实测能耗的义务，这是非常必要的。可以通过日方的支援，导入实时监测系统，推进示范性项目的建设。在节能、能耗数据的管理与应用方面，日方的建议会比较有效。

② 中供热数据库的构建

　中方在充实现行《城市供热企业资质审查登记表》内容的同时，与《民用建筑能耗统计报表制度》中集中供热的相关数据相结合，统一管理。为构建一元化数据库，日方的技术支援也较为理想。

う。一元的なデータベースの構築を目指して、日本が技術支援するのが望ましい。

日本の「熱供給事業便覧」の内容や管理手法（政府が監修、熱供給事業者団体が管理）が参考になる。また、データベースの活用に際して、日本の「省エネ法」の熱供給事業者に関する規定（エネルギー管理者の選任、エネルギー消費原単位の改善計画等）も、参考になる。

③ 地中熱ヒートポンププラントのBEMS導入による群管理を進める。

地域暖房プラントの計測、診断及びそれに基づく運用改善・最適化運転の省エネルギー効果が高いことが、今回の実証事業で確認された。中国側のサイト提供に応じて、日本の技術・経験を踏まえたBEMSのモデル的な適用が適切である。

BEMSの導入効果の高い地中熱ヒートポンププラント、複数を対象にした遠隔・群管理システムの導入が有効である。特に、省エネルギー効果等の「見える化」に留意する。

④ 吸収系技術を活用した高性能機器を開発、適用する。

日本の吸収式冷凍機の開発で培われた吸収系技術は中国でも注目度が高い。日中間の共同研究により、吸収ヒートポンプ等の開発を行い、中国側のサイト提供に応じて、地中熱ヒートポン

可以参考日本《供热行业便览》的内容与管理办法（由政府监修，日本供热行业协会管理）。另外，在利用数据库时，也可以参考日本《节能法》中有关供热企业的规定（选用能源管理员、能耗指标改善计划等）。

③ 导入能源管理系统（BEMS），推进地源热泵供热机房的群管理

根据集中供热机房的实测、节能诊断可以改善设备的运行，优化运行条件，实现较高的节能效果，这已经在本实证项目中得到证实。根据日方的技术与经验，在中方提供的机房实施BEMS的示范性项目是切实可行的。

针对BEMS导入效果好的地源热泵机房，以多机房为对象，进行远程控制，实现群管理较为有效。尤其是要注意节能效果的可视化。

④ 高性能吸收式设备的开发与应用

日本开发吸收式冷冻机所采用的吸收式技术在中国也非常受关注。日中共同研究，开发吸收式热泵，根据中方提供的项目地点，首先应用到地源热泵的示范性项目上。以热电联产（CHP）系

ブプラントに先ずはモデル適用する。CHP（熱電併給）システムからの高温水を熱源とした地下水利用ヒートポンプは、瀋陽市の進める地中熱ヒートポンプ政策に合致する。中国全土への瀋陽からの発信効果は高い。

都心の高密度地区でのコンパクトエネルギーシステム（街区冷水供給システム）への適用も、夏季に遊休化するインフラ管理者としての中国の熱供給会社にとっても、冷房設備技術分野を特に得意とする日本の支援を得ることは、魅力的である。

⑤ 開発区において低炭素モデル都市構想を策定し実践する。

中央政府が近年強力に推進する循環型都市づくりに合わせて、低炭素都市づくりを進めることは、中国の地方政府にとって重要且つ緊急度の高い政策課題である。開発区での実施は、既成市街地に比し容易且つ効果も高い。

低炭素型都市の実現は、未利用エネルギー・再生可能エネルギーを活用し、IT技術の活用が必須であり、地中熱やCHP（熱電併給）排熱の吸収系技術を用いた有効利用、BEMS活用が、最も有効な手段の一つである。

瀋陽市と川崎市の循環経済発展協力協定[1]に基づく構想策定や技術供与の面で、川崎市が中心になって支援する仕組みも一案である。

统的高温水为热源的地下水热泵技术与沈阳市推行的地源热泵政策一致，通过示范工程的建设，由沈阳向全中国传递技术信息。

对中方供热企业来说，在市中心容积率高的地区导入紧凑型能源系统（小区供冷系统），不仅可以解决夏季供热设备闲置问题，同时可以获得日本在供冷技术方面的支援，这非常有魅力。

⑤ 开发区建设低碳示范城市的构想与实践

近年，中央政府强力推进创建循环经济城市的工作。对地方政府来，低碳城市的建设是非常重要而且紧迫的政策课题。与旧城区相比，在开发区的实施较为容易，而且效果好。

低碳城市的建设必须应用未利用能源、可再生能源以及IT技术，有效利用地热、热电联产（CHP）余热的吸收式技术，能源管理（BEMS）技术也是较为有效的方法之一。

按照沈阳市和川崎市缔结的循环经济发展合作协定[1]，以川崎市为中心，在构想制定和技术提供方面构筑支援体制也是可行方案之一。

2章　瀋陽市の地域暖房システムの省エネルギー対策と課題
第二章　沈阳市集中供热系统的节能与相关课题

＊1　瀋陽市・川崎市間の循環経済発展協力協定
　　　瀋陽市と川崎市は、従来から工業都市としての類似点から姉妹都市関係にある。この姉妹都市関係を発展させ、2009年2月に「循環経済発展協力協定」を結んでいる。協力内容は以下の通りである。
　　　1）国際環境ワークショップの開催
　　　2）環境技術ニーズ調査の実施
　　　3）都市機能GISデータベース適用支援
　　　4）循環経済促進に資する研修の実施

＊1　沈阳市和川崎市的《循环经济发展合作协议》
　　　沈阳市和川崎市比较相似，以前都是工业城市，并且建立了友好城市关系。2009年2月签订了《循环经济发展合作协议》，促进两市关系的进一步发展。协议内容基本如下：
　　　1）开展国际环境工作营活动
　　　2）实施环保技术需求的调查
　　　3）应用城市基础地理信息系统（GIS）数据库的支援
　　　4）实施促进循环经济的培训活动

2）地域熱供給の省エネルギー対策推進上の課題

合わせて、上記対策を戦略的に進める上で重要な課題を提起した。

① 中国側の政策、制度の導入に適合した推進を図る。

地域暖房の省エネルギーに関わる最も重要な中国の動きは、分戸計量の推進と建築エネルギー消費量調査の推進である。また、瀋陽市固有には、地中熱ヒートポンプの推進が挙げられる。これらの制度化や推進施策の実施に合わせて、上記の対策を戦略的に進めるのが有効である。その際、各施策の担当部局が異なることで、歩調が合い難いことが隘路になる可能性があることから、より上位機関での指導性を中国学識者等を通じて、日本側が要請することが必要である。

② 地域暖房事業の動向に適合した推進を図る。

現在、中国の地域暖房事業は過渡期

2）推进集中供热节能对策的课题

在战略性推进上述节能对策时，相关重要课题列举如下。

① 配合中方政策与制度进行推进

关于集中供热节能，中国正在推进供热分户计量和建筑能耗调查，沈阳市也独自制定了推广地源热泵的政策（一直大力推广地源热泵）。这些政策的制度化和实施，会非常有效。由于政策执行部门的不同，可能会步调不一致，产生阻碍，必要时可以通过中方学者邀请日方协助上级部门的指导工作。

② 响应集中供热行业的新动向，推进节能建设

现在，中国的集中供热行业正处于过

119

にある。分戸計量に対応した熱料金制
度改革とその際の設備投資の扱い（加
入時設備負担金や会計上の減価償却
費）に関する点と、事業運営会社が政
府企業から民営化への転換が急速に進
んでいる点である。いずれも省エネル
ギー推進上は追い風であり、特に後者
の民営会社の省エネルギー意欲を活用
すれば、モデル事業サイトの選定、ビ
ジネスモデル構築面で、日本側が協力
事業を進める際に良いカウンターパー
トナーになり得る。

③ 先導的な導入で理解、浸透を図りな
　がら推進する。

　省エネルギーの実行が具体的な動き
になり難い現状（厳寒の地であること
から暑すぎるくらいの室温を保つのが
政府の供熱管理部門と地域暖房事業者、
特に現場の運転要員の至上命令）下では、
先進的なモデルを政策決定者に見せる
ことが、最も有効な推進方策の一つで
ある。機能面だけでなくその効用を上
手にプレゼンすることも肝要である。

④ システムとしての合理性を追求した
　計画推進を図る。

　日本製品を初めとする高性能ではあ
るが高価格な機器を単品としてビルト
インするのは、地域暖房のようなシス
テムでは十分に効果を発揮しないおそ
れがある。特に、施工や運用段階での
性能検証が不十分な中国においてはそ
のおそれが大きい。中国では設計院に

渡时期。供热分户计量收费制度的改
革和设备投资的分担份额（入网时的
设备负担费和固定资产折旧费），以及
供热运营企业由国有化向民营化的急速
转变，都会推进节能工作。尤其是民营
化的供热企业，充分发挥其节能积极
性，在选择示范项目地点、构筑商业模
式方面将会成为日方协作项目的合作伙
伴。

③ 促进对先端技术的理解与节能观念的
　普及

　目前，节能措施还较难付诸具体实践
（因为地处严寒地区，政府供热主管部
门、集中供热企业、特别是现场操作人
员以确保过高供热室温为最高使命）。
向政决策者展示先进的示范项目，是推
进节能最有效的手段之一。不仅仅是在
功能层面，而且形象地展示节能效果也
非常重要。

④ 追求系统的合理性，有计划地推进

　以日本产品为代表的设备，虽然性能
高，但是价格也高。在集中供热系统中
仅仅安装单台设备，并不能充分发挥其
功效。尤其是在施工和运行阶段性能检
验还不充分的中国，这种可能性会更
大。中国通常是根据设计院的设计，导
入单台设备。在建设开发区时，可以进

よる設計に基づいて単品での製品納入が主体であるが、開発区等での一括受注や性能発注の機会を活用して、システム製品の良さを訴求する。

⑤ **経済性への配慮、但しより総合的な観点での経済性への理解を得る。**

　日本の高性能機器は短期的な投資回収が至上命令の中国市場で評価され難い。また、省エネルギーの推進を説いても、経済余力が無いとの反応が地域暖房事業者の間では支配的である。中長期的にみれば、省エネルギー効果により投資回収が可能なこと、特に長寿命化によりそれが強調されること、適切な維持管理は安全・安定な熱供給につながることなど、総合的な観点での理解を得る努力を惜しまず、先の経済合理性に敏感な民間事業者からの賛同を得て、その概念を広げていくことが重要である。

⑥ **事業手法の提案と実践も視野に入れて推進する。**

　経済性への理解を得る努力と同時に、ESCO事業の提案や具体のモデル的な取り組みも視野に入れる必要がある。ESCO事業に関して中国でもその萌芽が現れている。単純な照明等の器具の取り替えレベルに限定された事業が大半と見受けられるが、工場やプラント等への取組みも一部では始まっている。それらの事業者と連携したビジネスモデル展開も検討の余地はある。

行一揽子订货和性能发包等，强调产品系统性性能。

⑤　**考虑经济性，更要综合考虑经济性**

　在短期投资回收为主流的中国市场上，日本的高性能设备产品很难被接受。另一方面，虽然在宣传推广节能技术，但是供热企业苦于没有经济实力而无法实施。从中长期角度来看，尤其是从设备的使用寿命来看，通过节能收益来回收投资是可能的，定期的维修管理可以保证供热的安全性和稳定性。努力、综合地理解经济性，并取得民营企业的赞同，因为他们对经济性较为敏感，推广这个观念非常重要。

⑥　**经营模式的和推进工程实践**

　努力理解经济性的同时，也要考虑节能服务公司（ESCO）的经营模式和具体示范工程的建设。节能服务项目（ESCO）在中国正处于萌芽时期，大多数项目仅停留在替换照明设备等方面，工厂、机房项目仅刚刚开始。应该联合这些企业共同探讨经营模式的推广。

⑦ 他都市、中央への波及を効果的に進める

　瀋陽市は気候条件や都市規模から、最も代表的な地域暖房ネットワークを有する都市である。地中熱ヒートポンプへの取り組みも全国に先駆けている。全国組織である中国都市暖房協会の技術委員会の主催都市でもある。瀋陽市での地域暖房の省エネルギーへの先進的な取り組みの注目度は全国的に高い。今回の調査事業の成果や今後の取り組みを、中国都市暖房協会の協会誌等を通じて、全国に訴求したり、調査事業で提案した地域熱供給の省エネルギーガイドライン案を瀋陽市都市暖房協会が発信することは、有効である。また、中国側の有力な研究者を通じて、一連の成果等を中央政府に訴求して頂くことも有効な手段である。

⑦ 对其他城市以及全国的影响

　在气候条件和城市规模方面，沈阳市的集中供热管网最具代表性。对地源热泵的推广也走在全国前列，同时还是中国城镇供热协会技术委员会的主办城市。沈阳市先进的集中供热节能项目的实施备受全国关注。通过中国城镇供热协会会刊，可以吸引全国的注意，有效地向全国宣传本项目中提出的集中供热节能指南草案。另外，也可以通过中方知名研究人员，向中央政府宣传一系列的成果等。

3章 エネルギー管理システム（BEMS）の導入による省エネルギー効果

3.1 BEMS導入による地域暖房プラントの管理の評価

(1) エネルギー管理システム導入の概要

1) エネルギー管理システムの導入の背景

中国東北地域の地域暖房によるエネルギー消費量は、中国全国でのエネルギー消費量の1割弱を占め、エネルギー効率が低いことから、省エネルギーの推進は喫緊の課題である。その対策として、日本で多くの実績のあるエネルギー管理システムを導入し、地域暖房プラントの計測、省エネルギー診断、運用改善による省エネルギーの推進が有効である。

そこで、エネルギー管理システムの導入効果が高いと思われる中国で最も普及が進む瀋陽市の地中熱ヒートポンププラントを対象とし、エネルギー管理システムを導入し各プラントの運用改善、最適化運転を図ると同時に、群管理システムを導入することによる高効率化、低価格運用の可能性を検討した。

2) 導入提案技術の概要

日本で大型ビル等で定着しているエネルギー管理システム：BEMS（Building

第三章 能源管理系统（BEMS）的节能效果

3.1 BEMS导入与集中供热机房的管理评估

(1) 导入能源管理系统的概要

1）导入能源管理系统的背景

中国东北地区集中供热的能耗约占全国总能耗的10%，其节能策略是中国面临的重大课题。导入在日本有很多应用实例的能源管理系统，通过对集中供热机房的实测、节能诊断和改善机组运行，可以有效地实现节能。

沈阳是中国地源热泵普及最快的城市，因此以沈阳多个地源热泵供热机房为对象，导入能源管理技术，改善各供热机房的运行，实现最优化运行。同时，探讨多热源群管理技术如何实现供热系统的高能效以及降低运营费用。

2）技术提案的概要

将在日本大型楼宇中广泛使用的能源管理技术（BEMS, Building Energy Management

Energy Management System）を、中国の
地域暖房プラントに適用する。

エネルギー管理システムの導入により、
計測、記録、診断及びそれに基づく運用
改善、最適化運転を実施する。

複数プラントの群管理に際しては、IP
ネットワーク（インターネット・プロト
コルにより接続された複数の機器の管
理・運用）を活用し、センターでの集中
管理システムを導入する。

エネルギー管理システムは、以下の流
れで省エネルギーを実現することを目的
とする。

① 電力消費量や供給熱量等を計測し、
② 計測の結果に基づいて、効率の低
下の原因等について診断を行い、
③ 診断の結果により、不要な機器の
停止や供給温度の適正化など、運
転方法の改善・最適化を運転要員
に提案することで、エネルギー消
費量を削減する。
④ 複数のプラントにシステムを導入
し、インターネット回線を通じて
管理・運用を行うことで省エネル
ギー化を図り、より効率が高く、
低価格での運用が可能となる。

システム全体の構成は図 3.1.1 の通り。

System）应用到中国的集中供热机房。

导入能源管理系统，通过测试、记录和
节能诊断，改善设备的运行工况，实现最
优化运行。

多热源群管理时，通过互联网（由互联
网协议来管理连接在网络上的多种机器与
设备）来集中管理。

能源管理系统通过以下步骤实现节能。

① 测定耗电量和供热量。
② 根据测定结果，进行节能诊断，分
析能效低的原因。
③ 根据节能诊断的结果，关停无用设
备，调整供热温度，让设备管理人
员改善运行方法，实现最优化运
行，减少能耗量。

④ 通过互联网实现一套系统同时管理
多个供热机房，提高效率，降低运
营费用。

能源管理系统的概要如图 3.1.1 所示。

124

3章　エネルギー管理システム（BEMS）の導入による省エネルギー効果
第三章　能源管理系统（BEMS）的节能效果

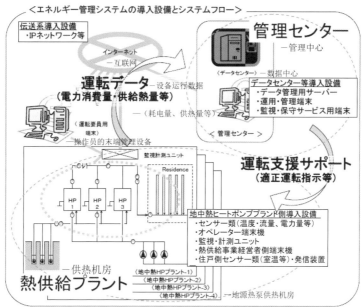

図 3.1.1　エネルギー管理システムのシステム構成
图 3.1.1　能源管理系统的概要

(2) 対象とした地中熱ヒートポンププラント

1) 調査対象地区の選定

アンケート及びヒアリング調査の実施により、現在のプラントの運転・運用状況や管理体制などを把握する。

先ず、市内の熱供給事業を管理し、各プラントの事業を管理する瀋陽市不動産局供熱管理弁公室の協力を得て、以下の基準により11の地区の推薦を頂いた。

(2) 被调查的地源热泵供热机房

1) 调查对象的选定

通过问卷调查和访问调查，把握供热机房设备运行和管理体制的现状。

首先得到沈阳市房产局供热管理办公室的协助。该办公室管理沈阳市的供热行业，按照以下基准，推荐了11个地区的供热机房。

125

① アンケート及びヒアリング調査に協力可能な事業者であること

② 電力消費量や電力単価等、事業の経営に係るアンケートを実施するため、エネルギー消費量や供給熱量の計測調査に協力可能なプラントを含むこと

③ プラントの現状把握に向けた計測調査を実施するため、入居率が一定以上であること。

なお、開発区のプラント等で入居率が低いプラントも多いことから、入居率80%以上を目安とした。

2）調査対象地点のプラント概要

調査対象（アンケート及びヒアリング調査対象）11地区は表3.1.1の通り。

---

① 能够协助问卷调查和访问调查的企业。

② 为实施耗电量、电费价格和经营状况的调查，能够协助能耗和供热量实测的企业。

③ 为把握供热企业的现状，在进行实测调查时，要选择入住率较高的供热小区。

开发区供热小区的入住率往往比较低。被选实测小区入住率要超过80%。

2）被调查供热机房的概要

被调查的11个地区（问卷调查和访问调查）如表3.1.1所示。

表3.1.1　調査対象地点（地中熱ヒートポンププラント）一覧
表3.1.1　调查对象（地源热泵供热机房）一览表

	地点名－供热地区	供熱面積計－供热面积	供給熱種別－供热(冷)类别	供給対象－建筑用途
1	Id 地区－小区	6.6 万㎡	冷房·暖房－供冷、供热	住宅76%, 公建24%－公共建筑
2	Ir 地区	20.7 万㎡	暖房	住宅100%
3	Si 地区	5.0 万㎡	冷房·暖房	住宅74%, 公建26%
4	Y 地区	14.5 万㎡	暖房	住宅90%, 公建10%
5	Sh 地区	6.0 万㎡	暖房	住宅98%, 公建2%
6	O 地区	20.0 万㎡	暖房	住宅100%
7	Ki 地区	11.3 万㎡	冷房·暖房	住宅86%, 公建14%
8	Mw 地区	10.9 万㎡	暖房	住宅86%, 公建14%
9	K 地区	3.5 万㎡	暖房	住宅100%
10	Ko 地区	15.7 万㎡	暖房	住宅50%, 公建50%
11	H 地区	21.0 万㎡	暖房	住宅31%, 公建69%

＊1　公建とは、地区内に立地する公共施設、教育施設、商業施設等住宅以外の施設
　　　－公共建筑指小区内的公共设施，教育设施和商业设施等

3章　エネルギー管理システム（BEMS）の導入による省エネルギー効果
第三章　能源管理系统（BEMS）的节能效果

3）アンケート及びヒアリング調査：11
地区

11地区の地中熱ヒートポンププラントに対して、以下に示すアンケート及びヒアリング調査を実施した。調査期間は2010年10月26日〜12月7日、調査方法は瀋陽在住の調査員（地元建築大学講師）が、現地にてヒアリング形式でアンケート用紙に記入する方法で実施した。なお、後述するエネルギー計測を行った5プラントを含む複数のプラントにおいて、日本側スタッフもヒアリング時に立ち合い、補足ヒアリングを実施した。ヒアリング時に回答が得られなかった設問は、後日メールにて回答を得た。

3）问卷调查和访问调查的主要内容：11
个地区

对11个地区的地源热泵供热机房进行问卷调查和访问调查。调查时间为2010年10月26日〜12月7日，委派沈阳当地的调查员（当地建筑大学的讲师）以访问调查的形式，填写问卷内容实施调查。另外，日方技术人员也一同参加后述5个实测供热机房的访问调查，并进行补充调查。访问调查时没有立即得到答复的内容，事后通过电子邮件得到答复。

4）エネルギー消費量計測対象プラント：5地区

11プラントの中から、事業性の検討を行う5プラントを選定し、エネルギー消費量計測を実施した。エネルギー消費量計測に先立ち、各プラントの基本情報、設備情報を現地にて調査・確認した。

5プラントの地区の概要と建物およびプラント外観は以下の通りである。

① K地区

市の北部、沈北新区に位置する2007年竣工の集合住宅団地で、熱供給対象床面積は35,000㎡である。プラントでは地中熱ヒートポンプ3台を有し、単位面積当たり暖房能力は83.2W/㎡で、地下水温度は平均10℃、

4）能耗实测的供热机房：5个

在11个供热机房，选择5个进行项目可行性分析，实施能耗测定。实测之前，实地调查了各供热机房的基本情况、设备信息。

这5个供热小区的概要、供热面积和供热机房的外观具体如下。

① K小区

位于沈阳市北部的沈北新区，是2007年竣工的公寓项目，总供热面积35,000㎡。供热机房有3台地源热泵机组，单位面积的供热设备装机容量83.2W/㎡，地下水平均温度10℃，热水供水温度34〜38℃。

127

供給温水温度は 34 ～ 38℃である。

家族寮住居部
一家属楼

熱源機械室
一热源机房

② Ir 地区

市の南部、渾南新区に位置する 2008 年竣工の集合住宅団地で、熱供給対象床面積は 207,000㎡である。プラントでは地中熱ヒートポンプ 6 台を有し、単位面積当たり暖房能力は 84.5W/㎡で、地下水温度は平均 8.4℃、供給温水温度は 37 ～ 38℃である。

② Ir 小区

位于沈阳市南部的浑南新区，是 2008 年竣工的公寓项目，总供热面积 207,000㎡。供热机房有 6 台地源热泵机组，单位面积的供热设备装机容量 84.5W/㎡，地下水平均温度 8.4℃，热水供水温度 37 ～ 38℃。

住居部外観
一公寓外观

機械室内地中熱ヒートポンプ
一地源热泵机房

128

③ Id 地区

　市の南部、渾南新区に位置する2005年竣工の集合住宅団地で、熱供給対象床面積は 66,000 ㎡である。プラントでは地中熱ヒートポンプ 6 台を有し、単位面積当たり暖房能力は 89.7W/㎡ で、地下水温度は平均12.7℃、供給温水温度は 42～43℃である。

③ Id 小区

　位于沈阳市南部的渾南新区，是2005年竣工的公寓项目，总供热面积66,000 ㎡。供热机房有 6 台地源热泵机组，单位面积的供热设备装机容量89.7W/㎡，地下水平均温度 12.7℃，热水供水温度 42～43℃。

住居部外観
－公寓外观

機械室内地中熱ヒートポンプ
－地源热泵机房

④ Y 地区

　市の南部、渾南新区に位置する2007年竣工の集合住宅団地で、熱供給対象床面積は 145,000 ㎡である。プラントでは地中熱ヒートポンプ 4 台を有し、単位面積当たり暖房能力は 59.8W/㎡ で、地下水温度は平均11.3℃、供給温水温度は 34～40℃である。

④ Y 小区

　位于沈阳市南部的渾南新区，是2007年竣工的公寓项目，总建筑面积145,000 ㎡。供热机房有 4 台地源热泵机组，单位面积的供热设备装机容量59.8W/㎡，地下水平均温度 11.3℃，热水供水温度 34～40℃。

住居部外観
―公寓外观

住居部外観
―公寓外观

⑤ Ki 地区

　市の南部、渾南新区に位置する2008年竣工の集合住宅団地であり、熱供給対象床面積は113,000 ㎡である。プラントでは地中熱ヒートポンプ4台を有し、単位面積当たり暖房能力は93.3W/㎡で、地下水温度は平均10.6℃、供給温水温度は31～39℃である。

⑤ Ki 小区

　位于沈阳市南部的浑南新区，是2008年竣工的公寓项目，总供热建筑面积113,000 ㎡。供热机房有4台地源热泵机组，单位面积的供热设备装机容量93.3W/㎡，地下水平均温度10.6℃，热水供水温度31～39℃。

住居部外観
―公寓外观

住居部外観
―公寓外观

3章　エネルギー管理システム（BEMS）の導入による省エネルギー効果
第三章　能源管理系統（BEMS）的节能效果

(3) プラントの運転・管理の評価に関する調査

1) アンケート調査の概要

前述（(2)）のように、瀋陽市内の11の地中熱ヒートポンププラントの管理者を対象に、エネルギー管理システムの導入に関し、設備及び管理の現状、エネルギー管理システム導入への意向等の把握を目的にアンケート調査を実施した。

調査項目は、供熱面積、機器仕様、投資金額、料金体系、電力消費量、供給熱量及びエネルギー管理システムの効果と費用負担への意向等である。

2) アンケート調査結果

アンケート調査結果（補足ヒヤリング調査を含む）は以下のとおりである。

全般にプラント管理者の省エネルギー意識は低く、事業の収支についても赤字体質の地区が多い。エネルギー管理システムには関心があるが、費用負担をしてまで導入に前向きというわけではない。政府の省エネルギー推進策の第一歩と思われる「エネルギー届出制度」の認知度は極めて低い。

① **熱供給対象**

熱供給面積は平均、13.1万㎡／プラントであった。最大は21.0万㎡、最小は3.8万㎡である。住宅面積の平均は10.2万㎡／プラントで全体の77%を占める。公建面積の平均は3.0万㎡／プ

(3) 供热机房运行管理状况的调查

1) 问卷调查的概要

如前(2)节所述，对沈阳市11个小区地源热泵供热机房的管理者进行调查，通过问卷调查机房设备与管理的现状，导入能源管理系统的意向，这些内容均与导入能源管理系统相关。

调查内容主要包括供热机房名称、供热企业名称、供热面积、设备容量、供热机房投资金额、热价体系、耗电量、供热量、能源管理系统的效果与费用分担办法以及对节能政策的关心度等。

2) 问卷调查的结果

问卷调查（包括追加调查）的结果具体如下：

总体来看机房管理员的节能意识较低，企业收益呈赤字状态的小区比较多。虽然比较关心节能管理系统，但在投资导入节能系统方面并没有什么积极性。对政府推进节能第一步的能耗申报制度，大家的认知度很低。

① **供热对象**

供热机房平均供热面积为13.1万㎡，最大为21万㎡，最小为3.8万㎡。每个机房的供热对象中，住宅面积平均为10.2万㎡，占整个供热面积的77%；公共建筑面积平均为3.0万㎡，占23%。

ラントであった。

② 暖房設備の容量、インバーター設備の設置

熱供給対象単位面積当たりの平均容量は、地中熱ヒートポンプで 57.7W/㎡、温水ポンプで 1.6W/㎡、地下水ポンプで 1.6W/㎡であった。地下水側のインバーター設備*2 は、36%の地区で設置されている。

> *2 インバーター設備は、モーターの回転速度を変えて運転（可変速駆動）するための装置で、省エネルギー運転のために重要な役割を担う。

③ 運転管理、運転方法

暖房は 10 ～ 11 月に開始し 3 ～ 4 月まで、冷房は 6 ～ 7 月に開始し 9 月まで実施（冷房の実施は全 11 プラント中 3 プラント）している。中間期及び冬期ともに、バックアップ用を除いたヒートポンプを全台 24 時間稼働させると答えたプラントが、全体の 45%と半数近くを占め、きめ細かい運転はなされていないのが現状である。中間期と冬期で運転台数、もしくは運転時間を変えると答えたプラントが全体の55%であった。

④ エネルギー消費量と供給熱量

年間電力消費量は熱供給対象単位面積当たりの平均で 30.5kWh/（年・㎡）であった。またプラントでの電力消費量は平均で 4,405MWh/ 年であった。年間供給熱量は熱供給対象単位面積当たりの平均で 338MJ/（年・㎡）であった。

② 供热设备的装机容量和变频设备的设置情况

单位供热面积地源热泵的装机容量为57.7W/㎡，热水循环泵为 1.6W/㎡，地下水抽水泵为 1.6W/㎡。36% 的供热机房地下水侧有变频装置。

> *2 变频装置为调节电动机转速的装置，对实现节能起非常重要的作用。

③ 运行管理、运行方法

供暖期从 10 ～ 11 月开始，次年 3 ～4 月结束；供冷期从 6 ～ 7 月开始，9 月结束。（被调查的 11 个机房中，有 3 个夏季供冷）。在过渡季节和冬季，所有被调查的机房中有 45%，接近一半，除备用设备之外，所有地源热泵机组 24小时运行，但是并没有认真实施机组的台数控制。这也反映出对节能的关心度比较低。有 55% 的机房，会在过渡季节和冬季进行台数调节或改变运行时间。

④ 能耗量和供热量

单位供热面积年耗电量平均为30.5kWh，机房年耗电量平均为4,405MWh。单位供热面积年供热量平均为 338MJ/（年㎡）。

⑤ 設備投資額と年間収支

設備投資額は熱供給対象単位面積当たりの平均で61.0元/㎡であった。年間収入は熱供給対象単位面積当たりの平均で24.2/㎡、年間支出は平均で26.0元/㎡であった。支出が収入を上回るという結果で、熱供給事業単独での投資回収が難しい状況と想定される。

収入と支出の数値両方を把握できた4プラントの内、2プラントは当該年度で赤字であった。

⑥ 地中熱利用による優遇策

電気・水道料金等における地中熱利用による政府からの優遇策適用の有無に関しては、8割以上の事業者が優遇策があると回答した。主な優遇策としては、地中熱利用地域暖房に対して、市政施設（CHP（熱電併給設備）広域熱供給等）を利用した場合に必要となる接続費用80元/㎡の免除、水資源費用の免除、という回答が多かった。

⑦ BEMS（エネルギー管理システム）の効果に対する評価

「電力（エネルギー）消費量や供給熱量の正確な計測が可能になること」については、100%の事業者が「重要」と回答。「ヒートポンプ運転効率の低下等を把握できること」については、89%の事業者が「重要」、11%の事業者が「やや重要」と回答し、概ね全てのプラントで重要視されていることが確認された。

⑤ 设备投资额与年度收支

单位供热面积设备投资额平均为61.0元/㎡。单位供热面积年度收入平均为24.2元/㎡，年度支出平均为26.0元/㎡。支出超过收入，可以想象单一的供热项目投资回收比较困难。

被调查的4个供热机房有收入与支出的数据，其中2个该年度为赤字。

⑥ 地源热泵的优惠政策

关于地源热泵系统用电和水费是否享受市政府的优惠政策，80%的供热企业回答享受优惠政策，主要为地热热源的供热企业可以免交80元/㎡的挂网费（热电联产CHP供热管网等市政设施的使用费），免交水费。

⑦ 能源管理系统BEMS的效果评价

"关于是否需要正确测量耗电量和供热量"，被调查的所有企业都认为"非常需要"。"关于是否需要把握地源热泵运行效率低的原因"，89%的企业都认为"非常需要"，11%的企业认为"需要"，这表明几乎所有的企业都非常重视地源热泵运行效率低的问题。

「運転方法を最適化し、電力（エネルギー）消費を削減できること」については、89％の事業者が「重要」、11％の事業者が「やや重要」と回答した。

⑧ BEMS の導入費用について

BEMS導入におけるプラントの計測機などの設置費用については、「負担したくない」という割合が78％、「一部であれば負担しても良い」という割合が22％で、殆どのプラントで費用負担を行いたくないとの傾向である。エネルギー消費量や供給熱量等の把握は重要と考えているが、費用をかけて計測を実施する意識は低い。

初期投資を負担せずにエネルギー管理事業者による管理が行われ、電力使用量が削減された場合の管理・運用にかかる費用については、8割の事業者が「電力料金削減分の50％程度」なら負担できると回答し、2割の事業者が「電力料金削減分の80％程度」なら負担できると回答した。削減された電力の全額分を負担できると回答した事業者はいなかった。

⑨ エネルギー届出制度について

大規模な建物や地域暖房プラントのエネルギー使用量を届出る制度（「民用建築エネルギー消費量統計表制度（試行）」）への対応については、「制度を知らなかった」という回答の割合が78％、「今のところ対応する予定はない」と回答した事業者が残りの22％

"关于是否需要实现运行管理的运行管理节约耗电（耗能）量"，89％ 的企业都认为"非常需要"，11％ 的企业认为"需要"。

⑧ 能源管理系统 BEMS 的导入费用

关于导入 BEMS 系统测量仪器的设置费用方面，78％ 的企业不愿意承担，22％ 的企业只愿意承担一部分，表明大多数企业不愿意承担设置费用。虽然都认同把握能耗和供热量的重要性，但是投资测量设备的意识较低。

关于供热企业不负担初期投资，由能源服务公司投资和管理，供热企业用节电效益支付能源服务公司管理、运行费用方面，80％ 的企业愿意用 50％ 的节电效益来支付，20％ 的愿意用 80％ 的节电效益来支付，但是没有企业愿意把所有的节电效益来支付。

⑧ 能耗统计报表制度

关于大型建筑和供热企业的能耗统计报表制度（《民用建筑能耗统计报表制度》试行）的应对方面，78％ 的企业回答"不知道此制度"，剩余 22％ 的企业说"目前并没有应对的计划"。大多数企业对此制度的认知度低，也没有应对的计划。

3章　エネルギー管理システム（BEMS）の導入による省エネルギー効果
第三章　能源管理系统（BEMS）的节能效果

であった。殆どのプラントで制度に対する認識が低く、対応する計画がないとの回答である。

「エネルギー使用量の届出が必要になった場合、電力使用量や供給熱量の把握・整理が必要になる。これらのデータの計測・整理・届出代行などのサービスがあった場合に、年間どの程度の金額であれば、このサービスを活用するか」への回答は、それぞれの事業者で大きな差があるため、以下に各事業者の回答を列挙する。

・年間 3,800 元（0.1 元/㎡）

・10 〜 20 万元程度

・15 元程度

（日本円で 51,000 円から 200 円）

各事業者によって、届出に対するデータの計測・整理等に対する重要性の認識には大きな乖離がある。サービスに対する評価（必要性・重要性）は比較的低いのが現状である。

⑩　電力単価

電力単価についての回答の平均は 0.758 元/kWh、最大 0.858 元/kWh、最小 0.650 元/kWh（日本円で 10.2 円/kWh、11.6 〜 8.8 円/kWh）であった。電力単価を把握できた 9 プラント中 4 件は 0.650 〜 0.680 元/kWh で、残り 5 件は、0.800 〜 0.858 元/kWh であった。電力単価の回答はプラントによって異なるが、2010 年から地中熱ヒートポンプラントに適用される電力単価

关于"提交能耗申报表成为义务时，就必须要把握、整理用电量和供热量等数据。如果有公司能提供数据测量、整理和代理申报的业务，一年愿意为此承担多少服务费用"对这一问项，各供热企业的回答有很大的差别，主要如下：

・一年 3,800 元（0.1 元/㎡）

・一年 10 〜 20 万元左右（0.1 元/㎡）

・15 元左右

（换算成日元也就是 200 日元到 51,000 日元）

对于申报能耗表时数据测量、整理的重要性，供热企业有很大的偏差，目前对代理业务的必要性和重要性评价较低。

⑩　用电价格

关于用电价格的问项，根据各企业的回答，平均为 0.758 元/kWh（10.2 日元/kWh），最高为 0.858 元/kWh（11.6 日元/kWh），最低为 0.65 元/kWh（8.8 日元/kWh）。

被调查的 9 个供热机房有电价数据，其中 4 个电价为 0.650 〜 0.68 元/kWh，剩余 5 个为 0.8 〜 0.858 元/kWh。不同的供热机房有不同的电价。从 2010 年开始，地源热泵机房的电价由民用电价

は、民用の0.45元/kWhから、工業用の0.8元/kWhに変更されており、各プラントにおける契約形態に差異があるものと思われる。

0.45元/kWh调整为工业用电价0.8元/kWh，各供热机房由于签约形式的差异导致其用电价格的不同。

3章　エネルギー管理システム（BEMS）の導入による省エネルギー効果
第三章　能源管理系统（BEMS）的节能效果

3.2　プラントのエネルギー効率の簡易計測に基づく BEMS 導入効果

3.2　根据供热机房能效简易测定评价 BEMS 的导入效果

(1)　簡易計測の概要

1)　簡易計測について

前節の調査対象地区から 5 地区を抽出し、BEMS の有効性を確認するために、エネルギー効率の簡易計測を実施した。プラントの運用状況の現状を把握し、省エネルギー効果を推計する際の根拠とすることが目的である。

計測対象として表 3.2.1 の 5 地区の地中熱ヒートポンププラントを抽出し、2010 年 11 月～ 2011 年 1 月にかけて計 4 回、供給温水温度（表面温度計）、地下水温度（表面温度計）、ヒートポンプの消費電力（クランプメータ）、ポンプの運転・停止状況（目視）を計測した。各プラントの設備容量等は表 3.2.2 に示す通りである。

(1)　简易测定的概要

1)　简易测定的介绍

为了把握机房运行的现状，提供评价节能效果的依据，从前节所述调查对象中挑选 5 个小区，实施能效简易测定，确认 BEMS 的有效性。

实测对象为表 3.2.1 所示 5 个小区的地源热泵机房，从 2010 年 11 月～ 2011 年 1 月，分四次进行实测。测试内容为热水供水温度（表面温度计）、地下水温度（表面温度计）、热泵耗电量（钳形功率表）和水泵的运行与停止状况（目视）。各供热机房的设备容量如表 3.2.2 所示。

表 3.2.1　簡易計測対象地区
表 3.2.1　简易测定的供热小区

No.	地区名 ―供热地区	所在―地点	熱供給面積 ―供热面积	建物構成 ―建筑用途
1	K 地区―K 小区	沈北新区正良三路	3.5 万 m²	住宅 100%
2	Ir 地区	渾南新区臨波路 ―浑南新区临波路	20.7 万 m²	住宅 100%
3	Id 地区	渾南新区臨波路	6.6 万 m²	住宅 76%、公建 24% ―公共建筑
4	Y 地区	渾南新区学生路	14.5 万 m²	住宅 90%、公建 10%
5	Ki 地区	渾南新区富民南街	11.3 万 m²	住宅 86%、公建 14%

＊1　計測スケジュール：① 2010 年 11 月 18 日～ 20 日、② 2010 年 12 月 1 日～ 3 日
　　―实测时间　　　　③ 2010 年 12 月 22 日～ 24 日、④ 2011 年 1 月 17 日～ 19 日

137

表 3.2.2　プラント設備概要

表 3.2.2　供热机房设备的概要

No.	地区名 一机房名称	地熱ヒートポンプー地源热泵				温水循環ポンプー热水循环泵			井水ポンプー抽水泵		
		系統	加熱 供热能力	台数	入力 耗电量	定格流量 一额定流量	台数	モータ容量 一电机功率	定格流量 额定流量	台数	モータ容量 一电机功率
1	K 地区	共通	971kW	3	280kW	2667L/min	3	22kW		1	18.5kW
										2	30kW
2	Ir 地区	共通	2,916kW	6	700kW	9,167L/min	4	75kW		20	22kW
3	Id 地区	共通	987kW	6	244kW	3,117L/min	6	37kW		5	37kW
4	Y 地区	共通	2,169kW	4	487kW	6,667L/min	4	30kW		6	22kW
										2	28kW
5	Ki 地区	共通	1,618kW	2	385kW	5,767L/min	6	55kW		9	37kW
			3,656kW	2	741kW						

(2)　簡易計測に基づく BEMS 導入効果

1)　簡易計測により得られた知見

簡易計測により計測時の条件での単体及びシステム COP を計測し、各プラントの運用状況の概要を確認した。機器の定格時の COP はプラント内各機器の銘板の数値を採用するものとした上で、各プラントでの運用状況を確認した。

5 地区の簡易計測を通じて、判ったことは以下の通り。

① 省エネルギー機器としてインバータが全地区のポンプ設備に導入されていたが、実際に周波数制御ができている状況は確認できなかった。（マニュアル設定での運用の可能性はあるが、自動制御あるいは状況に合わせてのマニュアルでの設定変更は見受けられなかった。）

② 温水供給温度は 35℃～ 38℃程度の地区が多く、ヒートポンプの定格点より低い温度での運用が多い。（地下水の経年低下傾向の可能性

(2)　根据简易测定结果评价BEMS的有效性

1)　根据简易测定结果得到的启示

通过简易测定，实测热源机组单机和供热系统的能效比（COP），确认各供热机房的运行状况。并与设备的额定能效比（COP），取自设备的铭牌值比较，确认机房的运行状况。

从 5 个机房的实测结果，可以得到以下结论：

① 虽然所有机房都导入了节能设备 - 变频器，但是实际运行中并没有进行频率控制（可以手动设定频率，但是不能自动设定或者根据实际的运行工况进行手动调整）。

② 各机房实际热水供水温度为 35 ～ 38℃，低于地源热泵的额定供水温度，（可能是因为多年使用，地下水温度降低的缘故）。

があると思われる。)

③ ヒートポンプに対して温水循環ポンプ及び地下水ポンプが連動しておらず、2次側への送水ポンプも兼用していることから、ヒートポンプに対するバランスを考慮した組合せとはなっていないと考えられる。

④ 温水取り出し口が複数あるヒートポンプの配管設備あるいは運用において、停止部分の取り出し部分にも通水して運用しているプラントが3地区あり、結果としてシステムとしての効率が低下している。

2）簡易計測に基づく省エネルギー対策

簡易計測により得られた知見に基づいて、BEMS導入に当たって実施可能と考えられる省エネルギー対策を以下に挙げる。

① 温水温度の目標温度設定変更

可能な範囲内でヒートポンプの出口目標温度を下げることで、単体COPの向上を図る。地下水温度が定格値より低いことが考えられるプラントでは特に有効である。

② 停止部分への温水の通水閉止により、システム全体の効率が低下することを防止

ヒートポンプが複数設置されている場合や、各ヒートポンプの温水取出し箇所が複数ある機器の場合、その停止している機器或いは箇所に温

③ 地源热泵与热水循环泵以及地下水抽水泵并不联动，热水循环泵通常兼作二次管网的供水泵，其功率与热泵机组不匹配。

④ 热泵机组有多个热水出水口。在实际运行时，一部分热泵机组停机后，热水由还在该机组中循环流动。3个小区有这样的供热系统，导致系统实际运行能效降低。

2）根据简易测定制定节能对策

根据简易测定得到的启示，导入能源管理系统BEMS，可以实施以下的节能对策：

① 改变热水的供水设定温度

尽可能降低热泵出口的供水温度，提高机组的能效比（COP）特别是对于地下水温度低于机组额定进水温度的系统，比较有效。

② 热泵机组停机后切断其内部热水的循环，防止系统总体能效的降低

供热系统配置多台热泵机组时，每一台热泵分别设置热水出水口，一部分热泵机组停机后，热水由还在该机组中循环流动。由于这部分的循环水

水を通水すると、その部分では温水は昇温されない。その結果、合流箇所であるメインの温水送水配管部での温水温度は低下する。送水温度を所定の温度に保つためには、運転しているヒートポンプの設定温度を高めに設定しなくてはならなくなり、機器本体の COP は低下する。従って、停止しているヒートポンプ或いは温水取出し口は手動或いは電動のバルブで閉止する必要がある。(ただし、2次側の送水流量に影響がある場合は別途検討が必要)

③ インバータの活用

　　各プラントで設置されているインバータをマニュアルで変更できるよう調整し、運用状況に合わせた設定テーブル等で運用することで有効活用を図る。

3) 省エネルギー効果の推定

① Ki 地区での省エネルギー効果の試算

　　上記省エネルギー対策の効果を推計する。以下は Ki 地区での試算例である。

　　比較的負荷がかかっていた 12 月 22 日の運転データをベースに試算した。ヒートポンプ運転時消費電力は 504kW、温水ポンプ消費電力は 112.2kW である。

　　1) 水設定温度を 3℃下げると、ヒートポンプの COP が約 12%

温度没有被加热，导致混合后热水主管的温度降低。为保证系统的热水供水温度，必然要提高其他运行之中热泵的设定温度，这样就会降低热泵机组的能效比（COP）。所以，某台热泵机组停机后，必须用手动阀或者电动阀来自动切断其内部热水的循环（当然，如果会影响二次侧供水时，需要另外考虑对策）。

③ 变频器的应用

　　要能够手动调整设置在各机房内的变频器，根据实际工况，设置频率匹配表来有效利用变频器。

3) 节能效果的估测

① Ki 小区的节能效果

　　根据简易测定得到的启示，导入能源管理系统BEMS，可以实施以下的节能对策。

　　按照 12 月 22 日供热负荷比较高时的运行工况进行计算。热泵机组耗电量 504kW、热水循环泵耗电量 112.2kW。

　　1) 热水供热温度降低3℃，热泵能效比 COP 提高 12%。节电量为

改善され、消費電力削減量は、550kW × （1 − 0.88）＝ 66kW となり、効果：66kW/693kW ＝ 約10%が期待される。

2）バルブ操作により、停止中ユニットに温水を通水しないものとすると、合流部での熱損失改善で3℃分の効率改善と仮定して、消費電力削減量＝（550kW × 0.88）×（1 − 0.88）＝ 58kW、となり、効果は58kW/693kW ＝ 約8%が期待される。

3）インバータによる温水ポンプ流量を適正化する。推定ヒートポンプ能力からの温水流量を、2,486kW × 860/60/4=8,910L/分と推定し、実測データからの推定値：10,304L/分、動力削減効果は112kW ×（1 − 0.85^3）＝ 43kW となり、効果は43kW/693kW；約6.0%が期待される。

② 5地区での省エネルギー効果の試算

以上の改善手法を各プラントに適用すると、省エネルギー効果は表3.2.3のように推定される。

1）K地区：①ヒートポンプ停止時の温水ポンプの回転数最適化、②ヒートポンプ運転時の温水ポンプ、地下水ポンプの回転数最適化、③ヒートポンプ温水出口設定温度40℃を37℃に変更、により19.0%の省エネルギー、

550kW ×（1-0.88）＝ 66kW, 节能效果为 66kW/693kW ≈ 10%。

2）关闭热水阀门，使停机机组内无热水的流动，减少热水混合时热损，假定可以提高3℃的供水温度，节电量为（550kW × 0.88）×（1-0.88）＝ 58kW，节能效果为 58kW/693kW ≈ 8%。

3）通过变频器调节热水泵的流量。由热泵供热量推算得到的热水流量为 2,486kW × 860/60/4 ＝ 8,910 L/分，由实测数据推算得到的热水流量为 10,304 L/分，热泵节电量为 112kW ×（1-0.85^3）＝ 43kW，节能效果为 43kW/693kW ≈ 6%。

② 5小区的节能对策与节能效果

上述节能措施应用到各供热机房时，所估测的节能效果如表3.2.3所述。

1）K小区：①热泵停机时实现循环热水泵转速的最优化；②热泵运行时实现循环热水泵、抽水泵转速的最优化；③热泵热水出口温度由 40℃降低到 37℃，预计可节能19%，系统 COP 由 0.78 提高到 0.95。

システム COP が 0.78 から 0.95 に向上が期待される。

2）Ir 地区：①温水ポンプの回転数の最適化、②ヒートポンプ停止部分の温水配管のバブル閉止、③ヒートポンプ温水出口設定温度 40℃を 37℃に変更、により 22.0%の省エネルギーが、システム COP が 0.81 から 0.99 に向上が期待される。

3）Id 地区：①温水ポンプの回転数の最適化、②ヒートポンプ温水出口設定温度 45℃を 42℃に変更、により 22.0%の省エネルギー、システム COP が 0.90 から 1.08 に向上が期待される。

4）Y 地区：①温水ポンプの回転数の最適化、②ヒートポンプ停止部分の温水配管のバブル閉止、③ヒートポンプ温水出口設定温度 40℃を 37℃に変更、により 21.0%の省エネルギー、システム COP が 0.76 から 0.92 に向上が期待される。

5）Ki 地区：①温水ポンプの回転数の最適化、②ヒートポンプ停止部分の温水配管のバブル閉止、③ヒートポンプ温水出口設定温度 40℃を 37℃に変更、により 25.0%の省エネルギー、システム COP が 1.26 から 1.58 に向上が期待される。

2）Ir 小区：①实现循环热水泵转速的最优化；②热泵停机时关闭其热水管阀门；③热泵热水出口温度由 40℃降低到 37℃，预计可节能 22%，系统 COP 由 0.81 提高到 0.99。

3）Id 小区：①实现循环热水泵转速的最优化；②热泵热水出口温度由 45℃降低到 42℃，预计可节能 22%，系统 COP 由 0.9 提高到 1.08。

4）Y 小区：①实现循环热水泵转速的最优化；②热泵停机时关闭其热水管阀门；③热泵热水出口温度由 40℃降低到 37℃，预计可节能 21%，系统 COP 由 0.76 提高到 0.92。

5）Ki 小区：①实现循环热水泵转速的最优化；②热泵停机时关闭其热水管阀门；③热泵热水出口温度由 40℃降低到 37℃，预计可节能 25%，系统 COP 由 1.26 提高到 1.58。

3章　エネルギー管理システム（BEMS）の導入による省エネルギー効果
第三章　能源管理系統（BEMS）的节能效果

表 3.2.3　省エネルギー効果推定一覧

表 3.2.3　节能效果的估测

No.	地区名	システム COP(1 次)計測値_ave 实测系统 COP（一次能）	単位面積当り暖房容量[W/m2]設備ベース 单位供热面积供热设备装机容量	改善内容―改进内容	温水温度設定値変更 热水供水温度降低	停止中ユニット通水回避 停机机组热水循环	温水流量適正化 热水流量的调整	改善効果 改进效果	改善後のシステム COP(推定値) 改进后的系统 COP
1	K 地区	0.78	83.23	・HP 停止時の温水ポンプ回転数最適化 ―热泵停机时实现循环热水泵转速的最优化 ・HP 運転中の温水ポンプ、地下ポンプ回転数の最適化 ―热泵运行时实现循环热水泵、抽水泵转速的最优化 ・HP 温水出口設定温度：40→37℃に変更 ―热泵热水出口温度：由 40℃降低到 37℃	10.0%	0.0%	9.0%	19.0%	0.95
2	Ir 地区	0.81	84.52	・温水ポンプの回転数最適化 ―循环热水泵、抽水泵转速的最优化 ・HP 停止部分温水配管のバルブ閉止処置 ―热泵停机时关闭其热水管阀门 ・HP 温水出口設定温度：40→37℃に変更	10.0%	7.0%	5.0%	22.0%	0.99
3	Id 地区	0.90	89.73	・温水ポンプの回転数最適化 ―循环热水泵转速的最优化 ・HP 温水出口設定温度：45→42℃に変更	12.0%	0.0%	8.0%	20.0%	1.08
4	Y 地区	0.76	59.83	・温水ポンプの回転数最適化 ・HP 停止部分温水配管のバルブ閉止処置 ・HP 温水出口設定温度：40→37℃に変更	11.0%	7.0%	3.0%	21.0%	0.92
5	Ki 地区	1.26	28.64	・温水ポンプの回転数最適化 ・HP 停止部分温水配管のバルブ閉止処置 ・HP 温水出口設定温度：40→37℃に変更	10.0%	9.0%	6.0%	25.0%	1.58

143

3.3 BEMS 群管理システムの計画・設計

(1) 地域暖房システムへの BEMS 群管理システムの導入計画

1) 検討の背景

滿陽市では、地域暖房システムとしての地中熱利用の導入が推進されている。滿陽市政府は、地中熱ヒートポンプによる熱供給床面積を現状の 700 万㎡弱から 5,000 万㎡とする計画を有している。

アンケート及びヒアリング調査の対象とした地中熱ヒートポンププラントの大半が滿陽市の新規開発地区である渾南新区に立地しているように、地中熱ヒートポンププラントは開発区等の新設住宅団地に導入されるケースが多い。今後も滿陽市では渾南新区や滿北新区の開発区での導入事例が増すものと想定される。

地中熱ヒートポンプ普及の停滞要因となる可能性があるのは、第一に適用電気料金の面での優遇策が停止されたことである。モデル事業での取組みが終了したためと思われる。

第二の停滞要因は、地中熱利用に伴う一部地区での地下水温の経年的な低下傾向と、市域の一部での地下水資源（量）の不足である。

これらの要因を克服する手段の一つが、高効率ヒートポンプの導入や BEMS 導入による、エネルギー効率の向上と汲み上げ地下水量の削減である。

3.3 BEMS 群管理系统的规划与设计

(1) 集中供热系统导入 BEMS 群管理技术的规划

1) 问题的背景

沈阳市积极推进地源热泵在集中供热系统的应用，计划将地源热泵的供热面积由当前的不到 700 万㎡增加到 5,000 万㎡。

被调查的地源热泵供热机房，有好几个地处沈阳市的新开发区 - 浑南新区，开发区的新建住宅小区多采用地源热泵进行供热。预计今后会在沈阳市的浑南新区、沈北新区等得到更多应用。

影响地源热泵普及的主要原因，第一是电价的优惠政策有可能随着示范项目的结束而取消。

第二是随着地源热泵系统的使用，部分地区地下水温度有逐渐下降的趋势，部分地区则有地下水量不足的问题。

要克服以上问题，对策之一就是导入高效热泵机组和 BEMS 系统，提高能效，减少地下水的抽水量。

3章　エネルギー管理システム（BEMS）の導入による省エネルギー効果
第三章　能源管理系统（BEMS）的节能效果

これらのシステムの普及促進のためには、瀋陽市や熱供給会社に対して、既成市街地の既設プラントでのBEMS導入実証や、開発区での高効率機器の導入を含むプロトタイプの提示が有効である。

BEMSの地元関係者の認知度に関しては、瀋陽市内で、大規模ビルや地域暖房プラントを対象にした本格的なBEMSの導入事例はなく、また瀋陽市で地域暖房の管理を行う供熱弁公室の省エネルギー部局もBEMSの用語をご存知なかった。

一方瀋陽市では、地域暖房の広域ネットワークに自動化制御システムが導入されている。地域暖房技術では中国の中でも先進的な取り組みの実績が多い瀋陽市ならではのことである。（地中熱ヒートポンプへの取り組みも同様）

中国の一部の学識者はこのネットワーク制御システムをBEMSと称している。このシステムは1990年頃導入された。25年前である。ソフトは清華大学江億教授が中心になって独自に構築したもので、恵天CHP自動化制御センターで監視制御が行われている。

計測項目は、1次ネットワークの往き・戻り温水の温度・圧力、2次ネットワークの往き・戻り温水の温度・圧力である。2次ネットワークの温度により1次ネットワークのバルブを自動制御し、1次側温水流量を平均的に保つ。（センターの表示パネル上に各計測値、温度の偏差等

为促进这些系统的普及，在老城区的既有供热机房中导入BEMS系统，在开发区建设导入高效设备的示范项目。对沈阳市和供热公司来说，这样较为有效。

关于BEMS在当地的认知度，沈阳市的大型建筑和集中供热机房中还没有真正的BEMS系统，连沈阳市供热管理办公室的节能部门也不知道BEMS。

另一方面，沈阳市的大型集中供热管网已经导入了自动控制系统，在供热技术方面沈阳市有许多集中供热项目在全国处于领先的地位（其中也包括地源热泵的应用）。

中国部分学者就称这种通过网络的自控系统为BEMS。该系统于1990年前后导入，已经有25年的历史，其软件由清华大学的江亿教授为中心独立开发，在惠天热电联产公司（CHP）的自控中心得到应用，用以监视与控制供热系统。

监测项目主要有，一次管网供水、回水的温度与压力，二次管网供水、回水的温度与压力。根据二次管网的温度，自动控制一次管网的阀门，实现一次管网的流量平衡（控制中心仪表盘实时显示各实测数据、温度偏差等）。采集数据的通讯线与电话线实现一体化。

145

を随時表示）計測のための通信線は電話線と一体整備された。

2）BEMS 群管理システムの概念

導入の目的は、暖房用を主とした地中熱利用ヒートポンププラントに BEMS を導入することで、熱供給期間を通しての運用データの計測・記録と共に、監視センターでの情報の集約を行い、データの分析・診断とそれに基く運用改善、最適化運転を行う（群管理）。これにより各プラントでの省エネルギーとそれに伴う CO_2 削減を図ろうとするものである。（図 3.3.1）

2）BEMS 群管理系统的概念

在供热为主的地源热泵系统导入 BEMS,在整个供暖期测定、记录运行数据，由监控中心集中管理。通过数据的分析与诊断,改善设备工况，实现最优化运行（群管理），从而在各供热机房实现节能，减少二氧化碳的排放（图3.3.1）。

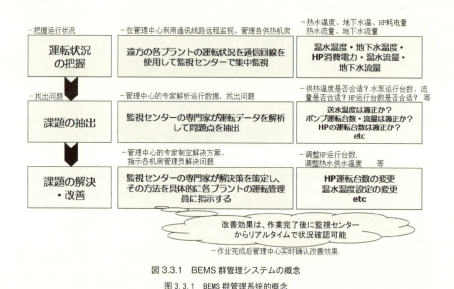

図 3.3.1　BEMS 群管理システムの概念
图 3.3.1　BEMS 群管理系统的概念

3章　エネルギー管理システム（BEMS）の導入による省エネルギー効果
第三章　能源管理系统（BEMS）的节能效果

具体的には、稼働中の地中熱利用ヒートポンププラントに、温度センサー・圧力センサー・電力計測器等の計測機器を取り付け、通信システムを利用して（仮称）BEMS群管理センターにて計測データの集中管理と分析・診断及び運用改善指導の実施等を行う。

計測機器の取り付けに当っては、稼働中の設備の運用に支障を来さないよう最小限の計装工事で計測システムを構築する。

センターとプラント間の通信手段としては、瀋陽市における通信事情から、安価で安定した通信が可能な無線方式を採用するのが妥当である。従って、プラントが地下にある場合は、無線通信用アンテナの設置工事も必要となるが、これも軽微な工事で問題は無い。

⑵　BEMS群管理のシステム構成
1）BEMS群管理システムの構成

システム構成は図3.3.2に示すように、各プラントに計測用監視盤（BEMS計測用子機、BEMS親機）を設置し、通信（WAN）を介してBEMSセンターに情報を集約することで、群管理を実施するものである。

具体来说，在地源热泵机房设置温度测点、压力传感器和功率表等测试仪器，利用通讯网络，在BEMS群管理中心集中管理实测数据，通过分析与诊断，改善设备的运行。

在设置测试仪器时，为了不影响供热设备的使用，以最少的测试仪表来构筑测试系统。

关于监控中心与供热机房的通讯手段，根据沈阳市通讯设施的现状，采用价廉、通讯安定的无线方式较为妥当。因此，当供热机房设在地下时，需要设置无线通讯的天线，这些都属于小工程，应该没有什么问题。

⑵　BEMS群管理系统的构成
1）BEMS群管理系统的构成

如图3.3.2所示构筑群管理系统，各供热机房设置用于测定的监视盘（BEMS测试子机、BEMS主机），通过通讯网络（WAN），由BEMS中心集中控制，实施多供热机房的群管理。

147

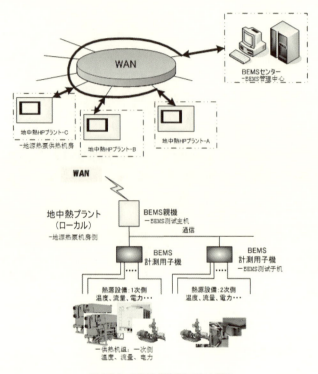

図 3.3.2　BEMS 群管理システム概要
图 3.3.2　BEMS 群管理系统的概要

2）各構成機器の役割
① BEMS 計測用子機

　　各プラントに設置される計測盤で、温度・圧力・流量・電力などの設備の効率的な運転を管理するための、各種アナログデータ及び状態監視用のON/OFFデータを記録・一時保存することを目的として設置する。プラントの機器構成、規模に応じて複数台設置し、必要なデータは全て計測対象とする。

2）各构成设备的作用
① BEMS 测试子机

　　在供热机房设置测试仪表盘高效管理各运行设备的温度、压力、流量和电力等各种模拟数据和运行状态的 ON/OFF 数据。为了记录和暂时保存这些数据，设置 BEMS 测试子机。根据机房规模和设备的配置情况，相应地设置多台子机，测定所有的必要数据。

3章　エネルギー管理システム（BEMS）の導入による省エネルギー効果
第三章　能源管理系统（BEMS）的节能效果

② BEMS 計測用親機

　　プラント毎に複数台設置された BEMS 計測用子機のデータを収集・整理するための盤で、各プラントに1台ずつ設置する。中央の BEMS センターと通信で接続され、定期的に運転データをセンターに送信する機能も有している。通信方法は各地域に適した方法を採用するが、瀋陽では無線方式の採用が妥当である。

② BEMS 测试主机

　　为了收集、整理机房内各 BEMS 测试子机的数据，机房内设置一台 BEMS 测试主机。主机与 BEMS 中心进行通讯，定期向中心传送各种运行数据。通讯方式因地而异，在沈阳采用无线方式较为妥当。

③ BEMS センター

　　各プラントでの計測データを集中的に管理・モニタリング・分析を行う。プラント毎の最適な運用方法の検討を行い、適宜提案することを目的としている。

③ BEMS 中心

　　为集中管理、显示和分析各供热机房的测试数据设置 BEMS 中心。探讨各机房的最佳运行方式，并提供合适的运行方案。

(3) BEMS 群管理システムの省エネルギー効果の推定

1) 省エネルギー効果、その他環境効果の推計（計測対象5プラント）

　前述（3.2 (2)）の検討で、計測対象とした地中熱ヒートポンププラントのエネルギー消費量と、BEMS の導入効果を試算した。これらの結果をもとに、計測対象5プラントでの省エネルギー・省 CO_2 効果を試算する。

　5プラントでの、BEMS を導入した場合の一次エネルギー削減量を表 3.3.1 に示す。

　一次エネルギー削減量は 45.2TJ/ 年と推定され、1プラント平均の熱供給面積

(3) BEMS 群管理系统的节能效果

1) 节能环保效果的估算（实测的5个供热机房）

　前文 3.2 (2) 中讨论了实测供热机房的能耗量和导入 BEMS 后的节能效果。基于这些结果，估算这5个供热机房的节能减排效果。

　5个机房导入 BEMS 后，一次能耗消减量如表 3.3.1 所示。

　据估算一次能耗消减总量为 45.2TJ/年，单个供热机房的平均供热面积为 11.8

が 11.8 万㎡であることから、9.0TJ/年程
度（≒ 76.3MJ/㎡）の省エネルギー効果
となる。

万㎡，节能量约9.0TJ/年（76.3MJ/㎡）。

表 3.3.1　計測を実施した５プラントにおける省エネルギー効果
表 3.3.1　实测的 5 个供热机房的节能效果

	延床面積 －供热面积 （万㎡）	電力消費量 －耗电量 （MWh/年）	一次エネルギー 消費量[*1] －一次能耗量 （TJ/年）	BEMS 導入効果 －导入 BEMS 后 的节能效果 （%）	BEMS 導入後 エネルギー消費量 －导入 BEMS 后的 能耗量 （TJ/年）	エネルギー 削減量 －导入 BEMS 后 的节能量 （TJ/年）
Id 地区	8.70	2,654	29.4	20.0	23.5	5.9
Ir 地区	20.70	7,353	81.5	22.0	63.6	17.9
Y 地区	15.00	4,308	47.7	21.0	37.7	10.0
Mw 地区	10.90	2,987	33.1	27.0	24.2	8.9
K 地区	3.80	1,170	13.0	19.0	10.5	2.5
合計	59.10	18,472	204.7	22.1	159.5	45.2

[*1]　電力一次エネルギー換算値：11.08MJ/kWh として計算－电力的一次能换算值为11.08MJ/kWh

省エネルギー効果試算結果に基づいて、CO_2 排出量の削減効果を試算する。試算式は以下の通りである。

　　CO_2 換算量（t-CO_2/年）＝省エネルギー・代替エネルギー効果（TJ/年）× 20（t-C/TJ）× 44／12（CO_2/C）

この結果、対象設備の導入による CO_2 排出量削減効果は、計測を実施した５プラントに対象設備が普及した場合、約 3,200t-CO_2/年 程度の効果が得られるものと推計された。

　　45.2TJ/年× 20（t-C/TJ）× 0.99 × 44／12（CO_2/C）＝ 3,282t-CO_2/年

合わせて省エネルギー試算結果に基づいて、発電所（石炭火力）に遡った環境改善効果を試算する。なお、瀋陽市への電力供給は主に、同市郊外の石炭火力発

根据计算得到的节能效果，估算 CO_2 的减排量，具体如下：

　　CO_2 减排量（t-CO_2/年）＝节能与能源替代效果（TJ/年）× 20（t-C/TJ）× 44/12（CO_2/C）

导入节能设备后，实测的 5 个供热机房的 CO_2 减排量为 3,200t-CO_2/年。

　　45.2TJ/年× 20（t-C/TJ）× 0.99 × 44/12（CO_2/C）＝ 3,282t-CO_2/年

根据估算得到的节能量，折算到发电站（燃煤火力）的能耗来计算环保效果。沈阳市的电力主要来自郊外的燃煤发电厂和市内的热电联产发电站。煤炭发热量和

電所及び市内の石炭焚き CHP（熱電併給）プラントから供給されている。なお、石炭の発熱量、SOx 等発生量原単位は中国全国の値を用いる。

この試算は、近年大気汚染の課題となっている PM2.5 へのインパクトを検討する際には特に重要である。

以下に、発電所（石炭火力発電所）に遡った環境改善効果を列挙する。

省エネルギー・代替エネルギー効果（TJ/ 年）= 45.2TJ/ 年 = 石炭換算：1,564t/ 年

SOx：0.013kg/ 石炭 kg × 1,564,000 = 20,332kg/ 年

NOx：0.011kg/ 石炭 kg × 1,564,000 = 17,204kg/ 年

煤塵：0.09kg/ 石炭 kg × 1,564,000 = 140,760kg/ 年

石炭灰（廃棄物）：0.5t/ 石炭 t × 1,564 = 782t/ 年

＜参考＞削減電力量：

18,472MWh/ 年 × 0.21 = 3,879MWh/ 年

電力料金削減額：

3,879MWh × 10,400 円 / MWh = 40.3 百万円 / 年

上記の試算条件は次の通り

① BEMS 導入効果：電力削減率 20% として計算

② 電力単価：0.8 元 /kWh（=10.4 円 / kWh（13 円 / 元で換算））

SOx 排放量的数据来自全国（中国）的平均值。

这个估算对于探讨近年大气污染 PM2.5 的影响问题非常重要。

环保效果评估的计算方法举例如下：

节能量或能源替代效果（TJ/ 年）= 45.2TJ/ 年 = 1,564t 煤 / 年

SOx：0.013kg/kg（煤）× 1,564,000 = 20,332kg/ 年

NOx：0.011kg/kg（煤）× 1,564,000 = 17,204 kg/ 年

粉尘：0.09kg/kg（煤）× 1,564,000 = 140,760 kg/ 年

灰渣（废弃物）：0.5t/t（煤）× 1,564 = 782t/ 年

＜参考＞节电量：

18,472MWh/ 年 × 0.21 = 3,879MWh/ 年

节约电费：

3,879MWh/ 年 × 10,400 日元 / MWh = 40.3 百万日元 / 年

上述结果的计算条件

① 导入 BEMS 后的节能效果：按照节电 20% 计算

② 电价：0.8 元 /kWh（= 10.4 日元 / kWh，汇率 1 元 = 13 日元）

2）瀋陽市全体での省エネルギー効果、その他環境効果の推計

瀋陽市全体におけるBEMS導入による省エネルギー効果は、計測対象5プラントの推計結果を外挿して、瀋陽市の地中熱ヒートポンププラント676万㎡の面積比より、以下の通りと試算された。

瀋陽市では地中熱ヒートポンプによる地域暖房の供給床面積を5,000万㎡にする計画を有する。その場合のBEMS導入による省エネルギー効果を面積比により拡大して推計する。

2）沈阳全市节能环保效果的估算

根据实测5个机房的计算结果，推算沈阳全市导入BEMS后的节能效果。沈阳市地源热泵系统的供热面积为676万㎡，计算结果如下：

沈阳市计划将地源热泵的供热面积增加到5,000万㎡，导入BEMS后的节能量将按面积比增加加。

表 3.3.2　瀋陽市全体における省エネ効果
表 3.3.2　沈阳全市节能环保效果

	延床面積 —供热面积 （万㎡）	年間電力消費量 —年耗电量 （MWh/年）	一次エネルギー消費量[*2] ——次能耗[*1] （TJ/年）	BEMS 導入後 エネルギー消費量 —导入BEMS后的能耗量 （TJ/年）	エネルギー削減量 —导入BEMS后 的节能量 （TJ/年）
瀋陽市全体[*3] 沈阳全市[*2]	676	186,809	2,069.9	1,604.3	465.6
将来目標 将来目标	5,000	1,381,926	15,311.8	11,867.9	3,443.9

* 2　電力一次エネルギー換算値：11.08MJ/kWh として計算－电力的一次能换算值：11.08MJ/kWh
* 3　瀋陽市全体における試算は、それぞれ5プラントの合計値から面積比を用いて試算
　　　—按照沈阳全市的供热面积与5个供热机房合计供热面积的比例，来计算全市的数据。

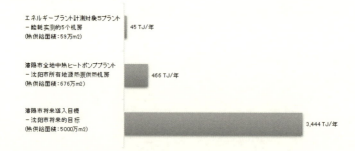

図 3.3.3　BEMS 導入による省エネルギー効果
图 3.3.3　导入 BEMS 的节能效果

152

省エネルギー効果試算比較に基づいて、CO_2排出量の削減効果を試算する。試算式は以下の通りである。

CO_2換算量（t-CO_2/年）＝省エネルギー・代替エネルギー効果（TJ/年）×20（t-CO_2/TJ）×0.99×44／12（CO_2/C）

瀋陽市全体に対象設備が普及した場合、30,064t-CO_2/年程度の効果が得られ、将来目標5,000万㎡に普及した場合、222,381t-CO_2/年程度の効果が得られるものと推計された。

1）瀋陽市全体における温室効果ガス排出削減効果

465.6TJ/年×20（t-CO_2/TJ）×0.99×44／12（CO_2/C）＝33,803t-CO_2/年

2）将来目標5,000万㎡における温室効果ガス排出削減効果

3,443.9TJ/年×20（t-CO_2/TJ）×0.99×44／12（CO_2/C）＝250,027t-CO_2/年

省エネルギー試算結果に基づいて、発電所（石炭火力）に遡った環境改善効果を試算する。（試算方法は5プラントの推計と同様）

以下に、瀋陽市全体の地中熱ヒートポンプ（676万㎡熱供給）における環境改善効果を列挙する。

1）省エネルギー効果（TJ/年）＝
465.6TJ/年＝石炭換算：16,110t/年

根据计算得到的节能量估算 CO2 的减排量，具体如下：

CO_2减排量（t-CO_2/年）＝节能与能源替代效果（TJ/年）×20（t-CO_2/TJ）×0.99×44/12（CO_2/C）

沈阳全市的供热机房导入节能设备后，全市 CO_2 减排量为 30,064t-CO_2/年。实现长远目标供热面积5,000万㎡时，预计CO_2 减排量为 222,381t-CO_2/年。

1）沈阳全市的 CO_2 减排效果

465.6TJ/年×20（t-CO_2/TJ）×0.99×44/12（CO_2/C）＝33,803t-CO_2/年

2）实现长远目标供热面积5,000万㎡时的减排效果

3,443.9TJ/年×20（t-CO_2/TJ）×0.99×44/12（CO_2/C）＝250,027t-CO_2/年

通过估算得到的节能量折算到发电站（燃煤火力）的能耗，来评价环保节能效果（计算方法与5个机房时相同）。

沈阳市所有地源热泵（供热面积676万㎡）的环保节能效果，具体计算如下：

1）节能量（TJ/年）＝
465.6TJ/年＝16,110t 煤／年

2）SOx 削減効果：

0.013kg/ 石炭 kg × 16,110,000 ＝

209,430kg/ 年

3）NOx 削減効果：

0.011kg/ 石炭 kg × 16,110,000 ＝

177,210kg/ 年

4）煤塵削減効果：

0.09kg/ 石炭 kg × 16,110,000 ＝

1,449,900kg/ 年

5）石炭灰（廃棄物）削減効果：

0.5t/ 石炭 t × 16,110 ＝ 8,055t/ 年

＜参考＞電力量削減量：

186,806MWh/ 年 × 0.225 ＝

42,031MWh/ 年

電力料金削減額：

42,031MWh × 10,400 円/MWh

＝ 437.1 百万円/ 年

将来目標 5,000 万㎡熱供給時の発電所
（石炭火力）に遡った環境改善効果は以
下の通りである。

1）省エネルギー効果（TJ/ 年）＝

3,443.9TJ/ 年＝石炭換算：119,159t/ 年

2）SOx 削減効果：

0.013kg/ 石炭 kg × 119,159,000 ＝

1,549,067kg/ 年

3）NOx 削減効果：

0.011kg/ 石炭 kg × 119,159,000 ＝

1,310,749kg/ 年

4）煤塵削減効果：

0.09kg/ 石炭 kg × 119,159,000 ＝

10,724,310kg/ 年

2）SOx 削減量：

0.013kg/kg（煤）× 16,110,000 ＝

209,430 kg/ 年

3）NOx 削減量：

0.011kg/kg（煤）× 16,110,000 ＝

177,210 kg/ 年

4）粉尘削減量：

0.09kg/kg（煤）× 16,110,000 ＝

1,449,900 kg/ 年

5）灰渣（废弃物）削減量：

0.5t/t（煤）× 16,110 ＝ 8,055t/ 年

＜参考＞节电量：

186,806MWh/ 年× 0.225 ＝

42,031MWh/ 年

节约电费：

42,031MWh/ 年× 10,400 日元

/MWh ＝ 4.37 亿日元 / 年

实现长远目标供热面积 5,000 万㎡时，
折算到发电站（燃煤火力）能耗时的环保
节能效果：

1）节能量（TJ/ 年）＝ 3,443.9TJ/ 年＝

119,159t 煤 / 年

2）SOx 削減量：

0.013kg/kg（煤）× 119,159,000 ＝

1,549,067kg/ 年

3）NOx 削減量：

0.011kg/kg（煤）× 119,159,000 ＝

1,310,749kg/ 年

4）粉尘削減量：

0.09kg/kg（煤）× 119,159,000 ＝

10,724,310kg/ 年

5）石炭灰（廃棄物削減効果）：

　　0.5t/ 石炭 t × 119,159 ＝ 59,580t/ 年

＜参考＞電力量削減量：

　　1,381,926MWh/ 年 × 0.225 ＝
　　310,933MWh/ 年

　　電力料金削減額：

　　310,933MWh × 10,400 円 /
　　MWh ＝ 3,233.7 百万円 / 年

　上記の試算条件は次の通りである。

① 　BEMS 導入効果：電力削減率 20%
　　として計算

② 　電力単価：

　　0.8 元 /kWh（＝ 10.4 円 /kWh（13
　　円 / 元で換算））

5）灰渣（废弃物）削减量：

　　0.5t/t（煤）× 119,159 ＝ 59,580t/ 年

＜参考＞节电量：

　　1,381,926MWh/ 年 × 0.225 ＝
　　310,933MWh/ 年

　　节约电费：

　　310,933MWh/ 年 × 10,400 日元 /
　　MWh ＝ 33.2337 亿日元 / 年

　上述结果的计算条件为：

① 　导入 BEMS 后的节能效果：按照节
　　电 20% 计算

② 　电价：

　　0.8 元 /kWh（＝ 10.4 日元 /kWh,
　　汇率 1 元 ＝ 13 日元）

3.4 BEMS 群管理システムの事業性の評価

(1) プラント管理の実情から見た事業化の方向

1) プラント管理の実情から見た事業化の際の留意点と事業化の方向

瀋陽市への BEMS 群管理システムの導入、事業化の検討を行う。

3.1(3)で紹介した、プラント管理者へのアンケート及びヒアリング調査より、事業化計画を行うにあたっての留意点及び事業化の方向を検討した。

① 地中熱ヒートポンププラントの動機の第一が、瀋陽市の政策への適合であることからも、BEMS 導入に際しては、省エネルギー推進、エネルギー計測、省エネルギー診断、高効率運転の推進等の面での市の指導が必要不可欠である。なお、BEMS の導入効果はプラント管理者からも評価されている。

② 運用上の課題として第一に掲げられているのが、電力価格の高騰（適用価格の民用から工業用への変更：事実上の値上げ）である。この点からも、運用に伴う電気料金の削減は最大の課題で、BEMS 導入等による省エネルギー推進のインセンティブたり得る。

③ 適用電気料金アップに見られるように、地中熱ヒートポンププラン

3.4 BEMS 群管理系统的项目评价

(1) 从供热机房管理的现状看项目运作的方向

1) 从供热机房管理的现状看项目运作时的发展方向和注意点

关于沈阳市导入 BEMS 群管理系统项目的讨论。

3.1(3)节中介绍了对机房管理员的调查。根据调查结果，讨论项目规划时的注意点和今后的发展方向。

① 选择地源热泵供热机房，第一是因为它符合沈阳市政府的政策。导入 BEMS 时，在推进节能、能耗测定、节能诊断和实现高效运行方面，必须要有市政府的指导。另外，机房管理人员也积极评价 BEMS 的节能效果。

② 地源热泵供热机房运行中遇到的最大课题是电价的上涨。如何减少运行费用是最大的课题，这也是导入 BEMS 实现节能的动力源泉。

③ 电价上涨、一部分地源热泵供热项目的优惠政策可能被取消，会影响

トへの優遇策の一部が停止された
ことは、地中熱ヒートポンプの今
後の普及にブレーキがかかりかね
ず、これらの動向への留意が必要。

④ 熱料金収入が計算上の収入（熱単
価×熱供給面積）を下回る地区が
多く、入居率の低さがその要因の
一つと考えられる。このことは収
支の悪化に直接つながる。地中熱
ヒートポンプは新規開発地区での
導入事例が多く、また、そこでの
導入が期待されるだけに、事業の
リスク要因として入居率を折り込
む必要がある。

⑤ 各プラントの年間支出は、管理者
には電気料金しか認識されていな
いのが現状である。プラント管理
者のコスト意識（原価管理能力）
の低さは、省エネルギー推進上の
インセンティブの乏しさとして懸
念される。その点でも市の指導等
を含めた省エネルギー啓発が重要。

⑥ 地中熱ヒートポンププラントの機
械設備投資額は 60 元 / 熱供給面積
㎡程度で、代替案である石炭ボイ
ラープラントや CHP（熱電併給）
プラントのネットワークへの接続
費用 80 元 / 熱供給面積㎡を下回
る。運用面での収支が改善されれ
ば、新規需要地区での地中熱ヒー
トポンプの導入は、経済性の面か
らも進展することが見込まれる。

今后地源热泵的普及，这也需要注
意。

④ 许多机房的供热收入低于计算收入
（热价×供热面积），入住率低是原
因之一，也直接导致收入的恶化。
在新开发区有许多地源热泵的供热
项目，必须要考虑入住率和经营风
险之间的关系。

⑤ 关于机房的支出费用，目前管理人
员只考虑电费。管理人员的成本意
识（价格管理能力）较低，是缺乏
节能动力的原因之一。这也表明市
政府在政策指导时，节能启蒙非常
重要。

⑥ 地源热泵系统的设备投资约为 60
元 / ㎡（单位供热面积），低于燃
煤锅炉房和热电联产供热系统的挂
网费 80 元 / ㎡。如果能够改善运营
状况，在新的供热小区导入地源热
泵系统，其经济性也会提高。

⑦ BEMS導入に伴うプラントへの計測器設置コストの負担をプラント側に求めることは、プラント管理者の8割が負担したくない状況下では難しく、このことを前提として事業計画を組立てる必要がある。

⑧ また、設備投資をBEMS側で全額負担した場合の運用費用の負担限度は、電気料金節減分の50～80%（50%の回答が多い）との回答であることから、電気料金の節減分の50%程度の負担しかプラント側には課せられないことを前提とすべきである。

⑨ なお、我々がBEMS導入の引き金として期待したエネルギー消費量の届出制度は、管理者側の認知度が極めて低く、瀋陽市供熱管理弁公室でも確認できたように、当面はBEMS導入の引き金として期待するのは困難である。

⑦ 关于导入BEMS时供热机房设置测试仪器的经济负担，80%的供热企业不愿意承担，因此很难让企业承担，立项时必须考虑这个前提。

⑧ 另外，设备投资全部由BEMS节能服务公司承担，关于供热企业所能承受设备使用费的最高额度，一般回答节约电费的50～80%（50%的回答最多），因此企业的使用费只能是节约电费的50%，这也是一个前提。

⑨ 日方原本期待能耗申报制度的实施能成为导入BEMS的契机，但是企业管理方对此制度的认知度非常低，申报制度很难成为实施BEMS的契机，这点也得到沈阳市供热管理办公室的确认。

3 章　エネルギー管理システム（BEMS）の導入による省エネルギー効果
第三章　能源管理系统（BEMS）的节能效果

表 3.4.1　アンケート調査結果と事業化の方向性
表 3.4.1　问卷调查的结果与项目运作的方向

	アンケート調査から得られた知見（(3)1)を再掲） —问卷调查的结果	ビジネスモデル検討の方向 —商业模式的探讨
1	地中熱ヒートポンププラント導入の動機は、「1. 瀋陽市の政策への適合」、「2. 大気汚染防止」、「4. 石炭置場が不要」。 —导入地源热泵的动机：“1. 响应沈阳市政府政策”、“2. 保护环境”、“4. 不需要堆煤场。	BEMS 導入に際しては市の指導（省エネ推進、エネルギー計測、省エネ診断、高効率運転の推進等）が必要不可欠。 —导入 BEMS 系统时，在节能、供热计量、节能诊断和高效运行方面必须要有政府的指
2	地中熱ヒートポンププラント運用上の課題は、「4. 電力価格の高騰」が最大で、「2. 地下水温度の低下」が次ぐ。 —地源热泵运营方面的课题，「4. 电费涨价」是最大的课题，其次是「2. 地下水温度下降」。	○運用に伴う電気料金の削減は最大の課題で、BEMS 導入等による省エネ推進のインセンティブたり得る。 —减少设备运行的电费是最大的课题，这也是导入 BEMS 实现节能的动力源泉。
3	（地中熱ヒートポンプへの優遇策がなくなり） 2010 年から適用電気料金単価が民用（0.45 元/kWh）から工業用（0.8 元/kWh）に大幅アップと深刻。 —（地源热泵优惠补贴的取消） 2010 年起电费由民用电价的 0.45 元/kWh 大幅上调为工业用电的 0.8 元/kWh，企业经营面临严峻的考验。	●但し、適用電気料金アップに見られるように、地中熱ヒートポンププラントへの優遇策が停止されたことには、留意が必要。 —不过，由于取消地源热泵机房的电费补贴，电费上涨，这是需要注意的。
4	2009 年（電気料金値上げ前）でも、年間の熱料金収入を電気料金支出が平均で 1 割程度上回るプラントが多いことから、電気料金の削減は対策が重要。 —即使在 2009 年（电价没有上调前），许多地源热泵机房的供热收入也比支出的电费少 10%，节约电费非常重要。	
5	熱料金収入が、計算上の収入（熱単価×供熱面積）より低く（計算上の収入に対して平均で 85%）、入居率の低さが要因と考えられる。 —供热费的收入低于计算值（热价×供热面积，仅约为计算收入的 85%），其原因是住宅的入住率比较低。	●運用面での収支の悪化要因のひとつとして、入居率の低さが挙げられる。（地中熱ヒートポンプは新規開発区での導入事例が多く、顕著） —经营方面，收支恶化的一个主要原因就是入住率低。（地源热泵明显在新区比较多）
6	年間支出で人件費その他経費が不明との回答が多く、全般にコスト意識が低い。 —在工资支出等其他经费方面，很多企业回答"不清楚"，从总体来看，成本意识比较低。	●プラント管理者の収支の意識が低く、省エネ推進上のインセンティブの乏しさが懸念され、ESCO 事業導入の難しさが想定。 —机房管理人员的成本意识比较低，因此担心其缺乏推进节能的动力，估计导入 ESCO 项目会有一定难度。
7	地中熱ヒートポンプの機械設備投資額は、50〜70 元/供熱面積㎡（平均で 61 元/㎡）、通常の石炭ボイラプラントや CHP へのネットワークへの接続費用 80 元/供熱面積㎡より割高。 —地源热泵机房的设备投资一般是 50〜70 元/供热面积 ㎡（平均 61 元/㎡），比燃煤锅炉房和热电联产系统的挂网费 80 元/㎡ 要便宜。	○設備投資額の面では、ボイラープラントや CHP のネットワークへ接続するより有利であり、運用での収支が改善されれば、今後も地中熱ヒートポンププラントの導入は増加すると考えられる。 —设备投资方面。地源热泵比一般锅炉房或者是接热电联产供热网要有利，如果能够改善运行收支的话，今后地源热泵系统还是会增加的
8	エネルギー管理システムの重要度の評価は、「1. 電力（エネルギー）消費量の正確な計測」、「2. ヒートポンプ運転効率の低下等の把握」、「3. 運転方法の最適化による省エネ」、ともに重要度が高いと評価。 —关于能源管理系统重要性的评价："1. 正确计量耗电量"、"2. 分析热泵运行效率低的原因"、"3. 改善运行，提高效率"都很重要。	BEMS によるエネルギー管理の重要度は、一応は評価されているが、具体的な効果の認識については疑問。 —对于 BEMS 能源管理的重要性都有比较一致的评价，但是对具体的节能效果方面还有不少疑问。
9	エネルギー管理システム導入のための計測器等の設置へのコスト負担意識は、8 割程度が「1. 全額負担したくない」との回答。 —在导入能源管理系统，负担热量计等设置费用方面，大约有 80% 的人选择了"1. 不想负担全部的投资"。	BEMS 導入に伴う初期投資負担をプラント側に求めるのは困難と思われ、これを前提にビジネスモデルを組立てることが必要か？（：ESCO 事業方式） —导入 BEMS 所产生的一次性投资要供热厂来承担比较困难，是否需要以此为前提来讨论 ESCO 的运作模式？
10	参考に、初期投資額を何年分の電気料金削減分で投資回収ができる必要があるか（：投資回収年数は）の設	中国では一般に、設備投資の投資回収年数の目安は 2〜3 年。BEMS 事業の投資回収年数も 2〜3 年が目安か？

159

	間に対し、「2．3年以内（2、3年以内）」との回答があった。 ― "在一次投资应该通过几年的节电费来收回"，一般都回答"2、3年以内"	― 在中国设备投资的回收年数一般设为2～3年，BEMS项目的投资回收期是否也应该为2～3年？	
11	初期投資を負担せずにエネルギー管理システム導入の場合、運用費用の負担限度は電気料金削減分の50%～80%（50%の回答が多い）。 ―不负担一次性投资导入能源管理系统时，所能承受的设备使用费的最高额度是节约电费的50%～80%（50%的回答最多）	●設備投資をBEMS事業者が全額負担し、運用費用に対して電気料金削減分の50%程度の負担しかプラント管理者に課せられないとすると、設備投資、運用費用の削減が必要。 ―设备投资全由BEMS公司负担，如果供热企业只能用节约电费的50%来支付设备使用费的话，就必须减少设备的投资，减少设备的使用费	
12	エネルギー消費量の届出制度の認知度は低く（知らないとする回答が8割）、計測設備を設置して届出を行っているプラントも皆無。 ―建筑能耗申报制度的认知度非常低，（约80%回答"不知道"），没有企业设置了监测设备进行能耗申报。	●エネルギー消費量の届出制度の実施は、BEMS導入の前提とならないのでは？ ―建筑能耗统计报表制度的实施，能否促成BEMS的实施？	
13	エネルギー消費量の届出が必要になった場合のエネルギー消費量データの計測・届出代行に対する費用負担意識は乏しい。 ―在能耗申报制度实施时，对于是否愿意请其他公司来测试能耗数据和代理申报业务方面，普遍缺乏付费意识	●BEMS導入時にエネルギー消費量の届出代行に対するコスト負担を求めることは困難と想定。 ―导入BEMS时，通过代理申报能耗报表来征收服务费估计比较困难	

(2) 事業化スキームの比較

1) 事業化のパターン

瀋陽市でBEMS群管理システムを事業化するにあたって、必要な設備投資、運用費用を、BEMS事業者とプラント管理者でどう負担するか、その結果BEMS等の収支がどうなるのかを評価する必要がある。

事業化の枠組みとして、プラント事業者及びBEMS事業者の2者が、投資及び運用に際しての役割から、以下のパターンが考えられる。各パターンの年間事業収支、得失は表3.4.2に示す通りである。

【パターン1】

必要な設備投資は全てBEMS事業者側が投資する。ヒートポンププラント側は受けるメリット分を利用料金として支払う。

(2) 项目经营模式的比较

1) 经营模式

在沈阳市实施BEMS群管理系统项目时，必须考虑BEMS公司和供热机房管理方如何承担必要的设备投资、运营费用以及BEMS项目的收支。

供热企业和BEMS公司在设备投资与运营时的分工与配合，经营模式的框架有以下3种。

【模式1】

所需节能设备全部由BEMS公司投资，用节能后供热企业所有获利来支付设备的使用费。

3章 エネルギー管理システム（BEMS）の導入による省エネルギー効果
第三章　能源管理系统（BEMS）的节能效果

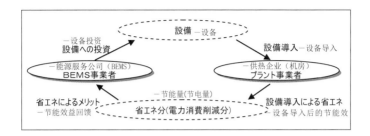

【パターン2】

プラント内の設備はヒートポンププラント側で設置し、センター設備等をBEMS側が投資する。ヒートポンププラント側は受けるメリットの一部を負担する。

【模式2】

机房侧的节能设备由供热企业投资，机房侧的节能设备由供热企业投资，管理中心的设备由BEMS公司投资，用节能后供热企业获利的一部分来支付设备的使用。

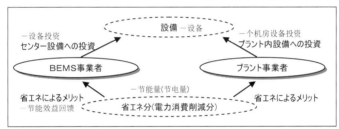

【パターン3】

必要な設備投資は全てヒートポンププラント側が負担する（センター設備等は共用化又は市が管理）。BEMS事業者は維持管理・運用を受託する。

【模式3】

所需节能设备全部由供热企业投资（管理中心的设备为双方共有或者由沈阳市来管理），BEMS公司负责设备的运行和维修管理。

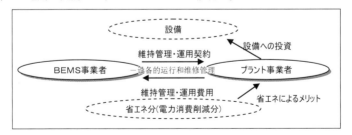

161

表 3.4.2　事業化パターンの比較

表 3.4.2　经营模式一览表

事業化パターン―经营模式	年間事業収入―年收入	年間事業支出―年支出	特徴―特征
【パターン1】―经营模式1 必要な設備投資は全てBEMS事業者側が投資。ヒートポンプラント側は受けるメリット分を利用料金として支払う。 ー所有设备全部由 BEMS 服务企业来投资。供热单位享受机房节能带来的收益，支付节能设备的使用费	（ヒートポンプラント側の利用料金） ー（HP 供单位的使用费） 年間電気料金削減分＋エネルギー消費量届出代行分 ー年电费节约＋能耗申报的代理费用	（BEMS 事業者支出） ー（BEMS 公司的费用支出） 初期投資償却分＋通信費その他運用費用 ー偿还一次性投资＋通讯费等其他的运营费用	〇ヒートポンプラント管理者は初期投資負担がないため加入が容易 ー供热单位无需负担一次性投资，比较容易加入 BEMS 群群管理系统 ●電気料金削減分の検証経年時に支払いを求めることの可否 ー涉及到电费节约的验证、是否可以长时间签约等
【パターン2】 プラント内の設備はヒートポンプラント側で設置、センター設備等をBEMS事業者が投資。ヒートポンプラント側は受けるメリットの一部を負担。 ー机房侧的设备由供热单位负责设置，管理中心的设备则由 BEMS 服务企业来投资。供热单位根据收益，支付部分节能设备的使用费	（ヒートポンプラント側の利用料金） 電気料金削減分＋エネルギー消費量届出代行分の一部負担（BEMS 事業者支出相当分）：管理費名目 ー部分年电费节约＋部分能耗申报的代理费用（与 BEMS 服务企业的投资相当的管理费）	（BEMS 事業者支出） 初期投資償却分（センター設備等）＋通信費その他運用費用 ー偿还一次性投资（管理中心的设备投资）＋通讯费等其他的运营费用	〇BEMS 事業者の負担軽減（リスク回避）が図れる ー降低 BEMS 服务企业的负担，减少投资风险 〇電気料金の削減分の大半はヒートポンプラント側に還元（省エネインセンティブ） ー节约的电费大半归还供热企业（节能动力） ●ヒートポンプラント側に初期投資発生 ー供热企业负担机房设备的一次性投资
【パターン3】 必要な設備投資は全てヒートポンプラント側が負担。（センター設備等は共用化又は市が管理） ー所有设备全部由供热企业来投资。（管理中心的设备实现共用化或者由市来统一管理） BEMS 事業者は維持管理・運用を受託。 ーBEMS 服务企业则接受委托，负责系统的运营，维护和管理	（ヒートポンプラント側の利用料金） 維持管理・運用委託費用相当を管理費として支弁 ー以管理费方式向 BEMS 服务企业支付系统的运营、维护和管理等业务费用	（BEMS 事業者支出） 通信費その他運用費用 ー通讯费等其他的运营费用	〇BEMS 事業者の負担、リスク等軽減 ー降低 BEMS 服务企业的投资，投资风险小 〇ヒートポンプラント側は設備が自己負担となるため省エネインセンティブが強く働く ー机房设备由供热企业负责，增强节能的积极性 ●ヒートポンプラント側負担大 ー供热企业的投资负担大 ●共用設備の帰属（市が管理） ー共用设备的归属问题(是否由市统一管理)

　以上3つの事業化パターンの中から、瀋陽でBEMS群管理をすすめる際の事業化パターンを選択する。現状では、

①　BEMS導入に必要な投資をプラン

　从上述3个经营模式中，选择沈阳推进BEMS群管理项目的商业模式。根据目前的状况：

①　供热企业对先期投资 BEMS 费用

ト事業者が先行負担する意識が極
めて希薄で、

② エネルギー消費量の届出制度も現
時点では事実上機能していないた
め、各プラントはエネルギー消費
量の計測義務はなく、そのことが
BEMS導入の動機ともなり難い。

このことから、事業化パターンは【パ
ターン1】の選択が最も現実的である。
事業構造は以下の通り。

① 必要な投資額はBEMS側がプラ
ント側からセンター側まで全て投
資する。

② ヒートポンププラント側は年間電
気料金の削減分相当の内一定額を、
BEMS側に利用料金として支払う。

③ プラント管理者は初期投資負担が
ないため、加入が容易である。

年間電気料金の削減量をベースに投資
回収を図ることになるが、電気料金の削
減分をどう把握し、その内どの程度を料
金に転嫁し得るか、その年次別の考え方、
結果としての投資回収年数とBEMS事業
者の事業性がどうなるのかが課題である。

(3) 事業性に関する検討

1) 事業化のステップ

詳細計画に基づく設備投資額と運用費
用について、以下の通り試算を行った。
なお、13.5円/元としている。

ここで、事業化のステップを表3.4.3
に示すように、以下のように設定する。

的意识非常薄弱

② 能耗申报制度实际上并未实施，各
企业没有测试能耗的义务，申报制
度很难成为实施BEMS的契机。

因此，经营模式中的"模式一"最具现
实意义，商业结构具体如下：

① BEMS公司负责从机房侧到控制中
心的全部投资，

② 供热企业方把每年节约电费中的一
部分，以设备使用费的形式，向
BEMS公司公司方支付。

③ 机房管理方不需要负担初期投资，
比较容易加入。

以每年节约的电费为基础考虑项目的投
资回收，如何理解所节约的电费，其中有
多少可以转嫁到设备使用费，如何考虑各
年度的费用分摊，其结果也就是投资回
收期和BEMS企业的利润应该如何计算
等，是值得探讨的课题。

(3) 经济效益分析

1) 项目开发步骤

根据详细规划确定的设备投资与运行费
用，具体计算如下，按当时的汇率1元＝
13.5日元计算。

项目开发步骤如表3.4.3所示，具体设
定如下：

① 第1ステップ：パイロット事業段階は、今回の計測対象で管理者とも密にコンタクトを行った5プラントを対象とする。熱供給面積計59万㎡、年次展開の目安は2012〜14年とする。

② 第2ステップ：本格導入段階は、今回アンケート及びヒアリングを行った11プラントと、2009年度にアンケート調査を実施した14プラントを加えた25プラントである。瀋陽市供熱管理弁公室の指導下での導入推進が図り得る範囲である。供熱面積は277万㎡、年次展開は2015〜20年が目安である。

③ 第3ステップ：普及拡大段階では、瀋陽市の全地中熱ヒートポンププラント相当としたが、この段階では増分の大半は新規の開発区での導入推進を図ることが現実的と考えられる。

① 第一阶段：也就是试验性项目阶段，对象为本次测试的5个机房，与管理方已建立密切联系。供热面积为59万㎡，估计约在2012～2014年实施。

② 第二阶段：也就是正式导入阶段，对象为本次问卷调查和访问调查的11个机房和2009年度问卷调查的14个机房，共25个机房。在沈阳市供热管理办公室的指导下，在尽可能的范围内推进实施。供热面积为277万㎡，估计约在2015～2020年实施。

③ 第三阶段：也就是普及扩大阶段，对象为沈阳市所有的地源热泵机房，本阶段新增的大部分机房位于开发区，这种推进方式也较为现实。

表 3.4.3　BEMS 事業化ステップ

表 3.4.3　BMES 项目开发的步骤

ステップ区分－阶段区分		対象プラント熱供給面積－项目对象的供热面积
第1ステップ	パイロット事業段階－试验性项目阶段	5プラント：59万㎡対象
第2ステップ	本格導入段階－正式导入阶段	25プラント：277万㎡対象
第3ステップ	普及拡大段階－普及扩大阶段	瀋陽市全プラント相当：676万㎡対象 －沈阳全市的机房

2）事業収支の検討

先の事業化ステップから、事業収支の検討については、パイロット事業段階、本格導入段階、普及拡大段階の3段階に

2）项目收支的分析

根据上述商业化步骤，分试验性项目阶段、正式导入阶段和普及扩大阶段3个阶段来讨论项目的收支（表 3.4.4)。

3章 エネルギー管理システム（BEMS）の導入による省エネルギー効果
第三章 能源管理系统（BEMS）的节能效果

分けて検討を行う。（表3.4.4）

規模の拡大に応じてヒートポンププラント側設備の追加投資が必要となるものの、監視センター設備の追加投資は不要であり、また、監視センター側の運用費の面で省力効果が見込めることから、スケールメリットが得られる。

随着供热规模的扩大，虽然热泵机房侧的设备必须要追加投资，但是监视中心的设备并不需要追加投资。另外，在监视中心侧的运行管理费方面，有节省劳力的效果，可以发挥规模效应。

表3.4.4 事業収支の検討
表3.4.4 項目収支的分析

	コスト・成本			収入（電気代削減分の50%） （节约电费的50%）
	イニシャル-初期投資		ランニング-运行费用	
第1ステップ 第1阶段	・監視センター側 －監管中心 ・HPプラント側 －热泵供热机房侧	5.0百万円 30.5百万円	・監視センター側 －監管中心 ・HPプラント側 －热泵供热机房侧	3.0百万円/年 1.0百万円/年	38.4百万円/年×0.5＝ 19.2百万円/年
		35.5百万円		4.0百万円/年	
第2ステップ 第2阶段	・監視センター側 ・HPプラント側	0.0百万円 112.7百万円	・監視センター側 ・HPプラント側	12.1百万円/年 5.0百万円/年	159百万円/年×0.5＝ 79.5百万円/年
		112.7百万円		17.1百万円/年	
第3ステップ 第3阶段	・監視センター側 ・HPプラント側	0.0百万円 236.8百万円	・監視センター側 ・HPプラント側	25.0百万円/年 10.0百万円/年	389百万円/年×0.5＝ 194.5百万円/年
		236.8百万円		35.0百万円/年	

＊1 第2、第3ステップのイニシャル費用は、追加投資分のみを計上した。
－第二、第三阶段的初期投资，只考虑追加投资的份额。

3）投資回収年数：イニシャル費用／年間収益

事業収支の検討結果より、投資回収年数（＝イニシャル費用／年間収益）を算定すると、図3.4.2に示すように、パイロット事業段階での投資回収年数は2.3年程度であるが、普及拡大段階になると、投資回収年数は1.5年程度（本格導入段階での投資回収年数は1.8年程度）となり、事業として成立する可能性が高まる。

3）投資回収期：初期投資／年收益

根据项目收支的讨论结果，计算投资回收期（＝初期投资／年收益），结果如图3.4.2所示。试验性项目阶段的投资回收期约为2.3年。普及扩大阶段，投资回收期约为1.5年（正式导入阶段的投资回收期约为1.8年），提高项目的商业可行性。

165

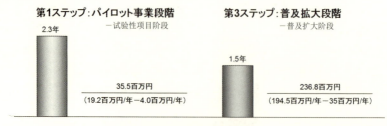

図 3.4.1　投資回収年数の試算
图 3.4.1　投资回收期的计算

4）事業リスク要因の検討

これまでの検討では、省エネルギー率 20%、入居率 80%、電気料金 0.8 元 /kWh で試算を行った。事業を行うにあたって省エネルギー率（20% → 18%）や入居率（80% → 60%）、将来的な電気料金の改定（現行料 0.8 元 /kWh → 値上げ前料金 0.45 元 /kWh）等が行われた場合、事業の収支は図 3.4.2 に示すように変動することが予測される。

パイロット事業段階では、リスク要因の変動で 2.3 年だった投資回収年数が 3 〜 6 年程度に延びる可能性があるが、普及拡大段階では、リスク要因が増大しても 2 〜 4 年で投資回収が行える予測のため、事業リスクは何とか回避される。

これらのリスク要因を考えると、パイロット事業段階での事業への取組みは、普及拡大の見通しがない限り慎重にならざるを得ないものと考えられる。

4）项目风险分析

上述分析是在节能效率 20%、入住率 80% 和电费 0.8 元 /kWh 下计算得到的。当项目实际运营时节能率（20% → 18%）、入住率（80% → 60%）和今后电费的调整（现行 0.8 元 /kWh → 涨价前 0.45 元 /kWh）等发生变化，如图 3.4.2 所示，项目收支会发生变化。

随着风险因素的变化，试验性项目阶段的投资回收期可能会从 2.3 年延长到 3 〜 6 年。到了普及扩大阶段，随着风险因素的增大，估计投资回收期会延长到 2 〜 4 年，勉强能规避商业风险。

考虑到以上这些风险因素，在无法预测今后是否能够普及时，试验性项目阶段的项目实施不得不慎重而行。

3章　エネルギー管理システム（BEMS）の導入による省エネルギー効果
第三章　能源管理系统（BEMS）的节能效果

```
①省エネ率             ：（20%　→　10%）
    第1ステップ　：2.3年 ↗ 6.3年    第3ステップ ：1.5年 ↗ 3.8年
②入居率              ：（80%程度　→　60%程度）
    第1ステップ　：2.3年 ↗ 3.4年    第3ステップ ：1.5年 ↗ 2.0年
③電気料金            ：（現行料金0.8元/kWh　→　値上げ前料金0.45元/kWh）
    第1ステップ　：2.3年 ↗ 5.2年    第3ステップ ：1.5年 ↗ 3.2年
```

①省エネ率－节能率　　②入居率－入住率　　③電気料金－电价　現行料金－现行电费　　値上げ前料金－涨价前

図 3.4.2　リスク要因別事業性（投資回収年数）の感度分析

图 3.4.2　项目风险因素（投资回收期）的敏感性分析

5）コストダウンの可能性

コストダウンとしては、以下を見込む。

① 設備投資面で盤類及び計測機器類を、適宜中国側で調達することにより、センター側で 21.5％程度、プラント側設備で 20％程度のコストダウンが見込める。

② 運用費用面で人員の適切な配置と多能工化することで、監視員人件費を 40％程度コストダウンが見込める。

普及拡大段階において、以上のコストダウンを見込んだ経済性評価を行う。

結果として表 3.4.4、図 3.4.3 に示すように、事業収支は大幅に改善され、投資回収年数もほぼ 1 年となることから、前述のようなリスク要因を一定程度考慮しても、事業運営の円滑化が見込まれる。

5）降低成本的可能性

降低成本的策略，主要如下：

① 设备投资方面，控制柜和测试仪器，因地制宜采用中方产品。据估计，管理中心可降低成本 21.5% 左右，机房侧的设备成本可降低 20% 左右。

② 在运营费用方面，合理配置管理人员，推行员工的多技能化培训，据估计可减少计测值班员 40% 左右的人工费。

在普及扩大阶段，考虑以上降低成策略来评价项目的经济性。

如表 3.4.4 和图 3.4.3 所示，可以大幅度改善项目的收支，投资回收期能缩短到 1 年左右。这样，即使发生上述风险，项目也能够顺利运作。

167

表 3.4.5　コストダウンによる事業収支の検討

表 3.4.5　降低成本的項目收支的分析

		コスト－ 成本				収入
		イニシャル－ 初期投資　（百万円）		ランニング－ 运行費用　（百万円/年）		（電気代削減分の50％）
		コストダウン前	コストダウン後	コストダウン前	コストダウン後	－（节约电费的50％）
第1ステップ －第1阶段	・監視センター側 －監管中心 ・HPプラント側 －熱泵供熱機房側	5.0 30.5	5.0 30.5	3.0 1.0	3.0 1.0	38.4百万円/年×0.5 ＝19.2百万円/年
		35.5	35.5	4.0	4.0	
第3ステップ －第3阶段	・監視センター側 ・HPプラント側	0.0 236.8	0.0 189.4	25.0 10.0	15.6 10.0	389百万円/年×0.5 ＝194.5百万円/年
		236.8	189.4	35.0	25.6	

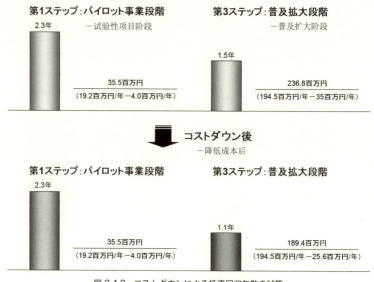

図 3.4.3　コストダウンによる投資回収年数の試算

图 3.4.3　降低成本后的投资回收期计算

(4) 事業化の実現可能性評価

　ここまで、事業化のパターンとアンケート及びヒアリングの調査結果を踏まえ、エネルギー管理システム（BEMS）導入の事業化計画の検討を行った。

(4) 項目実施的可能性評価

　根据上述项目模式分析和问卷调查/访问调查的结果，讨论导入能源管理系统（BEMS）的项目规划。

168

3章　エネルギー管理システム（BEMS）の導入による省エネルギー効果
第三章　能源管理系统（BEMS）的节能效果

以下に、事業化可能性のまとめを示す。

① プラント管理者へのアンケート・ヒアリング調査結果から、BEMS導入に伴う計測器等の負担をヒートポンププラント側に求めるのは困難で、必要な設備投資は全てBEMS事業者側が投資し、ヒートポンププラント側は電力料金削減分の50%程度を負担する形態が適当である。

② BEMS事業は当初、プレゼンテーション効果を期待して、本格的な導入の前段階として5プラント程度を対象とするパイロット事業への取組みが有効と考えた。今回調査で、地中熱ヒートポンプ普及に対する昨今の見直し気運や、導入インセンティブとして期待したエネルギー消費量届出制度の適用に年数を要することが明らかになった。中央政府と地方政府の政策ギャップとも捉えられる。

③ そこで、パイロット事業への取組みはリスクが大きいと判断される。地中熱ヒートポンプを取り巻く環境の改善・エネルギー消費量届出制度の本格実施までの期間を考慮すると、2〜3年のリードタイムの確保が適切である。

④ リードタイム期間に、本格導入〜普及への見通しをより明確にしたい。本格導入段階〜普及拡大段階

项目实施的可能性，总结如下：

① 根据对机房管理方问卷调查和访问调查的结果，很难让企业承担导入BEMS时测试仪器的经济负担，因此设备投资全部由BEMS公司负责，热泵机房侧负担节约电费的50%，较为妥当。

② BEMS项目刚开始时，其节能展示功能值得期待。在正式导入之前，以5个左右的机房为对象实施试验性项目最有效。本次调查发现，对普及地源热泵有重新评价的趋势，本以为能耗申报制度会成为导入地源热泵的契机，实际上能耗申报制度的实施还要等好几年。这也反映出中央与地方政府之间的政策差异。

③ 启动试验性项目有比较大的风险。围绕地源热泵技术政策环境的改善，能耗申报制度的正式实施，要有2〜3年的前期准备比较好。

④ 在前期准备阶段，必须要正确预测地源热泵从正式导入到普及的发展趋势。从正式导入阶段到普及阶

169

で投資回収年数は改善され、事業化の見通しは改善される。また、その段階ではコストダウン策の見通しもつく。地中熱ヒートポンププラントへのBEMS導入には、事業対象の拡大が必要であり、瀋陽市が重点的に取組むことや、開発区（エコシティ）への導入・普及が有効である。

⑤ 開発区へのBEMS導入は、日本の優れた技術である吸収技術を活用した高効率熱源機器（吸収式ヒートポンプ）等とパッケージ（熱源システム～エネルギー管理）で開発・導入することが望まれる。開発区での導入は、日本製品、システムのマーケットの拡大につながる。

* 2　なお、2010年12月20日の瀋陽での研究会では、BEMS導入に際しての留意点として中国側学識者から以下のような指摘があった。
　　1) 開発区等の新規整備地区では、住戸側の室温管理、計量システムと一体になったBEMSのシステム構成、運用が望まれる。
　　2) CHPプラントから熱供給を受けるサブプラントも将来的にはBEMSに取り込むことが望まれる。CHPサブプラントは制御要素は限られるものの、市全体の中心的なネットワークを形成することになり、CHPプラントと一体となった運用がBEMSの導入により可能となる。

段，如果能够缩短投资回收期，那么也能改善项目的商业可行性。另外，还要制定各阶段降低成本的策略。随着BEMS在地源热泵项目中应用的扩大，沈阳市把工作重点放在开发区（生态城）较为有效。

⑤ 在开发区导入BEMS时，期待能充分利用日本的先进技术，开发使用高效吸收式供热设备（吸收式热泵）和柜式机组（热源系统～能源管理）。在此基础上，进一步开拓日本产品和系统的市场。

* 2　2010年12月20日，在沈阳进行的技术研讨会上，中方学者对导入BEMS时要注意的相关点，主要如下：

　　1) 在开发区的新建供热小区，希望能够构筑与应用住户侧室温管理和能耗测量一体化的BEMS系统。

　　2) 希望今后能够在热电联产供热机房和热力站也导入BEMS系统。虽然热电联产系统的热力站可调控的参数较为有限，但可以与全市的供热管网实现联网，从而实现与热电联产供热机房的一体化管理。

4章 日本の省エネルギー技術の中国地域暖房での展開と評価

4.1 日本の省エネルギー技術の中国地域暖房への適用可能性

⑴ 適用可能な日本の技術

1）適用可能な日本の技術

中国の地域暖房におけるエネルギー消費量は全エネルギー消費量の1割弱に及び、省エネルギー余地が極めて大きいことは前章までに述べたとおりである。

中国の地域暖房の省エネルギー化を進める上での、適用可能性のある主な日本の技術として、本事業調査中の日中両国の学識者や技術者から提起されたのは、吸収式冷凍機・吸収式ヒートポンプ、石炭ガス化技術、ガスエンジンコージェネレーション・ガスタービンコージェネレーション、低温排熱回収技術、蓄熱技術、給湯用空気熱源ヒートポンプ、エネルギー管理（運転管理）技術である。

① 吸収式冷凍機・吸収式ヒートポンプ

空調設備技術としては、日本が世界的にトップランナーの冷凍、ヒートポンプ技術である。

単効用は85℃の温水でも稼働が可能で、低温排熱で冷房を行うことが可能だがCOPは0.7程度と低い。一般の建物では140℃以上の高温水

第四章 日本节能技术在中国集中供热系统的推广与评价

4.1 日本节能技术在中国集中供热系统的应用可能性

⑴ 可适用的日本技术

1）日本技术的适用性

中国集中供热的能耗接近社会总能耗的10%，节能潜力巨大，这在前几章中已经说明。

本调查项目中，日中两国的学者与技术人员为促进中国集中供热系统的节能，就吸收式冷冻机、吸收式热泵、煤气化技术、内燃机热电联产、燃气轮机热电联产、低温废热回收技术、蓄热（冷）技术、热水用空气热源热泵和能源管理（运行管理）等日本技术的应用可能性进行了讨论。

① 吸收式冷冻机和吸收式热泵

在空调设备技术领域，日本的冷冻、热泵技术世界领先。

单效吸收式冷冻机只需要85℃的热水就可以运行，利用低温排热可以实现供冷，但是其COP较低，只有0.7左右。一般建筑中使用140℃以上

171

あるいは蒸気を使用して、二重効用吸収冷凍機が使われる。二重効用吸収冷凍機はCOPが1.4以上となり、高い効率での冷房が可能である。さらに日本国内で開発・販売されている三重効用高効率ガス吸収冷温水機のCOPは低位発熱量基準で1.7に達しており、大幅な省エネルギーが可能となる。

② 石炭ガス化

コークス用原料炭をコークス炉に装入して乾留する際に発生するガスを利用し、ガス化する。精製したガスはコージェネレーション等で電力・熱を製造し、コークスはボイラーで使用する。

大量の石炭を利用している中国では、石炭のガス化技術は重要な技術として今後の活用が期待される。

③ ガスエンジンコージェネレーション、ガスタービンコージェネレーション

発電用ガスエンジンの排気排熱ボイラで蒸気を製造したり、エンジン冷却水で水道水を加熱し温水を製造するシステムで、蒸気を蒸気使用設備で使用したり、蒸気吸収冷凍機で冷熱を製造することが可能である。

石炭をガス化し、そのままガスタービンと蒸気タービンに利用するIGCC：石炭ガス化複合発電 Integrated coal Gasification Combined Cycle も有効である。

的高温水或蒸汽，因此可以使用双效吸收式冷冻机。双效吸收式冷冻机的COP超过1.4，可以高效率地进行空调制冷。另外，日本国内已经开发、销售的三效燃气型吸收式冷温水机组，低位发热量基准的COP已经达到1.7，节能率非常高。

② 煤炭气化

把炼焦煤放入焦炉干馏时产生煤气，实现煤炭气化。精炼后的煤气可以用于热电联产进行发电、供热，焦炭则能成为锅炉的燃料。

中国的煤炭使用量很大，煤炭气化技术非常重要，其应用值得期待。

③ 内燃机热电联产、燃气轮机热电联产

内燃机发电后的排热通过废热锅炉可以产生蒸汽，内燃机的冷却水排热可加热自来水，用于热水供应。产生的蒸汽不仅可以被需要蒸汽的设备利用，还可以通过蒸汽吸收式冷冻机制造冷水。

煤炭气化后的煤气可以直接被燃气轮机和汽轮机利用，煤炭气化发电一体化系统IGCC（Integrated Coal Gasification Combined Cycle）非常有效。

4章　日本の省エネルギー技術の中国地域暖房での展開と評価
第四章　日本节能技术在中国集中供热系统的推广与评价

④　低温排熱回収技術

　コジェネレーションシステムのエンジン排熱（温水温度80〜90℃）や、工場のプロセスからの低温排熱を有効に利用する単効用吸収冷凍機や排熱投入型冷温水発生器（ジェネリンク：吸収サイクルをヒートポンプとして利用）が有効である。

⑤　蓄熱技術

　需要側と供給側のギャップを埋めるために蓄熱技術がある。日本では夜間電力の活用という観点から水蓄熱や氷蓄熱の技術が開発され、普及してきた経緯がある。この蓄熱システムは地域冷房にも適用され、プラント側に蓄熱槽を設ける場合と需要者側に蓄熱槽を設ける場合がある。需要者側に蓄熱槽を設ける地域冷暖房システムは世界的にも例がなく、日本独自の技術といえる。元来、日本の建物は耐震の面から基礎梁には高い梁せいが使用され、基礎梁の間の空間が蓄熱槽や氷蓄熱槽として活用できるという特徴がある。

⑥　給湯用空気熱源ヒートポンプ

　日本では夜間電力利用のために給湯用空気熱源ヒートポンプが開発され、普及している。COPも高く、蓄熱槽と一体化している。中国の地域暖房システムでは一般に給湯は供給されないので、個別給湯システムとなるがエネルギー源は電力となるこ

④　低温废热回收技术

　单效吸收式冷冻机和废热利用型冷温水机（Genelink，也称吸收循环侧使用热泵）可以有效利用热电联产系统内燃机的排热（热水温度80〜90℃）以及工厂的低温排热。

⑤　蓄热蓄冷技术

　蓄热技术可以填补用户侧与供应方的不平衡。在日本，从利用夜间电力的观点，开发了水蓄热和冰蓄冷技术，并得到普及。此蓄热技术同样适用于集中制冷系统，可以在机房侧和用户侧分别设置蓄热蓄冷槽。在用户侧设计蓄热槽，这在集中供冷供热界并没有先例，是日本独立开发的技术。日本的建筑中，本来在抗震面和基础梁之间使用梁高较大的梁，基础梁之间的空间可以作为蓄热槽或蓄冰槽使用。

⑥　热水用空气热源热泵

　为了使用夜间电力，日本开发了热水用空气热源热泵，并得到普及。热泵的COP高，而且与蓄热槽一体化。中国的集中供热系统一般不供应热水，建筑中往往使用个别式热水系统，能源多为电力，能效比较差。采用集中供热系统配套技术的热水用空

173

とが多く、エネルギー効率は悪い。地域暖房システムの周辺技術として、給湯用空気熱源ヒートポンプを採用し、地域暖房と一体化したインフラシステムとして構築することも可能である。

⑦ **エネルギー管理（運転管理）技術**

BEMS:Building Energy Management System の活用により、熱供給プラントでエネルギー管理を行う。年間を通しての運用データの計測・記録と共に監視センターでの情報の集約により、データの分析・診断とそれに基く運用改善、最適化運転が可能である。複数のプラントにシステムを導入し、インターネット回線を通じて管理・運用を行うこと（群管理）でより効率を高くすることも可能となる。

【参考】**中国における地域暖房システムへの日本技術の適用検討**

2011 年 1 月 11 日に瀋陽市で開催された研究交流会において、清華大学江億教授より、中国東北地域における熱供給の省エネルギー方策として、以下が提案された。

第 12 次 5 ヵ年計画では、瀋陽市への LNG 導入は今後急増することは確実だが、2030 年までは瀋陽の地域暖房の主要燃料は石炭に依存せざるを得ない。

地下水利用プラントで吸収式ヒートポンプを活用することで、以下のメリットが考えられる。

① 効率向上により電力消費量を

气热源热泵，可以构筑与集中供热一体化的市政设施。

⑦ **能源管理（运行管理）技术**

BEMS：充分利用能源管理系统（Building Energy Management System），实施供热机房的能源管理。全年监测、记录运行数据，并且通过监测中心实现集约化管理。分析与诊断运行数据，改善工况，实现最优化运行。

在多个机房中导入能源管理系统，通过网络进行机房的群管理，可进一步提高能效。

【参考】**中国集中供热系统中日本技术适用性的探讨**

2011 年 1 月 11 日，在沈阳的技术交流会议上，清华大学江亿教授关于中国东北地区集中供热的节能对策，提出以下建议：

在十二五规划中，虽然沈阳市的液化天然气使用量会急速增长，但是 2030 年之前沈阳市集中供热系统的燃料主要还得依靠煤炭。

以地下水温热源的吸收式热泵，有以下优点：

① 提高能效降低电耗：与一般电

4章　日本の省エネルギー技術の中国地域暖房での展開と評価
第四章　日本节能技术在中国集中供热系统的推广与评价

減らす：電動ヒートポンプと比較してエネルギーを55%まで削減可能、利用する地下水量の削減が可能である。

② 地下水量を減らすことで、揚水ポンプ・循環ポンプの効率を向上させる。

③ 以上のメリットから、同一容量の設備で供給対象床面積の増加と地下水利用量の削減が可能となる。

④ これらの点から、この分野に日本の技術を活用することは適切である。

都市の再開発により、地域暖房ネットワークや熱源の容量が増加する傾向が顕著であり、既存の設備の効率向上による対応が望まれる。（例：温度差を大きくする、吸収式ヒートポンプ・熱交換器を設置する等）

吸収式ヒートポンプの導入は、現状の価格水準から、電力費の削減により3年程度で投資回収が可能である。

瀋陽市には排熱（30〜50℃）を有する製造業が集中していることから、熱源用に活用することが有効である。また開発区では工場と都市開発が近接することから、熱源水と暖房用に利用可能である。

CHP（熱電併給）システムを中心としたネットワークを構築した場合、都市の暖房用には極力低温の熱を回収し供給温水側との温度差を大きくすることで、ネットワーク全体の効率向上に寄与する。

住宅側では床暖房などの暖房機器の放熱面積を増やし、供給温度を下げることでエネルギー効率向上に寄与する。

力热泵相比，可以节能55%，减少地下水的用量。

② 减少地下水用量的同时，提高抽水泵和循环泵的效率。

③ 供热设备容量相同时，可以增加供热建筑面积，减少地下水的用量。

④ 根据以上观点，在集中供热领域应用日本技术是可行的。

随着城市开发规模的扩大，集中供热管网和热源容量不断扩大，也期待能够提高既有设备的效率。（如提高供热温差、设置吸收式热泵和换热器。）

按照目前的物价水平，导入吸收式热泵，其节约的电费可以在3年左右实现投资回收。

沈阳市制造行业的废热（30-50℃）排放比较集中，可以有效利用这些废热。另外，开发区里工厂与城市开发项目比较近，工厂废热可以作为供热的热源。

以热电联产系统为中心构筑供热管网时，积极回收低温废热，增大供回水温差，可以提高整个管网的供热效率。

在住户侧，扩大地板采暖等供热设备的换热面积，降低热水的供水温度等都可以提高能效。

175

2）日本の技術・製品の中国における
　　優位性

　地域暖房プラントなどに関わる省エネ
ルギー技術について、中国市場における
日本企業の優位性と課題を日本の冷凍機
メーカー等にヒアリングを実施した。

　この結果日本企業の認識としては、環
境技術や省エネルギー技術については優
れているが他国の製品と比較して割高に
なってしまっている点である。中国市場
では省エネルギーを行うよりも事業とし
てイニシャルコストを抑えて短期的に投
資回収を図る傾向が強い。つまり、日本
製品の設計思想と中国側とのニーズが
マッチしていない。

　このような課題に対して、日本企業の
優位性と言える吸収技術や中国企業より
も優れたアフターサービスの実施、テレ
ネットワーク・遠隔監視等の運用上のサー
ビスを拡充することで、日本製品の普及
が見込まれる可能性は充分考えられる。

⑵　日本製品の中国での市場性評価

　1）日本製品の市場性についての考察

　地域暖房に関連した高度の技術力を
持って中国に進出した日系企業、および
中国で関連ビジネスを展開している業界
のヒアリングを通して、日本製品・技術
を中国で活用し、普及を目指す際の問題
点と課題を以下に示す。生の声として大
変貴重である。

2）日本技术与产品在中国的优势

　关于集中供热机房的节能技术，针对日
本企业在中国市场上的优势与课题，访问
调查了日本的冷冻机厂商。

　调查表明，日本企业认为其环保，节能
技术优于其他国家，但是产品价格比较
高。在中国市场，一般倾向于控制项目的
一次性投资，短期内实现投资回收，而不
是以节能为首要目标。也可以说，日本产
品的设计思想与中方的要求不一致。

　虽然存在这样的问题，但是日本企业有
领先的吸收式技术和优于中国企业的售后
服务；通过网络、远程控制等，扩展设备
运行阶段的服务领域，实现日本产品的普
及还是非常可能的。

⑵　日本产品在中国的市场评价

　1）日本产品的市场调研

　对已进入中国市场、拥有先进集中供热
技术的日资企业及其在中国业务等进行调
查。为促进日本产品与技术在中国的应用
与普及，关于目前存在的问题与课题总结
如下，这些来自第一线的声音非常珍贵。

4章　日本の省エネルギー技術の中国地域暖房での展開と評価
第四章　日本节能技术在中国集中供热系统的推广与评价

① A社（日本冷凍機メーカー）

中国・烟台に1996年工場を建設し、さらに冷却塔工場も近傍に建設して中国市場を切り開き、現在では中国全土に30か所のアフターサービス拠点を持つ日系メーカーである。

中国進出当初は、吸収冷凍機の製造が主流であったが、現在の中国では電力料金がガス料金に対して割安であり、夜間電力料金制度の推進等によりスクリュー冷凍機の市場優位性が高まっている。烟台工場でもスクリュー冷凍機の販売も進めている。

ガス料金の競争力は、中国においては当分の間改善される見通しはない。従って、中国での吸収冷凍機の市場は、地域暖房用の吸収式ヒートポンプ市場の拡大傾向があるほかは、工場用や蒸気・温水排熱利用分野に限定され、一般空調用市場は長期的に収縮の傾向にある。中国東北地方における蒸気吸収冷凍機市場は現状維持である。

同社では事業拡大のため2001年からターボ冷凍機の製造販売も開始した。先行他社も多いため営業的には苦戦している。ターボ冷凍機製造にあたっては、現地部品も活用してコスト削減に努めている。

＊1　同社への問い合わせによる瀋陽市向けの地中熱用ヒートポンプの出荷容量は、計70MW程度で、同市全体の10〜20％のシェアを占めているものと想定される。

① A公司（日本冷冻机公司）

1996年在中国烟台设立工厂，并在附近开设冷却塔工厂，开拓中国市场。目前在中国共有30个售后服务点。

最初进入中国时，主要生产吸收式冷冻机。当前，中国的电费低于煤气费，再加上夜间电价的优惠政策，螺杆式冷冻机的市场需求日益增大，烟台工厂也开始销售螺杆式冷冻机。

就目前状况来看，不能一下子改善煤气价格的竞争力，因此，在吸收式冷冻机的市场，集中供热用吸收式热泵呈现扩大趋势。另外，吸收式冷冻机局限于工厂以及使用蒸汽和有热水余热利用的行业。在普通空调市场则呈现长期下降的趋势。中国东北地区蒸汽吸收式冷冻机市场处于维持原状，没有什么发展变化。

2001年，公司扩大业务内容，开始生产销售离心式冷冻机。由于其他众多厂家早就开始生产，销售方面竞争激烈。现在生产离心式冷冻机时，充分利用中国当地产品，努力削减成本。

＊1　据该公司介绍，销售到沈阳的地源热泵总容量为70MW，估计占整个沈阳市的10〜20％。

177

日本製品の強みは省エネルギー、環境（有害な腐食抑制剤の不使用など）技術である。中国製品に対し5〜10%省エネだが、価格は1.15〜1.20倍で競争は厳しい。

この会社の二重効用吸収冷凍機の最高効率は、COP1.35であるが、中国市場向けには、高効率の製品と効率を若干落としてコストダウンを図った製品の、2種類を製造・販売している。将来的には高くても売れる製品の市場確保が命題である。

日本向けは小容量製品が主力（100〜500RT級）、中国向けは大容量が主力（1,500〜3,000RT級）である。

日本製品の営業面の弱点は、コスト高に加えて人脈形成面にある。アフターサービスの良さは売りになるが、一般空調用では評価され難い。ただし、工業プロセス用では運用面も重要視される傾向にあり、そのための講習会なども実施している。

公共用や工業用は設計院主導で製品の選択がなされるのに対し、民生用はビルオーナーの意志が支配的なので、民生用建築物への営業はオーナーへの直接営業である。

システム製品に対する理解やシステムCOP的な考え方は中国では未だ浸透していない。原因は、設計院の技術レベルが成熟していない点にあり、オーナーの理解が得られない。関連技術者に説明して納得させることが先決である。

虽然日本产品在节能环保方面优势强（不使用有害的防腐剂），比中国产品节能5〜10%，但是价格要高1.15〜1.2倍，市场竞争激烈。

该公司的双效吸收式冷冻机最高能效（COP）达1.35，在中国市场生产、销售的冷冻机有两种，不仅有高能效产品，也有价格低能效稍微差一点（降低成本能效稍微差一点）的产品。今后，如何确保价格，开拓高端产品市场是一个课题。

日本国内的主力产品是小容量机组（100〜500RT），中国市场的主力产品则是大容量机组（1,500〜3,000RT）。

日本产品在中国营销方面，有价格高和人脉差的缺点。虽说良好的售后服务是一个卖点，在一般的空调项目中往往很难得到认可。不过，在工厂空调项目中，由于较注重设备的运行，经常给用户要开技术培训课。

公共建筑项目和工厂项目中，一般由设计院选定产品，但是民用建筑中，由甲方（业主）做主，产品营销直接面向甲方（业主）。

在中国，对整套产品的理解和系统能效（COP）的观点还未能深入人心，原因在于设计院的技术水平并不成熟，无法得到甲方的理解。其先决条件是要说服相关的技术人员，得到其认可。

② B社（日本制御計装メーカー）

中国・大連に1994年に工場進出し、15年以上経過して中国での知名度も上がってきており、日本・中国にとどまらずアジア諸国にも製品出荷を行っている制御・計装メーカーである。

中国における計量法関連規程は、国家基準と各省の基準がある。大連における計器類は遼寧省の認証が必要である。規程が中国製品に特に有利な扱いがなされることはない。大連工場の製品は、日本の計量法の規程（JIS）と中国の計量法の規程（GB）に従っている。

大連での創業の目的はコストダウンにある。自動制御弁類、スイッチ類と関連製品を製造している。

工業用の弁類は中国向けが50％、日本向けが50％。空調用は大半が日本企業向け、一部政府機関に販売している。出荷先は明確に区分できないが、出荷先都市から日本企業進出都市が大半と想定される。

大連工場の製品全体の出荷先は、日本が最大である。次いで中国国内、東南アジア（シンガポール等）、最近は一部欧州にも出荷している。製品の価格は中国製品の2～3倍である。出荷先は性能を評価する顧客に限定されている。中国では、空調用の弁類は売り放しだが、工業用は販

② B公司（日本仪表自控公司）

1994年在中国大连设立工厂，是楼宇自控和检测仪表的厂家。经过15年的奋斗，在中国有较高知名度，产品不仅在日本、中国销售，还出口亚洲其他国家。

中国的计量法规不仅有国家标准，也有各省市的标准。大连市的计量器具必须要得到辽宁省的认证。中国本土产品并不能得到特殊的认证优惠。大连工厂的产品按照日本计量法（JIS）和中国计量法（GB）进行生产。

在大连创业的目的就是为了降低成本，主要生产自控阀门、开关等相关产品。

生产的工业用阀门50%在中国销售，剩余50%在日本销售。空调用仪表大部分销往日本，一部分销售给政府机关。产品用户（发货目的地）的区分并不明确，大部分销售到有日本合资公司的城市。

大连工厂的产品主要销售到日本，接下来是中国国内市场和东南亚（新加坡等），最近有一部分出口到欧洲。产品价格为中国产品的2～3倍。产品用户局限于对产品性能评价要求高的客户。在中国，空调用阀门只管销售，但是工业用阀门则包含售后服务。该公司带售后服务的产品，

売後のメンテナンスが伴う。メンテナンスを伴う部分は、同社の製品は評価が高い。

システム製品は工場系、ビル系とも未だ納入実績は無い。2006年から情報技術センターを工場内に設け、中国市場向けのBEMS等の開発を始めた。

製品の販売は、日系顧客に対しては独自に販売しているが、中国顧客向けは中国企業（国営企業）との合弁会社が販売している。

大連工場で調達しにくい製品は、ゴム製品やステンレス製品だが、開発区は関税等の面で優遇策があるため製造上の阻害要因にはなっていない。中国製の部品を購入活用することも多い。弁類で中国製のコピー製品も見受けられるが、外見は区別がつき難いが、使用すると耐用年数は圧倒的に短い。

但し、製品の長寿命への評価は、必ずしも高くない。建物の劣化が早く、寿命が短いことから、設備の耐用年数も必ずしも長い必要がない。但し、最近は改善の方向にあり、日本製品の評価も高まることが期待される。

設計院は中国国内企業を多用する傾向にあるが、中国に総合的なビル計装を扱う会社がないことは、日本製品の優位性のひとつである。

在市场评价高。

整套产品在工厂和楼宇中并没有销售业绩，2006年在厂内设置了信息技术研究中心，开发面向中国市场的楼宇自动化系统（BEMS）等。

产品销售方面，日本客户由其独立销售，中国客户则由其与中方（国营企业）的合资公司负责。

大连工厂内橡胶制品和不锈钢制品的调配比较困难，但是地处开发区，有关税优惠，没有给生产带来影响。也常常购买中国的国产品。有中国产的仿制阀门，虽然从外观上很难区别，但是仿制阀门的使用寿命非常短。

不过，该公司的产品虽然使用寿命长，但评价并不高。中国建筑老化得快，寿命比较短，设备的耐用年数也不需要很长。最近也有改善的动向，期待今后日本产品的评价会越来越高。

虽然设计院往往多用中国国内厂家的产品，但是中国并没有综合性的楼宇自控安装公司，这也可以说是日本产品的优势。

③ C社（日本設備請負会社）

　中国現地で工場、ビル向けの空調設備、電気設備工事を行っている会社である。空調設備は主に小型空調設備で 100 ～ 200RT 級である。

　中国では設備のトラブルが多い。施工管理体制やサービス体制の不備が原因である。メンテナンスをしないで、壊れたら業者を呼ぶことが一般的であり、建設投資を極力抑えるのが第一義で、ライフサイクルコストといった概念は極めて乏しい。

　日本の施工業者が施工図を書いて設計性能を保持するのに対し、中国での施工業者の責任は曖昧である。設計院による施工設計図に従って施工する。また、設計院への改善提案をすることも困難である。建築は建築本体と内装・設備を分けて設計、施工されるため、設計院の設計が支配的な建築本体よりは、設備の改修提案は受け入れやすい面がある。

　近年、既存ビルの省エネルギー提案（照明器具、空調運転管理、人感センサー等）を行い採用される実績が数例出てきた。但し、投資回収年数は 3 ～ 5 年でも長く、2 年程度が提案採用の限界である。中国政府の最近の省エネルギー施策の例では、太陽光発電（300kw 以上）への国の補助、省エネルギー認定会社（省エネルギー照明器具製造等）への国の補

③ C公司（日本设备安装公司）

　在中国从事工厂、楼宇的空调、电气设备的安装公司。空调设备主要为小型，100 ～ 200RT 级。

　在中国设备纠纷很多，原因在于施工管理与售后服务体制不健全。往往是使用方不进行维护保养，设备坏了以后，才把厂家喊来修理。最重要的是极力控制建设投资，缺乏生命周期成本的概念。

　日本的施工企业以按图施工、保证设计性能为天职，中国的施工企业职责比较暧昧。只是按照设计院的施工图纸进行施工，提不出改善方案。建筑工程中，土建与内装修、设备等分开设计与施工。设计院主要负责主体土建项目的设计，比较容易接受设备安装的改进方案。

　近年来，有好几个既有建筑的节能提案（照明器具、空调运行管理、人体感应器等）被业主采用。但是，投资回收期即使是 3 ～ 5 年，也算长，最长只能接受 2 年左右。按照中国政府最近的节能奖励政策，太阳能发电（300kW 以上）、节能企业认证（生产节能照明器具）等项目，都可以得到政府的补贴。

助などがある。

日本企業の参入の難しさの原因の一つは、部門別設計院（第一から第十）による膨大な標準図があげられる。さらに、設計院との人脈形成が必須である。日本の大手施工会社は中国の国家組織と合弁を組んで事業展開している。中国における入札方式は、投標（通常の価格競争）と義標（業者を選定）の二通りがある。公共施設は投標、民生用建築・外資建築は義標による。後者は、選定業者による設計図書を設計院に提供し、設計院が認定する。日本企業は後者の方がビジネスのチャンスがあると思われるが、受注活動に際してのコンプライアンス問題が障害になるケースが多いのが現状である。

地域暖房に関しては、既存の都市部より、開発区などで開発事業者がインフラ全体を発注する場合の方が、日本企業にとって計画～施工、日本製品の活用を含め、ビジネスチャンスがあると思われる。先進性のある提案、実績により中央政府へのアピールも可能である。

④　D社（日本建築請負会社）

日本の直轄営業所時代を含め、1980年代から中国内での活動実績はおよそ30年、300件近くの設計施工プロジェクトの実績を築いてきた建築請負会社である。現在は独資子

日本企业比较难参与的另一个原因是，不同专业的设计院（第一院到第十院）有太多的标准图。另外，还必须要有设计院的人脉。日本的大施工公司与中国的官方机构合作，共同参与建设项目。中国的招投标方式分公开招投标（通常的竞价投标）和指名招投标（指定公司）两种。公共项目一般是公开招投标，民用和外资项目则是指名招投标。指名招投标时，由指定公司向设计院提交设计图纸，由设计院选定中标单位。指名招投标对日本企业来说是一个商业机遇，但是在接单时往往出现违规等问题，成为障碍。

关于集中供热项目，与旧城区改造项目相比，开发区项目尤其是由开发区建设公司一体化发包市政设施时，日本公司可以从规划到施工，使用日本产品，这是一个商业良机。先进的提案和工程业绩，也可以向中央政府展示技术水平。

④　D公司（日本建筑承包公司）

从最早的日本总公司直属营业所时代算起，该建筑承包公司1980年代就开始在中国有活动业绩，迄今已经30多年，参与设计施工的项目有300个。2003年在上海设立独资子公司，

4章　日本の省エネルギー技術の中国地域暖房での展開と評価
第四章　日本节能技术在中国集中供热系统的推广与评价

会社で事業継続し、2003年に上海で会社を設立した。

1987年から2000年まではホテル、事務所ビル、ゴルフクラブハウス、工場等多岐にわたる建物を建築してきたが、現地法人化以降は日系の顧客の生産施設、物流施設、研究施設を主として建築している。

当初の60名社員から300名近くの建築専門家集団となり、現在1級の施工資質証を取得している。中国国内における日系最大級の総合建設会社として上海本社を中心に中国全土の建築工事を行っている。設計と施工の資格を持ち、90年代まで北京で中国設計院と合弁会社を作り営業した。

設計したプロジェクトでは日本製品を多く採用したが、近年中国製空調システムも多く採用している。理由はやはり価格が10－20%程度安いため。中国製システムを採用した後、問題が多いのも確かである。日本システムは特殊な部分、特に接続の部分は良くできている。ただし、中国市場では未だ良さが認識されていない。

中国市場ではアイデアとブランド確立戦略が必要である。そこで、省エネルギーについても顧客に多様な提案を行っている。

继续开展业务。

从1987年到2000年，主要承担宾馆、办公楼、高尔夫俱乐部、工厂等诸多建筑项目。成立当地法人公司以后，主要承担日资客户的生产、物流和研究设施等项目。

从最初的60名员工发展到近300名的建筑专家集团，现在已经取得一级施工资质，是中国国内最大的日资综合性建设公司。以上海总公司为中心，建筑项目涉及全国。具有设计和施工资格，1990年与北京的中国设计院成立合资公司，开展业务。

以前在设计的项目中多采用日本产品，近年多采用中国产的空调系统，因为价格会便宜10-20%。采用中国产品之后，确实问题也比较多。日本系统的特殊部件，尤其是连接部分做得好，但是还未得到中国市场的认可。

在中国市场必须要确立创意和品牌战略，为客户提供多种多样的节能方案。

⑤　エネルギーサービスプロバイダー

　　NEDO の「国際エネルギー消費
効率化等モデル事業」民生（ビル）
省エネモデル事業（中国）として、
2008 年から上海の大型ホテルの省
エネモデル事業を行っている。この
プロジェクトは、日中両国政府が共
同で進める「日中省エネルギー・環
境ビジネス推進モデルプロジェク
ト」にも選ばれており、両国政府も
後押ししている。エネルギー消費の
拡大傾向が続く民生分野に焦点を当
てた初めての事業となる。

　　上海ではホテル需要が益々高まっ
ている。民生部門に焦点を当てたホ
テル事例として、上海市内のホテル
への省エネルギー技術の導入促進を
目指し、併せて、今後は北京や華南
経済圏などの大都市のビルへの省エ
ネルギー技術導入の展開を図ろうと
している。

　　従来から用いられてきた省エネル
ギー技術に限らず、高効率のガス
コージェネレーションシステムや、
中国では導入事例のない高性能ヒー
トポンプ等を導入し、BEMS を活
用して包括的かつ効率的な運用を行
うことで、建物全体の省エネルギー
効果を実証する。エネルギー消費の
上流から下流までのあらゆる段階で
省エネルギー手法を導入することで、
大きな省エネルギー（14.4％と予測）

⑤　能源服务公司

　　作为 NEDO（日本新能源产业开
发机构）《提高能耗效率的国际示范
性项目》中国民用建筑案例，2008
年在上海实施了大型宾馆的节能示范
项目。该项目入选《日中节能环保商
务示范项目》，由日中两国政府共同
推进，在能耗消费不断增长的民生领
域，这是第一个项目。

　　上海的宾馆需求日益增大，聚焦民
生领域的宾馆，目的就是为了促进上
海市各宾馆导入节能技术，今后也能
促进北京、华南经济圈大城市的楼宇
节能。

　　不仅使用既有的节能技术，而且使
用高效燃气热电联产系统，导入中
国还未有前例的高性能热泵；应用
BEMS 技术，实现系统的一体化和高
效运行，拿事实来证明建筑的总体节
能效果。从能源消费上游到下游的各
阶段都实施节能对策，预计会有很大
的节能效果（节能 14.4％）。

を実現する計画である。

中国での ESCO 事業を広げるため、一番の問題点は保証である。信用取引で成立するビジネススキームなので、保証の仕組みをうまく解決しない限り事業の実現は難しい。市場開発には中国規格に合う商品が必要であり、価格も高すぎると投資回収できなくなる。最近は省エネルギー補助金制度があるので、その活用が有効である。

中国で普及が可能なシステムとして、BEMS、空調用ヒートポンプ（ターボ冷凍機）、CO_2 冷媒ヒートポンプ、コージェネレーションシステムが挙げられる。コージェネレーションシステムを導入する際には、電力の発生が伴うので現地の電力会社との折衝が必要である。

在中国推广能源服务项目最大的问题是担保。商业机制的成功与否取决于信用交易，不健全担保体系，无法实现具体的节能项目。市场开发时必须要开发适合中国国情的商品，价格过高必然无法实现投资回收。要充分有效地利用近来推行的节能补贴制度。

BEMS技术、空调用热泵（离心式冷冻机）、CO_2 热泵、热电联产系统等都可能会在中国得到普及。导入热电联产系统时，由于电力要入网，必须要和当地的电力公司进行协商。

(3) **日本企業の中国市場への関心**

1) 日本企業の中国地域暖房事業への進出意欲

日本企業の地域暖房関連事業分野への中国進出は、必ずしも旺盛とは言えない。

エネルギー事業者（最も国内で地域暖房供給の実績を有するガス会社）は、中国での地域暖房事業に対しては、

① 「現時点では進出意向はない。あるとすれば、地域暖房事業のマネジメント・効率化分野か。」

② 「中期経営計画では、スマートエ

(3) **日本企业对中国市场的兴趣**

1) 日本企业对参与中国集中供热项目的积极性

日本企业对参与中国集中供热项目的积极性未必很高。

某能源公司（日本国内集中供热规模最大的煤气公司），对中国的集中供热项目有如下评价：

① "目前而言还没有参与的打算，今后可能会在集中供热项目的管理和提高能效的方面有所介入。"

② "公司中期经营计划中，准备开拓

ネルギーネットワーク等の海外事業展開を目指している。それも日本での実証の成果が出る5年後くらいからか。関連会社による地域冷暖房・コージェネ技術の導入支援やエネルギーサービス事業の可能性はある。この場合も、日本が得意とする中国中南部の地域冷暖房が主体になるのではないか。」

日本の冷凍機メーカーも、

③「中国地域冷暖房会社への出資の例はなく、その必要性やメリットも感じられない。出資が自社製品の導入に結びつくか疑問である。」

④「自ら前面に出て出資を行うことは難しい。メリット、インセンティブがない。商社その他に協調することは考えられるが、事例はない。」

日本の冷凍機メーカー等からは、日本政府への期待として、

⑤「シンガポールや米国のようなトップ外交、相手国政府・企業発注段階での借款の適用、2国間クレジットなど排出権と関連付けたプロジェクトの生成、設計事務所に対するサポートによる設計への性能やエネルギー管理の必要性の折り込み、商社＋設計事務所（＋デベロッパー又はゼネコン）などの先兵に対する支援を期待している。」

などの声が寄せられている。

海外智能能源网络项目，大概要等日本的实证结果出来5年后才可能。相关配套公司可能会参与集中供冷供热、热电联产的技术支持和能源服务项目。可能会考虑在日资较盛的华东、华南地区，建设集中供冷供热项目。"

日本某冷冻机厂家也有类似评价：

③"未曾投资过中国的集中供冷供热企业，感觉没有必要，也没有什么利益。即使投了资，是否会采用自己公司的产品，有很大的疑问。"

④"自己公司出面投资比较困难，没有利益也没有动力。配合商社等一起参与倒是有可能的，但是目前为止并有先例。"

日本冷冻机公司对日本政府有如下期待：

⑤"学习新加坡和美国走首脑外交，在中国政府和企业的发包阶段进行项目贷款，促进两国间的碳信用排放权项目等。支援设计公司参与海外项目，鼓励其设计要明确设计性能要求和能源管理系统的内容。希望商社和设计公司（＋房地产公司或工程总包公司）等能打头阵。"

4 章　日本の省エネルギー技術の中国地域暖房での展開と評価
第四章　日本节能技术在中国集中供热系统的推广与评价

【参考】日本のエネルギー事業者の中国地域熱供給への進出意欲（上記コメントの詳細）

（エネルギー事業者）

（T社）

・当社にいては、残念ながら、現在は中国との具体的な案件はない。2020 年までの中期経営計画の中では、「国内で蓄積した営業力・技術力を生かしたスマートエネルギーネットワーク等の海外事業展開」を目指しているものの、まだ具体的な提案などを行う段階には至っていない。

・その理由は、スマート技術については実証試験を開始した段階で、まだ技術的な蓄積がないため。

・いつごろ海外事業展開が可能になるかということだが、おそらく、日本での第 1 号事業が竣工し、運転実績をある程度積んでから、例えば 2017 年ごろが考えられる。

・スマートネットワーク以外で現在の中国で最も必要な技術は石炭のガス化だと思われる。当社では昭和 50 年代に石炭を原料としたガス製造工場を閉鎖し、原料のすべてを天然ガスに切り替えており、技術研究所などで研究や調査は行っているものの、稼動しているプラントがないので、日本の技術として中国に輸出することは難しいと思われる。

・また、LNG 技術については、当社の関連会社が中心となって、台湾における導入を進めた経緯があるが、今後新たなプロジェクトを検討する予定はない。

・こうした状況の中で唯一考えられるのが、地域冷暖房関連子会社などによる、面的開発地域における地域冷暖房・コージェネ技術の導入支援やエネルギー

【参考資料】日本企业对参与中国集中供热项目的积极性（上述资料的详细版）

（能源公司）

（T公司）

・非常抱歉，目前本公司还没有在中国开展具体的项目。公司 2020 年的中期经营计划中，虽然说要积累国内的经营能力和技术力量，开拓海外智能能源网络项目，但是还没有到具体项目提案的阶段。

・理由是，智能能源技术还处于实证试验的开始阶段，还没有完成技术积累。

・关于何时能在海外开始这类项目，至少要等日本国内的第一个项目竣工，积累运行经验之后才可能，或许会在 2017 年左右。

・除了智能能源网络技术之外，中国当前最重要的是煤炭气化技术。本公司在 1975 年关闭了煤炭气化工厂，所有原料全部转换成天然气。虽然技术研究所等也进行着研究、调查等，但是已经没有继续运行的设备，估计这些技术也很难向中国输出。

・关于液化石油气技术，以本公司的配套公司为中心，有向台湾出口技术的项目，今后也没有讨论新项目的计划。

・按照目前的情况，唯一可行的是由集中供冷供热企业的子公司，在大型开发区实施集中供冷供热、热电联产项目的技术支援和合同能源服务。

サービス事業である。
- この分野で当社グループが得意とするのは、地域暖房ではなく地域冷房なので、どちらかというと中国でも東北部ではなく中部や南部がマーケットになると考えられる。
- 寒冷地における地中熱利用については、ほぼ同じ気候の欧州での状況を見ても、太陽熱やCHP（熱併給発電）廃熱との併用によるハイブリッド化が必要である。ただ汲み上げるだけの瀋陽のシステムは、熱源枯渇で苦戦を強いられるのではと思われる。

（O社）
- 現時点では、中国の熱供給事業への進出の意向はない。今後の中国での日本企業進出の動向やカントリーリスクを鑑みて判断することになる。
- 関連会社を含む関連技術協力の意向としては、NEDOなどを通じての関連技術協力の可能性はある。現に炭鉱メタンプロジェクトを阜新で進めている。
- 進出の契機になり得る、排出権取引、LNG基地関連、石炭ガス化関連、スマートコミュニティ関連等に関するガス事業の進出の可能性は恐らく無い。中国側にニーズがないと思われる。地域冷暖房自体のニーズも無い様に思われ、あるとすれば、地域冷暖房事業のマネジメント・効率化の分野は可能性があるのではないか。
- 進出（技術協力を含む）に際しての条件・環境整備としては、きちんとした契約履行の担保と信頼できる中国企業のパートナーが必要である。

- 本集团公司最擅长的不是集中供热领域，而是集中供冷。相对而言，市场不是在中国的东北地区，而是在华东和华南地区。

- 关于严寒地区的地热项目，即使是气候条件相同的欧洲，也是与太阳能、CHP（热电联产）排热一起应用的。沈阳的系统仅仅是从地下抽取地热，随着地热的枯竭，可能会陷入困境。

（O公司）
- 目前本公司还没有参与中国供热项目的打算，今后将视日本公司在中国的发展动向和国家风险等再判断。

- 关于配套公司的技术合作意向，如果是有关NEDO项目，相关的技术合作是可能的。目前阜新的煤炭甲烷化项目正在进行之中。

- 可能会在有关碳排放权、LNG基地、煤炭气化方面参与，智能化社区方面，大概不太会有可能性，至少中方没有需求。集中供冷供热方面也没有需求，如果要说有的话，或许会在集中供冷供热的管理和提高能效的方面。

- 关于去中国发展（包括技术协作）的条件与准备，必须要有切实的履行契约担保以及可以信赖的中方合作伙伴。

4 章　日本の省エネルギー技術の中国地域暖房での展開と評価
第四章　日本节能技术在中国集中供热系统的推广与评价

（冷凍機メーカー）

（E 社）

・烟台での中国との合弁会社で製造する吸収式冷凍機は、一般建築市場は中国の 2 大メーカー（双良、遠大）とのコスト競争で苦戦し、産業用（工場主体、熱供給プラントを含む）市場にシフトしてきている。

・工場向けに、排熱を回収しプロセス向けに熱供給を行う例が多い。

・瀋陽等中国東北地域のメンテナンスの契約率は 50％に至らない。商習慣上、機器支障発生時には、メーカーに補償を求めるより、修理代を払うのが常態。但し、産業用はアフターサービス契約が主体になりつつある。

・現時点の判断では、既設改修への関心は低く、開発区への進出も目指してはいない。

・中国での新規事業の投資に際して、地元企業は自己資金によることが多いようだ。その際、銀行に保証金を預託する。一般に機械製品の購入代金は、試運転前に 90％、試運転後に完済するのが通例。

・地元の地域暖房会社に、自ら前面に出て出資を行うことは考えにくい。メリット、インセンティブがない。商社その他に協調することは考えられるが事例はない。

・親会社が、バイオマス活用など新規事業開発の一環で大胆な展開を行うことは可能性がなくはない。

（中国地域（冷）暖房会社への出資等実績・意向）

・中国地域冷暖房会社への出資の例はなく、その必要性やメリットも感じられない。

（冷冻机厂家）

（E 公司）

・在烟台成立中日合资公司，制造吸收式冷冻机。在普通建筑市场上，与中国两大厂家（双良、远大）价格竞争激烈，正在向工业市场（包括工厂、供热供冷能源厂等）转型。

・回收工厂排热、工艺用热的工程实例较多。

・沈阳等东北地区，设备维修的签约率不到 50％。按照一般的商业习惯，当设备发生故障时，一般是支付修理费，而不是问厂家要赔偿。但是工业市场往往带售后服务协议。

・按目前的判断，对于既有项目的改造兴趣较低，没有考虑要参与开发区的项目。

・中国新项目的投资，往往是利用当地企业的自有资金，向银行预支保证金。对于一般机械产品的货款，试运行前支付 90％，试运行后支付余额。

・当地集中供热企业不太可能带头出资。因为其自身没有利益和动力，配合商社等一起投资也不太可能。

・总公司大刀阔斧地发展生物质燃料等新项目，这种可能性还是有的。

（投资中国集中供冷公司的业绩和意向）

・未曾投资过中国的集中供冷供热企业，感觉没有必要，也没有什么利益。

189

・海外投資は手続きが煩雑。それ
を乗り越えるほどの強いインセ
ンティブが見当たらない。

（中国進出に向けた日本政府への期
待）
・シンガポールや欧米政府の実績
を上げたトップ外交は、日本政
府にも期待したい。
・天津開発区で日本企業グループ
として参加している。構想段階
での日本のシステム提案は良い
が、実施段階で相手国政府・企
業の発注によると、価格競争で
日本製品は太刀打ちできない。
日本政府による借款が適用され
ると受注可能性が高まるのだが。
・2国間クレジットなど排出権と関
連付けたプロジェクトに仕立てる
ことも、有効と思われる。
・日本政府が設計事務所をサポー
トし、設計に性能の明記やエネ
ルギー管理の必要性を折り込む
など、上流域で日本製品・シス
テムが位置づけられることを期
待したい。
・進出戦略としては、商社＋設計
事務所（＋デベまたはゼネコン）
が先兵となることを、メーカー
としては期待している。

・海外投资手续繁杂，缺乏克服这
种困难的动力。

（为参与中国市场对日本政府的期
待）
・希望日本政府能学习新加坡和美
国走首脑外交

・日本企业团队参与了天津开发区
的项目。在方案构想阶段，日本
的提案非常好，但是到了实施阶
段，由于是中国政府和企业的发
包项目，在价格竞争时无优势。
如果该项目得到日本政府贷款的
话，收到订单的可能性会增加。

・孕育两国间的碳信用排放权项目
较为有效。

・期待日本政府能支援设计公司参
与海外项目，鼓励其设计要明确
设计性能要求和能源管理系统的
内容，在上游领域明确日本产品
和系统的重要性。

・作为发展战略，设备厂家希望商
社和设计公司（＋房地产公司或
工程总包公司）等打头阵。"

⑷ 日本製品・技術を活用する上での課題

1）日本製品・技術活用の課題

中国に製品・技術を輸出しようとする
日本企業が持つ認識は、以下のような課
題を有している。

① 中国の資源調達状況や市場を確認
せず、日本製品は良質であるとの
誤解（利用者があっての製品・技

⑷ 应用日本产品和技术时的课题

1）存在的课题

关于准备向中国出口产品与技术的日本
企业的认识，具体有以下问题：

① 不确认中国资源调配的现状和市
场，误认为只要质量好，日本产品
就可以产品投入市场。

術）による製品投入を行ってしまうこと。

② 製品性能は非常に良いので、高価であっても採用するとの認識を持っていること。

③ 適切なメンテナンスが実施されることを前提とした機器・システム構成を行ってしまうこと。

一方、中国で真に活用される技術として以下が挙げられる。

④ 中国の市場や省エネルギーの推進政策を意識した製品開発を推進すること。

⑤ 中国の利用者を意識したシステムの構築を図ること。

以上から、検討すべき課題は以下の通りである。

⑥ 商品企画：中国規格（GB）への対応によりコストダウンの徹底、市場に合致した商品開発を行うこと。

⑦ 商業慣習：地元密着型営業（従郷主義）により長期メンテナンスサービスの定着努力を行うこと。

⑧ 人材管理：現地管理者の登用、活用により長期間に及ぶ優秀な人材の投入、育成を図ること。

2）中国ビジネスの特徴

中国の環境市場は GDP 成長率以上に大きく拡大しており、今後も伸びる分野である。しかし世界中の企業が参入し、

② 认为只要产品性能好，即使价高也会被采用。

③ 以实施良好的设备维修为前提制造设备与系统。

另一方面，关于中国市场上真正应用的技术，举例如下：

④ 以节能政策为目的，面向中国市场，促进产品开发。

⑤ 以中方使用人员为目的，构筑系统。

根据上述内容，必须探讨以下课题：

⑥ 产品策划：按照中国标准（GB）彻底削减成本，开发适应市场的产品。

⑦ ⑦业习惯：努力培养长期维修服务的习惯，而不是迎合当地的营销方式（入乡随俗主义）。

⑧ 人才管理：通过录用、活用当地管理人员，花时间来培养、启用优秀人才。

2）中国的商业特点

中国环保市场的增长率超过 GDP 的增长，今后还将不断提高。世界各国的企业都已参与，变化非常快。有国家风险和知

変化が激しく、カントリーリスクや知財リスクがあり、また商習慣の違いや多様性、情報不足などもあり、企業・団体が単独で中国環境事業を行うのはリスクが高い。

「官重視・民軽視」の傾向の強い中国に対しては、官民一体型の環境事業の拠点を設け、護送船団方式で日本勢による対中環境事業をサポートする体制の構築も一つの方策であるが、様々な場の設定による日中間の民間企業・団体相互の接触の機会を積極的に創出することが特に重要である。

例えば、相互のコミュニケーション活性化策としては以下が挙げられる。

① 中国と日本相互の特色ある技術・文化を継続的に紹介すること。
② 日本の環境技術設備を紹介する常設の展示場を設けること。
③ ウェブサイト、ニュースレター、広告等メディア掲載により中国語での積極的な情報発信を行うこと。

中国情報の積極的収集策としては、以下が挙げられる。

① 国環境問題ウォッチャー・アナリストによる中国環境市場の調査、情報収集、分析と参入戦略立案を図ること。また中国用に仕様をカスタマイズするなどのアドバイスを行うこと。
② 現地企業や欧米企業の動向調査・分析を行うこと。

识产权的风险。再加上各种不同的商业习惯和信息不足问题，企业和组织单独参与中国的环保项目风险较大。

在中国有"重官轻民"的倾向，设立环保项目官民一体化基地，建立中方环保项目的日本军团，并以护送船队的方式构筑支援体系，这是一个良策。同时，非常重要的是在各种会场积极促进日中民间企业和团体的相互接触。

关于促进相互交流，有如下策略：

① 不断连续介绍中国与日本特色的技术与文化。
② 设立介绍日本环保技术和设备的常设展示厅。
③ 通过网络、新闻通讯、广告等媒体，用中文积极发送信息。

关于积极收集中方信息，有如下策略：

① 通过国际环境问题观察家和分析家调查中国的环保市场，收集信息，制定发展战略，进行立案分析。另外，根据中国规格，定制产品，出谋划策。
② 调查分析中国当地企业和欧美公司的动向。

③ 中国入札の情報提供を積極的に行うこと。

④ 中国環境企業を調査し、合弁会社向けの中国側パートナー探しとその評価を行い、ビジネス仲介を含めて、対中環境ビジネスのコーディネートを行うこと。

　そして、中国の商習慣などを理解するために、以下のような様々な方法により中国ビジネスの特徴を把握し、日本企業をサポートする必要がある。

① 知的財産権保護サポートを行うこと。

② 定期的な技術交流会、シンポジウム、大学界との技術情報交流を行うこと。

③ 優れた技術を持つ日本の中小企業への事業化サポートを行うこと。

＊2　本稿（4)1）は、日中技術者交流会における、日本大学金島教授の講演に基づいている。

③ 积极提供中国的招投标信息。

④ 调查中方环保企业，为合资公司寻找和评价中方合作伙伴，通过商业中介等协调中国环保业务。

　另外，为了理解中国的商业习惯，必须通过以下方法把握中国的业务特征，并支援日本企业。

① 协助保护知识产权。

② 定期召开技术交流会、学术会议以及与学界进行技术信息交流。

③ 支援技术优秀的日本中小企业发展海外项目。

＊2　（4）1）来自日中技术交流会上日本大学金岛教授的演讲资料。

4.2 開発区への省エネルギー型地域暖房の整備計画

(1) 中国における開発区計画

1) 中国における開発区（エコシティ）の開発動向と関連施策

2011 年にスタートした第 12 次 5 カ年計画で、都市の持続的発展と経済成長を実現させるため、放置型の経済成長から循環型の経済成長への転換を加速することが強調された。中央政府では、環境・省エネルギー、新エネルギー、情報通信など、多岐にわたる分野で技術開発や産業発展を刺激できることから、積極的にエコシティ建設に取り組むこととされた。

2011 年以前にも、「再生可能エネルギー法」（2006 年）、「国家エコ工業モデル園区管理方法」（2007 年）、「省エネルギー法」（2008 年）など関連法制度が相次いで公布されている。また、中央政府、地方政府とも、新エネルギー、省エネルギー、環境保護分野の支援策を打ち出している。

このような背景のもと、エコシティ（中国語；生態城）、エコ工業園区（中国語；生態工業園）の計画が図 4.2.1 に示すように中国全土で起案され、2010 年時点で全国の 170 を超える市・県が建設を進めていると言われている。但し、実情はこれらのプロジェクトの大半がエコシティの名を借りた不動産開発であるとの指摘もある。

4.2 开发区节能集中供热项目的建设规划

(1) 中国的开发区建设规划

1) 开发区（生态城市）的建设动向与相关政策

2011 年开始的十二五规划强调，为了实现城市的可持续发展与经济成长，加快实现从粗放型经济发展方式向循环型经济发展方式的转换。中央政府为了激励环保节能、新能源、信息通信等多领域的技术开发和产业发展，积极推进生态城市的建设。

2011 年之前相继颁布了《可再生能源法》（2006 年）、《国家生态工业示范园区管理办法？》（2007 年）、《节约能源法》（2008 年）等相关法律制度。另外，中央政府和各级地方政府也出台了新能源、节能和环保领域的支援政策。

在此背景之下，如图 4.2.1 所示，在全国各地起草了生态城、生态工业园区的规划。截止到 2010 年，据说全国有 170 个市县开始建设生态城。但是，也有人指出，大部分项目只是借生态城之名开发房地产。

エコシティ・プロジェクトの代表格が、中国・シンガポール天津エコシティである。天津市濱海新区東北部に位置し、天津市内から約45kmに位置する。臨海部の塩田跡地の開発で面積約30㎢の広大な面積を占める、中国政府とシンガポール政府の共同プロジェクトである。中国国有企業、シンガポール、香港、マレーシアなどの企業と共に、日本からも日本総合研究所や日立製作所、三井不動産などが参画している。

2008年に建設を開始、2015年に竣工した。種々の省エネ・環境保護技術を導入、完成時の居住人口は35万人、10万人の雇用を創出するという計画である。総投資規模は約3.5兆日本円に及ぶ。

　＊1　以上の記述は主に、JETRO北京センター：「中国のエコシティ構想の現状と日本企業のビジネスチャンス」2011年3月、によっている。

天津エコシティは、中央政府肝いりの国家級エコシティ建設というものの、他のエコシティと同様、その進捗は必ずしも順調ではない。開発済みの居住区の一部は鬼城（ゴーストタウン）と言われるほど、入居率が低い地区もある。また、濱海新区内の港湾地区で2015年8月に起きた大規模な倉庫爆発事故は甚大な被害をもたらした。危険物管理のずさんさ、消火体制の不備と同時に、危険物倉庫に居住区が近接するという土地利用計画の不適切さも指摘された。

生态城项目中最具代表性的是中国与新加坡的中新天津生态城。位于天津市滨海新区东北部，离开市区约45公里。原来是靠近海边的废弃盐田，项目占地面积约为30㎢，由中国政府和新加坡政府共同开发。中国国有企业、新加坡、香港、马来西亚等企业共同参与，日本的日本综合研究所、日立制作所和三井不动产公司等也参加了。

从2008年开始建设，2015年竣工。采用各种节能环保技术，竣工时规划居住人口为35万，创造10万人就业，总投资约为3.5兆日元。

　＊1　上述内容主要出自《中国生态城构想的现状与日本企业的商机》，JETRO北京中心，2011年3月

虽说天津生态城是中央政府一手操办的国家级生态城建设项目，与其他生态城项目一样，发展也并非很顺利。已开发完成的一部分居住小区入住率很低，被称为鬼城（Ghost Town）。另外，2015年8月在滨海新区天津港发生大规模的仓库爆炸事故，损失巨大。暴露出危险化学品管理混乱，消防体制不健全，危险品仓库临近居民区，土地利用规划不完善等问题。

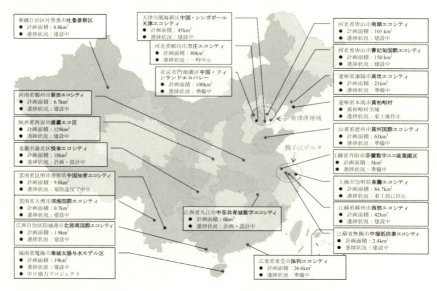

新疆自治区吐魯番市吐魯番新区
・計画面積：8.8㎞²－8.8平方公里
・進捗状況：建設中－进展情况：在建

河南省鄭州市新田エコシティ－河南省郑州市新田生态城

陝西省西安市滻灞エコ区－陕西省西安市浐灞生态区

重慶市渝北区悦来エコシティ－重庆市渝北区悦来生态城

雲南省昆明市晋寧県中国知青エコシティ
・進捗状況：規則違反で中止－因违反规定停建
エコシティ－生态城

海南省瓊海市楽城太陽与水モデル区
－海南省琼海市乐城太阳与水示范区
・中日協力プロジェクト－中日合作项目

遼寧省本溪市黄柏峪村
・進捗状況：着工後停止－开工后停建

上海市崇明県東灘エコシティ
・進捗状況：着工前に停止－开工前停建

天津市濱海新区中国・シンガポール天津エコシティ
－天津市滨海新区中国、新天津生态城

河北省廊坊市万庄エコシティ
・進捗状況：一時中止－暂时停止

北京市門頭溝区中国・フィンランドエコバレー
－北京市门头沟区中国芬兰生态谷
・進捗状況：準備中－筹备中

＊2 出典：「中国のエコシティ構想の現状と日本企業のビジネスチャンス」JETRO北京センター 2011.3
－出处：《中国生态城构想的现状与日本企业的商机》，JETRO北京中心，2011年3月

図 4.2.1　中国におけるエコシティの分布
图 4.2.1　中国生态城的分布图

(2) 検討地区の概要と導入検討システム
　1）瀋北新区の概要
　瀋陽市での事例検討地区として瀋北新区を採りあげる。瀋北新区は、市の中心部から北郊約 20km に位置する開発区で

(2) 项目地区与导入设备系统的探讨
　1）沈北新区的概要
　选择沈北新区为沈阳市项目探讨地区。沈北新区位于北郊，离开市中心约20km，面积约为 1,098 ㎞²，分蒲河新城、

196

ある。区域面積は約1,098k㎡であり、蒲河新城、新城子区の2つ地域に区分される。

蒲河新城（約270k㎡）は瀋北新区の中心である。この中には、区域の東側からそれぞれ「輝山経済区」、「虎石台経済区」、「道義経済区」の3つの経済区が設定されている。

新城子区两个区。

蒲河新城（约270 k㎡）是沈北新区的核心区。在其东侧规划辉山经济区、虎石台经济区和道义经济区了等3个区。

図 4.2.2　瀋北新区の広域図（出典：瀋北新区投資ガイド）
图 4.2.2　沈北新区的规划图

「輝山経済区」

この区域は、中華人民共和国農業部から「国家級農産品工業モデル基地」に指定されており、農産品加工区・農業ハイテク産業区・現代農業モデル区・科学城・農業リゾート観光旅行区の5大機能区が指定されている。

「虎石台経済区」

この区域の機能区として、国家農産品加工区、商業貿易物流区、環境居住区となっており、重点的に農産品加工、ハイ

「辉山经济区」

该区被中国农业部批准为"国家农产品工业示范基地"，分农产品加工区、农业高科技产业园区、现代农业示范区、科学城、农业休闲观光旅游区等五大功能区。

「虎石台经济区」

该区分国家农产品加工区、商业贸易物流区、环境居住区等三大功能区，重点导入农产品加工、高科技、物流产业、房地

197

テク、物流・流通、不動産開発などのプロジェクトが導入される。

「道義経済区」

この地区は、国から工業集積区に指定されており、機能区としては科学技術創業区、商業・居住区、大学がある。育成産業としては航空電子、IT、バイオ、新型建材などである。

この道義経済区の住宅街区とCBD街区（商業・業務中心）への、省エネルギー型地域暖房システムの導入検討を行う。

2）導入システムイメージ

省エネルギー型地域暖房システムとしては、図4.2.3に示すように、CHP（熱電併給）プラントからの排熱（高温水）をサブプラント：地下水ヒートポンププラントの吸収ヒートポンプの駆動力として利用し、熱源水に地下水を利用することで、高効率な運転を可能にする熱源システムから構成する。

熱源水とする地下水資源の確保が難しい地区は、CHP（熱電併給）プラントが近くにある場合にはCHP（熱電併給）の冷却水を利用したり、近くに工場や下水処理場がある場合には、工場排熱や下水熱を利用することも有効と考えられる。（図4.2.4）

产开发等项目。

「道义经济区」

该区被国家批准为"工业密集区"，分科学技术创业区、商业居住区、大学等功能区。主要发展航空电子、IT、生物、新型建材等产业。

在道义经济区的住宅小区和中央商务区（CBD），探讨导入节能型集中供热系统。

2）节能系统的概要

节能型集中供热系统的具体构成如图4.2.3所示。由CHP（热电联产）供热机房的排热（高温水）输送到热力站的地下水热泵机房，驱动吸收式热泵。由于以地下水为热源，该系统能够高效运行。

对于地下水资源不足的地区，如果附近有CHP（热电联产）供热机房时，可以利用CHP（热电联产）的冷却水；或者附近有工厂或污水处理厂时，可以有效利用工厂排热和污水废热（图4.2.4）。

4 章　日本の省エネルギー技術の中国地域暖房での展開と評価
第四章　日本节能技术在中国集中供热系统的推广与评价

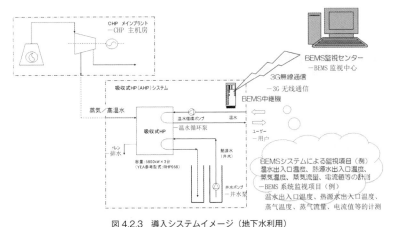

図 4.2.3　導入システムイメージ（地下水利用）
图 4.2.3　节能系统的概要（地下水）

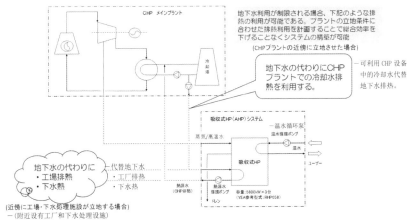

地下水利用が制限される場合、下記のような排熱の利用が可能である。プラントの立地条件に合わせた排熱利用を計画することで総合効率を下げることなくシステムの構築が可能（CHPプラントの近傍に立地させた場合）
－如果地下水的利用受限，可利用下述余热利用方式。根据余热分布合理选择合适的机房位置，构筑能源综合效率高的供热系统。

図 4.2.4　導入システムイメージ（工場排熱・下水熱利用）
图 4.2.4　节能系统的概要（工厂排热・工厂排热・污水废热利用）

地区全体のシステムは、図 4.2.5 に示すように、CHP（熱電併給）プラントやエネルギー供給プラントを拠点として、

整个热源系统如图 4.2.5 所示，是以 CHP（热电联产）机房和供热机房（水源热泵机房）为中心的市政设施系统。它能

199

エネルギー及び情報の集約化と運転データの収集・分析、合わせて各プラントのマネージメント及び運転の最適化を実施するインフラシステムである。

地域暖房の対象として、住宅街区と経済的な中心となるCBD街区を中心に、これらの街区の熱供給インフラをネット

汇总能源信息，收集，分析运行数据，通过各机房的最优化管理，实现系统运行的最优化。

以住宅小区和经济中心的中央商务区（CBD）为中心进行集中供热，通过市政供热管网、IP网络和信息管理系统，实现

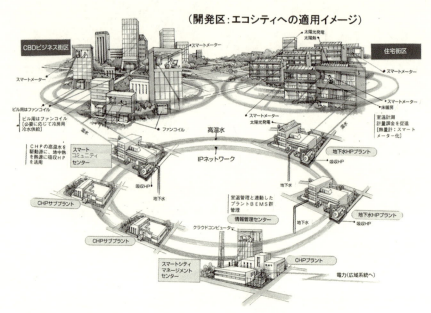

開発区：エコシティへの適用イメージ－在开发区生态城应用的构想
ファンコイル－空调设备　　太陽光発電－太阳能发电
スマートコミュニティセンター－智能社区中心
スマートシティマネジメントセンター－智能社区中心
クラウドコンピューター－云计算机
ビル用はファンコイル（必要に応じて冷房用冷水供給）－楼房使用空调设备（根据需要提供使用于冷的冷水）
CHPの高温水を駆動源に、地中熱を熱源に吸収HPを活用
－将CHP的高温水作为驱动源、地热作为热源，灵活利用吸收式HP
室温計測、計量化金を促進－室温测量促进计量收费
室温管理と連動したプラントBEMS群管理－室温管理与联动的供热机房BEMS群管理

スマートメーター－智能测量仪
床暖房－地暖
CHPサブプラント－CHP热力站
情報管理センター－信息管理中心
IPネットワーク－IP网

図4.2.5　提案技術の適用イメージ
図4.2.5　技术提案的构想

ワーク化しIPネットワークを活用して、情報システムによるエネルギー管理も同時に実施する。

(3) モデル地区の熱負荷想定
  1) モデル地区の概要

瀋北新区の開発計画概要（瀋北新区投資ガイド）より、「住宅街区モデル」及び「CBD街区（商業・業務センター）モデル」（土地利用及び建物計画）を想定する。瀋北新区の中心区（蒲河新城内）における建物高さの分布に基づいて、居住区の建物は7～12階程度で、高さを25～40mに想定し、CBD街区の建物は12～28階程度で、高さを40～100mに想定する。

能源管理的最优化。

(3) 示范区供热负荷的估算
  1) 示范区的概况

根据沈北新区的规划概要（沈北新区投资指南），设定"住宅区"及"中央商务区（CBD，商业办公中心）"（土地利用与建筑规划）两个模型。根据沈北新区中心区（蒲河新城内）的建筑高度分布，住宅区的建筑为7～12层左右，高度为25～40m，中央商务区的建筑为12～28层，高度为40～100m。

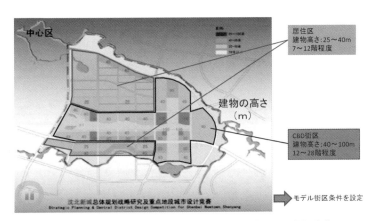

建物の高さ－建筑物高度　　モデル街区条件を設定－设定示范街区条件

図 4.2.6　瀋北新区の中心区の建物モデル化
图 4.2.6　沈北新区中心区建筑模型的提案

「住宅街区」及び「CBD 街区」ともに、供給区域を延床面積 30 万㎡として想定した。

住宅街区は図 4.2.7 に示すように、約 550 m × 550 m の敷地に 10 階建ての集合住宅を 10 棟配置し、容積率を 100%とした。また、各棟の住戸数は 100 戸で、1 戸当り延床面積を 100㎡として設定した。

CBD 街区は図 4.2.8 に示すように、約 250 m × 250 m の敷地に 20 階建ての商業ビルを 4 棟配置し、容積率を 500%とした。また、各ビルにおいて、事務所の延床面積は 15 万㎡、商業・娯楽は 7.5 万㎡、宿泊施設は 7.5 万㎡の計 30 万㎡のモデルとした。

"住宅区"和"中央商务区"的供热面积均为 30 万㎡。

住宅区模型如图 4.2.7 所示,用地面积为 550 m × 550 m,配置 10 栋 10 层的公寓,容积率为 100%。每栋公寓有 100 户住户,每户建筑面积设定为 100 ㎡。

中央商务区模型如图 4.2.8 所示,用地面积为 250 m × 250 m,配置 4 个商业设施,容积率为 500%。每栋建筑中,办公楼面积为 15 万㎡,商业娱乐设施为 7.5 万㎡,旅馆设施为 7.5 万㎡。CBD 街区办公楼的建筑面积为 15 万㎡,商业娱乐设施为 7.5 万㎡,旅馆设施为 7.5 万㎡,共计 30 万㎡。

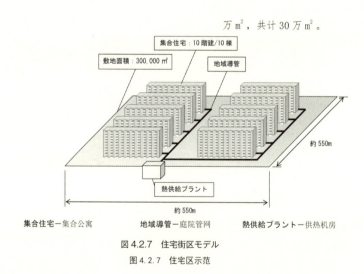

集合住宅－集合公寓　　地域導管－庭院管网　　熱供給プラント－供热机房

図 4.2.7　住宅街区モデル
图 4.2.7　住宅区示范

4章　日本の省エネルギー技術の中国地域暖房での展開と評価
第四章　日本节能技术在中国集中供热系统的推广与评价

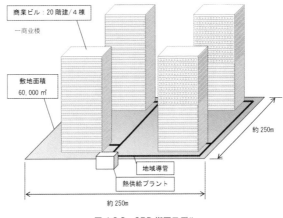

図 4.2.8　CBD 街区モデル
图 4.2.8　中央商务区示范

2）熱負荷計算プログラム

負荷計算に使用したプログラムはHASP/ACLD 年間動的熱負荷計算プログラムで、壁・床・天井に対してはレスポンスファクターを使用した非定常計算を行う。日本で開発されたプログラムであるが、気象データが入手できれば、中国の建物に対しても使用可能である。

図 4.2.9 はプログラムの概略フローチャートである。年間 8,760 時間の計算を行うように作成されているが、各月の代表日の気象データを作成し、月代表日、および冷暖房ピーク日の計算を行った。

なお、建築計画条件としては、平面計画、建築仕様（部材等）を現地の建築物の実情等をもとに設定した。気象条件は中国気象局気象情報中心の気象データに基づいて、修正 HASP 気象データ形式のデータを作成した。

2）热负荷计算软件

采用 HASP/ACLD 动态热负荷软件计算全年热负荷，采用反应系数法计算墙壁、地板和屋顶的非稳态传热。这是日本开发的软件，只要能够得到中国的气象数据，就可以适用于中国建筑的负荷计算。

图 4.2.8 为该软件的计算流程概要。主要计算全年 8760 小时的逐时负荷，由于制作了各月典型日的气象参数，从而可以计算各月典型日以及最大空调负荷。

根据当地实际建筑的平面图、建筑材料规格（构成材料等）设定建筑模型。气象数据采用中国气象信息中心的气象数据，编写修正 HASP 软件的气象数据。

203

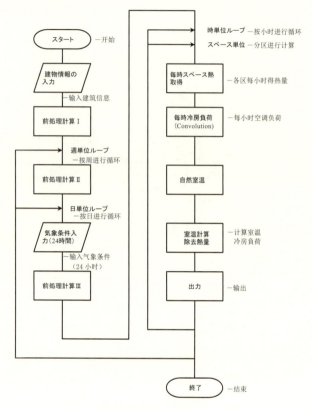

図 4.2.9　負荷計算プログラム概略フロー
图 4.2.9　负荷计算程序的计算流程

3）熱負荷（暖房負荷）
① 住宅街区
延床面積 300,000 ㎡の住宅街区での暖房負荷の計算結果は以下の通り。
最大暖房負荷：
64,043 MJ/h（≒ 59W/㎡）
年間暖房負荷：
92,700 GJ/年［≒ 310MJ/（年・㎡）］
住宅における最大暖房負荷は 59W/㎡、

3）热负荷（采暖负荷）
① 住宅区
建筑面积 300,000 ㎡住宅区采暖负荷的计算结果如下：
最大采暖负荷：
64,043MJ/h（≈ 59W/㎡）
年采暖负荷：
92,700GJ/年［≈ 310MJ/（年・㎡）］
住宅的最大采暖负荷为 59W/㎡，年采

204

年間暖房負荷は 310MJ/（年・㎡）という結果である。

参考として、空気調和・衛生工学会による東京地区の住宅の最大暖房負荷は 35W/㎡、年間暖房負荷：98MJ/（年・㎡）であり、瀋陽市は、最大暖房負荷で東京の約 1.7 倍、年間暖房負荷で 3.2 倍となっている。

また、地域係数を考慮した札幌地区の住宅の最大暖房負荷は 52W/㎡、年間暖房負荷は 201MJ/（年・㎡）であり、瀋陽市は、最大暖房負荷で札幌の約 1.2 倍、年暖房負荷で約 1.5 倍となっている。

② CBD 街区

延床面積 300,000㎡ の CBD 街区では、暖房負荷の計算結果は以下の通り。

最大暖房負荷：

76,004 MJ/h（≒ 70W/㎡）

年間暖房負荷熱量：

113,581GJ/年［≒ 379MJ/（年・㎡）］

瀋陽市の CBD 街区における最大暖房負荷は 70W/㎡、年間暖房負荷熱量は 379MJ/（年・㎡）という結果である。

参考として、空気調和・衛生工学会における東京地区の事務所（標準）の最大暖房負荷は 69W/㎡、年間暖房負荷：126MJ/（年・㎡）であり、瀋陽市は、最大暖房負荷で東京の同程度、年間暖房負荷で約 3 倍となっている。

また、地域係数を考慮した札幌地区の住宅の最大暖房負荷は 87W/㎡、年間暖房負荷は 311MJ/（年・㎡）であり、瀋陽市

暖负荷为 310MJ/（年・m²））。

与日本空气调和卫生工学会提出的东京地区住宅的最大采暖负荷 35W/ m²，年采暖负荷 98MJ/（年・m²）相比较，沈阳市的最大采暖负荷为东京的 1.7 倍，年负荷则为 3.2 倍。

另外，考虑地区修正系数后，札幌地区住宅的最大采暖负荷为 52W/ m²、年采暖负荷为 210MJ/（年．m²），沈阳市的最大采暖负荷为札幌的 1.2 倍，年负荷则为 1.5 倍。

② 中央商务区

建筑面积 300,000 m² 商务区采暖负荷的计算结果如下：

最大采暖负荷：

76,004 MJ/h（≈ 70W/ m²）

年采暖负荷：

113,581GJ/年［≈ 379MJ/（年・m²）］

中央商务区的最大采暖负荷为 70W/ m²，年采暖负荷为 379MJ/（年・m²））。

与日本空气调和卫生工学会提出的东京地区办公楼(标准)的最大采暖负荷 69W/ m²、年采暖负荷 126MJ/（年・m²）相比较，沈阳市的最大采暖负荷与东京基本相同，年负荷则为 3 倍。

另外，考虑地区修正系数后，札幌地区办公楼的最大采暖负荷为 87W/ m²、年采暖负荷为 311MJ/（年・m²），沈阳市的最

は、最大暖房負荷で札幌の約0.7倍、年間暖房負荷で約1.2倍となっている。

(4) 提案システムの試設計
1) システム試設計（吸収式ヒートポンプ＋BEMS群管理システム）

熱負荷計算をもとに、瀋北新区の30万㎡の住宅街区及びCBD街区に対して、提案するシステムを導入した場合の機器仕様及びコストを検討した。

大采暖负荷为札幌的0.7倍，年负荷则为1.2倍。

(4) 提案系统的设计
1) 系统设计（吸收式热泵＋BEMS群管理系统）

根据负荷计算的结果，针对沈北新区30万㎡的住宅区和中央商务区，提出系统设计方案，探讨设备容量和投资费用。

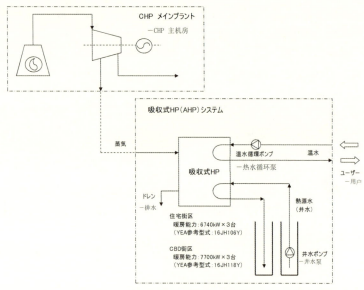

図4.2.10　吸収式ヒートポンプ計画図
图4.2.10　吸收式热泵的概要

4 章　日本の省エネルギー技術の中国地域暖房での展開と評価
第四章　日本节能技术在中国集中供热系统的推广与评价

表 4.2.1　吸収式ヒートポンプ仕様　住宅街区用・CBD 街区用

表 4.2.1　吸收式热泵容量指标　住宅区和中央商务区

項　目	単　位	仕様値	
		住宅街区用	CBD 街区用
暖房能力	kW	6,740	7,700
温水温度(入口/出口)	℃	40/50	40/50
温水流量	L/min	9,673	11,027
冷水(地下水)温度	℃	15/10	15/10
冷水(地下水)流量	L/min	7,628	8,729
蒸気供給圧力	kg/cm²	2	2
蒸気供給圧力(蒸気弁後)	kg/cm²	1.55	1.55
蒸気量	kg/h	6,732	7,675
COP(温水基準)	―	1.65	1.66

(設備概要)

① 温水ポンプ：片吸込型ポンプにて使用者側へ温水を供給する。地中熱 HP と 1 対 1 で設置する。

② 両街区とも 1 台を予備機として設置する。

③ 地下水ポンプ：縦型の深井戸用水中ポンプを使用し、地中熱 HP1 台に対して 2 台を設置する。

④ 住宅街区で 3 台、CBD 街区で 4 台を予備機として設置する。

⑤ 水処理装置：地下水を利用するため水質改善及び維持のため水処理装置を設置する。

合わせて、比較対象のため、地中熱(電動)HP ＋ BEMS 群管理システム及び CHP(熱併給発電)＋ BEMS 群管理システムの試設計を行った。

(设备概要)

① 热水泵：用单侧进水泵向用户供应热水，一台地源热泵机组配一台水泵。

② 两区的机房都配置一台备用热水泵。

③ 地下水抽水泵：使用深井潜水泵，一台地源热泵机组配两台水泵

④ 住宅区机房配置 3 台备用抽水泵，中央商务区配置 4 台备用抽水泵。

⑤ 水处理装置：因为使用地下水，要改善、维持水质，所以设置水处理装置。

为了综合比较，设计两套系统：地源热泵(电力)＋ BEMS 群管理系统和热电联产(CHP)＋ BEMS 群管理系统。

207

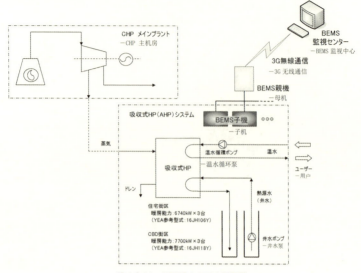

図 4.2.11　BEMS システム計画図
图 4.2.11　BEMS 系统的概要

2）コスト試算（参考値）

導入コストを試算した。地域の条件に大きく左右されることからあくまで参考値である。

2）投资成本计算（参考值）

计算结果受地域条件的影响比较大，计算的投资成本仅供参考。

表 4.2.2　イニシャルコスト（吸収式ヒートポンプ方式）　　　（百万円）
表 4.2.2　一次性投资的计算结果（吸收式热泵）　　　（百万日元）

		住宅街区	CBD 街区
吸収式 HP	機器費－设备费用 （吸収式 HP、井水ポンプ・温水ポンプ、水処理、ドレン回収装置他） －（吸收式 HP、井水泵、热水泵、水处理、冷凝水回收装置等）	69.0	76.8
	設備工事費－设备安装费 （拝観、電気、保温、付帯工事他） －（参观、电气、保温、其他附带项目）	83.7	95.0
	計	152.7	171.8
BEMS	センター設備費－监控中心设备费用 （監視装置、回線敷設等、監視プログラム作成） －（监控装置、通讯线路设置等、编制监控程序）		5.1
	ローカル設備費－机房侧设备费用 （親機・子機、その他、工事費）－（通讯用母机、子机，其他项目）	12.3	12.3
	計		29.7
	合計		354.2

4 章　日本の省エネルギー技術の中国地域暖房での展開と評価
第四章　日本节能技术在中国集中供热系统的推广与评价

表 4.2.3　ランニングコスト（吸収式ヒートポンプ方式）　　（百万円・年）
表 4.2.3　运行费用（吸收式热泵）　　（百万日元・年）

センター側ー监控中心側 （監視員人件費、通信費）ー（监控人员的工资、通讯费）	3.0
ローカル側ー机房側 （現地調整作業費他）ー（现场设备调整费用等）	0.5
計	3.5

⑸　導入効果と事業性の評価

　検討したシステムを 30 万㎡の住宅街区に導入した場合の省エネルギー効果、CO_2 排出量及び事業性（単純投資回収年数）を試算する。

　検討対象は、提案システム（CHP（熱電併給）システム＋二重効用吸収 HP）と既存の石炭ボイラ＋熱交換機、CHP（熱電併給）システム＋熱交換機、及び電動 HP（地下水利用）である。

　1）省エネルギー効果、CO_2 排出量削減効果と運転費

　瀋北新区における床面積 30 万㎡住宅街区モデルにおける計算結果を表 4.2.4、表 4.2.5 に示す。結果は以下の通り。

　1）　1 次エネルギー消費量を比較すると、CHP（熱電併給）システムの排熱利用を行うシステムで、既成市街地で大半を占める石炭ボイラ＋熱交換機方式に対して著しく低減する。CHP（熱電併給）システム＋熱交換機方式で 4 割減、CHP（熱電併給）システム＋吸収式 HP 方式で 7 割減という結果である。CO_2 排出量においても、石炭ボイラ＋

⑸　导入效果与项目的技术经济评价

　针对 30 万㎡的住宅区，计算提案系统的节能效果、CO_2 排放量，并分析项目的技术经济性（静态投资回收期）。

　提案系统（热电联产系统 CHP＋双效吸收式热泵 HP）与既有燃煤锅炉＋热交换器、热电联产系统 CHP＋热交换器、电动热泵 HP（地下水热源）进行比较。

　1）节能效果、CO_2 减排效果和运行费用

　沈北新区 30 万㎡住宅区的计算结果详见表 4.2.4 和表 4.2.5，具体如下：

　1）　热电联产系统（CHP）使用发电后余热，与既有街区中广泛使用的燃煤锅炉＋热交换器方式相比，一次能耗显著下降。热电联产＋热交换器方式可以节能 40%，热电联产＋吸收式热泵方式可以节能 70%。热电联产＋热交换器方式可以减少 40% 的 CO_2 排放量，热电联产＋吸收式热泵可以减排 70%。

209

熱交換機方式よりもCHP（熱電併給）システム＋熱交換機方式で4割減、CHP（熱電併給）システム＋吸収式HP方式で7割減である。

2) 電動ヒートポンプ方式（地下水利用）の1次エネルギー消費量は石炭ボイラ＋熱交換機方式よりも低い（3割減）が、CHP（熱電併給）システム＋熱交換機方式、CHP（熱電併給）システム＋吸収式HP方式よりも、各々2割、2倍強多いという結果である。CO_2排出量についても概ね同様の傾向である。

3) 電動HP（地中熱利用）方式については電力消費量が大きく、適用電力単価が上昇したことから、運転費が大きくなる傾向である。石炭ボイラ＋熱交換機方式の約2倍、CHP（熱電併給）システム＋熱交換機方式の約3.5倍、CHP（熱電併給）システム＋吸収式HP方式の約5.5倍となる。

4) これらの評価項目からは、CHP（熱電併給）システム＋吸収式HP方式が最も優れているという結果となった。

2) 电动热泵方式（地下水热源）方式的一次能耗比燃煤锅炉＋热交换器方式低30%，但是比热电联产＋热交换器方式高20%，比热电联产＋收式热泵方式高2倍。CO_2排放量也是同样的结果。

3) 电动热泵方式（地下水热源）方式的耗电量大，如果电费涨价的话，运行费用将会增加，为燃煤锅炉＋热交换器方式的2倍，热电联产＋热交换器方式的3.5倍，热电联产＋收式热泵方式的5.5倍。

4) 根据以上各项目的评价，热电联产＋收式热泵方式最优。

4章　日本の省エネルギー技術の中国地域暖房での展開と評価
第四章　日本节能技术在中国集中供热系统的推广与评价

表 4.2.4　瀋北新区におけるシステム別暖房用燃料消費量・CO₂排出量・運転費（30 万㎡住宅街区モデル）
表 4.2.4　沈北新区各供热方案的能耗、CO₂排放量和运行费用（30 万㎡住宅街区模型）

システム―方案	熱(GJ)	電力(MWH)	一次 E(GJ)	石炭(t) ―耗煤量	CO₂(t)	運転費 (千円)
石炭ボイラ＋熱交換機 ―燃煤锅炉+热交换器	229,169	0	229,169	7,929	19,871	51,717
CHP＋熱交換機 ―CHP+热交换器	130,570	0	130,570	4,518	11,322	29,466
電動 HP（地下水利用） ―电动热泵（地下水热源）	0	15,585	155,850	5,392	13,514	109,095
CHP＋二重効用吸収 HP ―CHP+双效吸收式热泵	59,406	911	68,517	2,370	5,941	19,783

表 4.2.5　瀋北新区（30 万㎡住宅街区）における地域暖房熱源システム別試算結果
　　　　　（冬期暖房分）：CHP（熱電併給）システム＋二重効用吸収 HP
表 4.2.5　沈北新区各供热方案的分项比较（30 万㎡住宅街区模型）

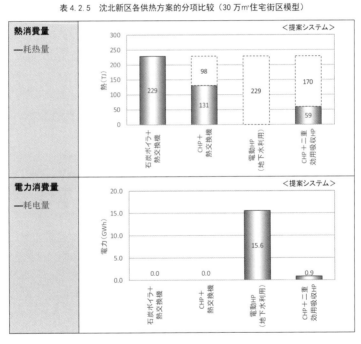

211

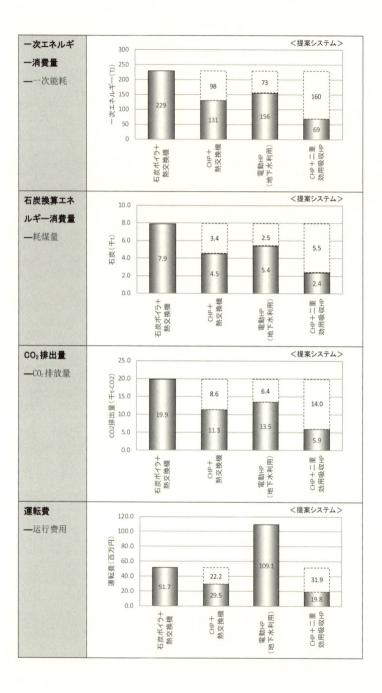

＊3 冬季（暖房）の総合一次エネルギー効率は電力の発電効率を36％として以下のように算出した。

① 石炭ボイラ＋熱交換機方式
総合一次エネルギー効率0.9：温熱1に対して、エネルギー投入は1.111

② CHP（熱併給発電）＋熱交換機方式
総合一次エネルギー効率1.58：温熱1に対して、エネルギー投入は0.633

③ 電動ヒートポンプ（地下水利用）方式
総合一次エネルギー効率1.324：温熱1に対して、エネルギー投入は電動ヒートポンプ0.694kw（1/（4×0.36）、地下水ポンプ0.022（二次エネルギー換算値）、
計0.755kw（0.694+0.022/0.36）
（一次エネルギー換算値、COP=4、発電効率＝0.36）

④ CHP（熱電併給）システム＋吸収ヒートポンプ方式
（効率1の熱源の場合）
総合一次エネルギー効率2.004（1/0.499）：温熱1に対して、エネルギー投入は、熱0.455kw（1/2.2）、地下水ポンプ0.0159kW（二次エネルギー換算値）計0.499kw（0.455+0.0159/0.36）（一次エネルギー換算値、COP=2.2、発電効率＝0.36）
（CHPを熱源とする場合）
総合一次エネルギー効率3.279（1/0.305）：温熱1に対して、エネルギー投入は、熱0.261（1/2.2/1.74）、地下水{ヒート}ポンプ0.0158（二次エネルギー換算値）
計0.305（0.261+0.0158/0.36）（一次エネルギー換算値、COP=2.2、発電効率＝0.36）

石炭発熱量：28.9MJ/kg、CO_2排出量原単位：2.506kg-CO_2/kg

＊3 冬季（供热）的综合一次能效按照发电厂发电效率为36％计算。

① 燃煤锅炉＋热交换器方式
综合一次能效0.9，供热量比能耗量为1：1.111

② 热电联产CHP＋热交换器方式
综合一次能效1.58，供热量比能耗量为1：0.633

③ 电动热泵（地下水热源）
综合一次能效1.324，供热量比能耗量为1：0.755
其中，热泵机组能耗0.694kw，即1/（4×0.36），抽水泵能耗0.022（二次能耗）总能耗0.755kW（0.694+0.022/0.36）（一次能换算值时，COP＝4，发电效率＝0.36）

④ 热电联产CHP＋双效吸收式热泵方式
（热源效率1时）
综合一次能效2.004（1/0.499），供热量比能耗量为1：0.499
其中，热利用0.455（1/2.2）；抽水泵能耗0.0159（二次能耗）总能耗0.755kW（0.694+0.022/0.36）

（采用CHP热源时）
综合一次能效3.279（1/0.305），供热量比能耗量为1：0.305
其中，CHP排热利用0.261（1/2.2/1.74）；抽水泵能耗0.0158（二次能耗）（一次能换算值时，COP＝2.2，发电效率＝0.36）总能耗0.499kW（0.455+0.0159/0.36）

煤炭发热量：28.9MJ/kg，CO_2排放指标：2.506kg-CO_2/kg

【参考】

（CHP（熱電併給）の効率算定）

a．発電専用時発電効率

蒸気温度374℃、タービン効率84%、復水温度30℃、ボイラ効率90%を前提とする。

発電効率：

$(1100kcal/kg-630kcal/kg)/1100 \times 0.84 = 0.36$（36%）

石炭消費量：$1100/0.9 = 1222$（kcal）

b．熱併給時発電効率

復水温度170℃とする。

発電効率：$(1100-770kcal/kg)/1100 \times 0.84 = 0.25$（25%）

石炭消費量：$1100/0.9 = 1222$（kcal）

c．熱併給時熱効率

ボイラ効率を加えたCHP総合効率を80%とする。

同じ発電量とした場合のCHP必要熱量：$1100 \times 0.36/0.25 = 1584$（kcal）

石炭消費量：$1584/0.9 = 1760$（kcal）

廃熱量：$1760 \times 0.8 - (1100-630) = 938kcal$

CHP熱効率：$938/(1760-1222) = 1.74$（熱COP=1.74）

（運転費の算出）

a．石炭

熱量は石炭発熱量としているので、石炭消費量（t）=熱量（GJ）/28.9（MJ/kg）として計算した。石炭1t当たり6522円とした。

b．電力

電力を1kWh当たり7円と想定した。

（CO$_2$排出量）

一次エネルギー換算値がGJで計算されており、この値はすべて石炭発熱量としているので、CO$_2$排出量（t-CO$_2$）=一次エネルギー量/28.9 × 2.506によりCO$_2$排出量を算出した。

2）事業性の評価（単純投資回収年数による）

電力費用及びエネルギー消費量等の試算結果から、表4.2.6にシステム別の事

【参考】

热电联产（CHP）系统的效率计算

a．单独发电效率

计算前提条件：蒸汽温度374℃，汽轮机效率84%，回水温度30℃，锅炉效率90%

发电效率：

$(1100kcal/kg-630 kcal/kg)/1100 kcal/kg \times 0.84 = 0.36$（36%）

耗煤量：$1100/0.9 = 1222$（kcal）

b．热电联产时的发电效率

回水温度170℃

发电效率：$(1100kcal/kg-770kcal/kg)/1100 kcal/kg \times 0.84 = 0.25$（25%）

耗煤量：$1100/0.9 = 1222$（kcal）

c．热电联产时的供热效率

考虑锅炉效率后CHP综合效率80%

发同样电量时CHP所需热量：$1100 \times 0.36/0.25 = 1584$（kcal）

耗煤量：$1584/0.9 = 1760$（kcal）

热电联产余热量：$1760 \times 0.8 - (1100-630) = 938$（kcal）

CHP供热效率：$938/(1760-1222) = 1.74$（供热能效=1.74）

（运行费用的计算）

a．煤

热量指煤的发热量，耗煤量（t）=热量（GJ）/28.9（MJ/kg）。1吨煤的价格为6552日元。

b．电力

1度电的价格为7日元。

（CO$_2$排放量）

一次能换算时以GJ为单位，由于热量全部来自煤的发热量，因此CO$_2$排放量（t-CO$_2$）=一次能耗量/28.9 × 2.506。

2）项目的技术经济评价（静态投资回收期）

根据计算得到的电费和能耗量，比较各方案的技术经济性，结果见表4.2.6。虽

業性を試算した結果を示す。基準システ
ムを石炭ボイラとした場合とCHP（熱電
併給）システムとした場合が考えられる
が、吸収ヒートポンプの熱源がCHP（熱
電併給）システムなので、本調査の提案
システムはCHP（熱電併給）システム基
準とした方が現実的な評価になると思わ
れる。

　検討の条件を以下に示す。
・モデル概要：前述2(3)
　モデル街区設定と熱需要想定
・検討ケース：前述2(4)
　吸収式ヒートポンプ、BEMS群管理
　試設計
・設備及び建設費用：前述2(4)
　導入コスト（イニシャル／ランニン
　グ）算定
・運用費：前述2(5)
　省エネルギー、CO_2排出量削減効果
【検討ケース（検討条件：住宅街区：30万
㎡）】
　①　石炭ボイラ＋熱交換機方式
　　　ネットワーク加入金（80元/㎡）あり
　②　CHP（熱電併給）＋熱交換機方式
　　　ネットワーク加入金（80元/㎡）あり
　③　電動ヒートポンプ（地中熱利用）方式
　　　ネットワーク加入金なし
　④　CHP（熱電併給）＋吸収ヒート
　　　ポンプ方式
　　　ネットワーク加入金（80元/㎡）[*4]
　　　あり

说燃煤锅炉方式和热电联产（CHP）方
式都可以作为参考基准，由于吸收式热泵
的热源为热电联产系统，因此以热电联产
（CHP）方式为基准来评价较有现实意义。

　比较的条件如下所述。
・模型概要：上述2(3)
　示范街区的条件设定与供热负荷的估
　算
・探讨案例：上述2(4)
　吸收式热泵，BEMS群管理系统的设
　计
・设备费用与建设费用：上述2(4)
　导入成本（一次性投资/运行费用）
　的计算
・运行费用：上述2(5)节能、CO_2减排
　效果
【探讨案例（比较条件：住宅区30万㎡）】
　①　燃煤锅炉＋热交换器方式
　　　供热管网入网费（80元/㎡）
　②　CHP（热电联产）＋热交换器方式
　　　供热管网入网费（80元/㎡）
　③　电动热泵（利用地热）方式
　　　无入网费
　④　CHP（热电联产）＋吸收式热泵方
　　　式
　　　供热管网入网费（80元/㎡）[*4]

⑤ CHP（熱電併給）＋吸収ヒートポンプ＋BEMS方式
ネットワーク加入金（80元/㎡）＊4
あり

＊4 ネットワーク加入金：CHPネットワークへの接続負担金（接続床面積当たり）

試算の結果、電動ヒートポンプはネットワーク加入金が不要なので、設備費は安価であるが、運転費が高くなり、石炭ボイラとの比較では3.5年以降は石炭ボイラの方が有利になる。CHP（熱電併給）システムとの比較では2.5年以降、CHP（熱電併給）システムが有利になる。

石炭ボイラと吸収ヒートポンプを比較すると、単純回収年数は2.4年、3.1年となり、吸収式ヒートポンプの経済性が優れていると言えるが、CHP（熱電併給）システムと比較すると、9.5年、10.3年となり、経済性判断として成立が難しい。この大きな理由はネットワーク加入金であり、実際には吸収ヒートポンプの場合、基準となるCHP（熱電併給システム）からの熱量の0.588倍で済むので、CHP（熱電併給）システム加入金を小さくすることが合理的と考えられる。ネットワーク加入金が必要熱量に比例して、4割程度削減されると、吸収ヒートポンプの設備費が安くなり、且つ運転費も安くなる。

なお、ESCO事業を実施した場合（既存プラント改修）とインフラ投資（プラント新設）の場合に区別して考える必要がある。新規地区で省エネルギー設備を

⑤ CHP（热电联产）＋吸收式热泵+BEMS方式
供热管网入网费（80元 / ㎡）＊4

＊4 供热管网入网费：接入CHP供热管网的费用（按供热面积计算）

计算结果表明，单位电动热泵方式因为无入网费，设备投资费低，但是运行费用较高。与燃煤锅炉方式相比，3.5年以后燃煤锅炉方式较为有利。与热电联产方式（CHP）相比，2.5年以后热电联产方式（CHP）较为有利。

以燃煤锅炉方式相比较基准时，吸收式热泵，单纯投资回收年数为2.4年，而燃煤锅炉为3.1年，可以说吸收式热泵的经济性比较好。热电联产（CHP）系统为基准时，则分别为9.5年。和10.3年，从经济性来着不可行。主要原因就在供热管网入网费。实际上，吸收式热泵的用热量仅为热电联产系统（基准）的58.8%，降低入网费会比较合理。如果入网费与用热量成比例的话，由于吸收式热泵方式的用热量比CHP方式少40%，因此其设备费投资会下降，而且运行费用也会比较便宜。

另外，要区别是作为ESCO项目（既有供热设施的改造项目）还是作为市政投资项目（新建市政项目）来建设。对于新建的节能项目来说，当然也要考虑设备的

4章　日本の省エネルギー技術の中国地域暖房での展開と評価
第四章　日本节能技术在中国集中供热系统的推广与评价

新設した場合は、当該設備の耐用年数に
もより、10年程度で許容される場合もあ
り、ESCO事業（既存プラント改修）の場
合は3年程度で投資回収が必要とされる。

使用寿命，一般来说投资回收期最长可以
到10年左右。对 ESCO 项目来说，投资
回收期必须在3年以下。

表 4.2.6　システム別経済性評価
表 4.2.6　系统的经济性评价

システム—方案	ネットワーク加入金	設備及び建設費 —设备及施工费 （千円）	ネットワーク加入金 —入网费 （千円）	初期投資 合计一次性投资 （千円）	運転費 —运行费 （千円/年）
①石炭ボイラ＋熱交換機 　—燃煤锅炉+热交换器	有り	82,700	312,000	394,700	51,717
②CHP(熱電併給)＋熱交換機 　—CHP（热电联产）+热交换器	有り	82,700	312,000	394,700	29,466
③電動 HP(地中熱利用) 　—电动热泵（地中热源）	無し	196,330	0	196,330	109,095
④CHP(熱電併給)＋吸収 HP	有り	152,744	312,000	464,744	22,129
⑤CHP(熱電併給)＋吸収 HP+BEMS	有り	182,394	312,000	494,394	19,783

ケース Case	システム—方案	①石炭ボイラ基準—燃煤锅炉基准		
		運用費削減量 —削减运行费用 （千円/年）	投資費用削減量 —削减运行费用 （千円）	単純投資回収年数 —静态投资回收期 （年）
基準	①石炭ボイラ＋熱交換機 　—燃煤锅炉+热交换器	0	0	—
A	②CHP(熱電併給)＋熱交換機 　—CHP（热电联产）+热交换器	22,251	0	—
B	③電動 HP(地中熱利用) 　—电动热泵（地中热源）	−57,378	198,371	−3.5
C	④CHP(熱電併給)＋吸収 HP	29,588	−70,044	2.4
C'	⑤CHP(熱電併給)＋吸収 HP+BEMS	31,934	−99,694	3.1

ケース	システム—方案	②CHP(熱併給発電)＋熱交換機基準 —CHP（热电联产）+热交换器基准		
		運用費削減量 （千円/年）	投資費用削減量 （千円）	単純投資回収年数 （年）
基準	①石炭ボイラ＋熱交換機 　—燃煤锅炉+热交换器	−22,251	0	—
A	②CHP(熱電併給)＋熱交換機 　—CHP（热电联产）+热交换器	0	0	—
B	③電動 HP(地中熱利用) 　—电动热泵（地中热源）	−79,629	198,371	−2.5
C	④CHP(熱電併給)＋吸収 HP	7,337	−70,044	9.5
C'	⑤CHP(熱電併給)＋吸収 HP+BEMS	9,683	−99,694	10.3

217

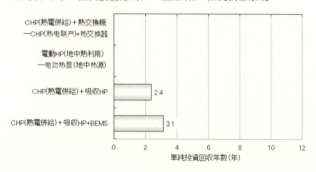

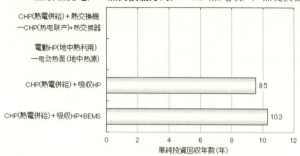

図 4.2.12　システム別単純投資回収年数
图 4.2.12　系统的静态投资回收期

3) 地域暖房事業における省エネルギーと CO_2 クレジットの簡易試算

宇都宮大学 岡教授による簡易試算例を示す。日中両国における投資回収年数の数え方や CO_2 クレジットの活用の有無に事業成立性が左右される。

① 前提条件

地域暖房プラントの省エネルギー化に関して、下記の条件を設定する。

1) 省エネルギー投資：5億円

3) 集中供热项目的节能效果与 CO_2 减排额度的简易计算

以下为宇都宫大学冈教授的简易计算实例。日中两国投资回收年数的计算方法以及是否利用 CO_2 减排机制，直接影响项目是否成立。

① 前提条件

为了实现集中供热机房的节能，具体条件设定如下：

1) 节能投资：5 亿日元

2) 省エネルギー効果：
石炭節減1億円/年（5,000円/tとして、20,000t/年節減）

3) CO_2クレジット：年間50,000t-CO_2節減、年間5千万円に相当（1,000円/t-CO_2として）

4) 省エネルギー設計経費（ESCO会社経費）：設計費1億円、CDM（クリーン開発メカニズム）プロジェクトとしての申請資料作成経費：5千万円
（ベースシステムは、改修とすれば既存システム、新規とすれば石炭専焼となる。ただしCHP（熱電併給）システムが地域的に導入困難という条件が必要である。）

② 省エネルギーとCO_2クレジットの計算

1) ベースライン：中国の省エネルギー投資年数は5年が限度とする（上記条件は不成立）。

2) 中国地域暖房プラント（ESCOも可）は設計経費1億円、および省エネルギー工事投資の内4億円を支払い、省エネ節減分1億円/年を回収する。回収年数は4年となる。

3) 日本が3億円を投資できれば、省エネルギーシステムが成立するので、CDMとして認められるものと想定する。すなわち省エネルギー追加投資分2億円＋CDM資料作成費5千万円を投資し、年

2) 节能效果：
节约煤炭1亿日元/年（单价5,000日元/t，节煤20,000t/年）

3) CO_2减排额度：年减排量50,000t-CO_2，相当于每年5,000万日元（1000日元/t-CO_2）

4) 节能设计费（ESCO公司费用）：设计费1亿日元、CMD（清洁发展机制）项目的申请费用5,000万日元

（基准线，节能改造时基准线定为既有系统，新节能项目时基准线定为燃煤系统。不过，各供热小区均导入热电联产（CHP）系统比较困难。

② 节能与CO_2减排额度的计算

1) 基准线：中国节能项目的投资回收年数最多为5年（上述条件不成立）。

2) 中国集中供热机房（ESCO项目也可）设计费1亿日元、节能项目投资4亿日元通过每年1亿日元的节能收益来收回，投资回收年数为4年。

3) 如果日方投资3亿日元，节能项目可以成立，因此设定本项目为CDM项目。也就是说，只要能负担节能项目的追加投资2亿日元＋编写CDM项目申请资料费用5000万日元，每年就可以得到

間 CO_2 クレジット 50,000t-CO_2 を受領する。50,000t-CO_2 を 1,000 円/t-CO_2 として日本国内で販売し、日本国内から 5 千万円/年を得る。回収年数は 5 年となる。

③ 事業成立性

1) 中国では 3 年回収が標準とすると、地域暖房プラントは省エネルギー改修分 2 億円、設計経費 1 億円を支払う。回収年数は 3 年となる。

2) 日本は CDM を成立させるには、省エネルギー改修分 3 億円および CDM 資料作成費 5 千万円を負担する。回収年数は 7 年となる。

3) 日本においても回収年数は 7 年が限度とされているので、事業の成立はこの条件下で辛うじて可能となる。補助金の活用や CO_2 クレジットが売却できれば、回収期間の短縮が可能で条件は良好となる。

50000t-CO_2 的减排额度。以 1000 日元/t-CO_2 的价格在日本出售这 50000t-CO_2 的减排额度，每年可以得到 5000 万日元的收入。项目投资回收年数为 5 年。

③ 项目可行性

1) 中国的标准投资回收年数为 3 年，集中供热机房的节能改造费用 2 亿日元，设计费 1 亿元，投资回收年数设定为 3 年。

2) 为了实现此 CDM 项目，日方负责节能改造投资 3 亿日元和编写 CDM 项目申请资料费用 5,000 日元，投资回收年数为 7 年。

3) 在日本投资回收年数最长为 7 年，在上述条件下实施项目较为严峻。如果有政策补助，再加上销售 CO_2 减排额度，可以缩短投资回收期，改善投资条件。

4.3 省エネルギー型地域暖房の中国・東アジア諸国での整備推進の試案

本事業調査では 2008 〜 2011 年の 4 年に渡り、瀋陽市における地域暖房に関わる各種エネルギー需要量の計測、熱供給プラントの実態把握、需要家、管理者へのアンケート及びヒアリング調査等を行ってきた。それらに基づく省エネルギーについてのハード・ソフト面の提案を行い、日中の研究者、技術者及び行政担当者による意見交換を行ってきた。

ここでは、それらの意見交換の結果を骨子として、瀋陽、中国における省エネルギー型地域暖房の整備推進策を提案する。

⑴ 省エネルギー型地域暖房の整備推進策の提案

1) 中国東北地域における省エネルギー型地域暖房の整備推進策

中国東北地域における既存ストックを踏まえ、主に日本の技術・システムの組み込みによる省エネルギー型地域暖房に関し、その整備推進手順を提案する。

中国東北地域の地域暖房における省エネルギー余地の大きさ、日本の技術への期待の大きさが改めて確認されたものの、日本の関連企業の地域暖房への事業進出意欲は極めて低く、日本企業の参入には様々な課題があることも分かった。そこで、次のような展開が現実的且つ妥当と考えられる。

4.3 推进节能型集中供热系统在中国和东亚各国建设的构想

从 2008 至 2011 年的四年中，本调查项目对沈阳市集中供热系统，测定各种能耗、把握供热机房的实态、对热用户和供热管理方进行问卷调查与访问调查。并从硬件和软件方面进行节能提案，与日中专家、技术人员和行政人员交换意见。

根据技术交流的结果，提出在沈阳和中国全国推广节能型集中供热系统建设的方案。

⑴ 推进节能型集中供热系统建设的方案

1) 在中国东北地区推广节能型集中供热系统建设的方案

根据中国东北地区既有的供热系统，采用日本技术与系统，提出节能型集中供热系统以及推进建设的步骤。

虽然再次确认中国东北地区集中供热系统节能潜力之大，以及对日本技术的期待，但是日本相关企业对参与中国集中供热项目的积极性较低，在如何参与方面还存在各种课题。因此，提出如下现实可行的策略。

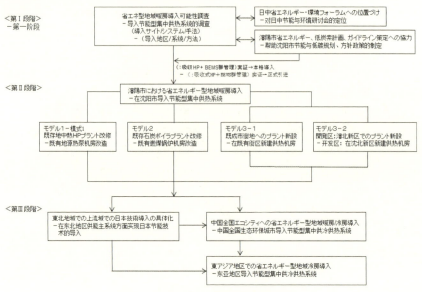

図 4.3.1　省エネルギー型地域暖房の整備推進手順
图 4.3.1　推进节能型集中供热设施建设的步骤

① 第Ⅰ段階として先ず可能性調査により導入可能性のあるサイトとそれぞれでの導入システムの方向を見定める。
② 次に第Ⅱ段階として、瀋陽市を中心に以下のサイトで吸収ヒートポンプ＋BEMS群管理システムの導入事業に取り組む。
　　1) 既成市街地の地中熱ヒートポンプ・プラントの改修
　　2) 既成市街地における石炭ボイラプラントのCHP（熱併給発電）ネットワーク接続時の改修
　　3) 既成市街地における再開発地区等の地中熱ヒートポンプシ

① 第一阶段：首先进行可行性调查，寻找有导入可能性的地区，确定供热系统的大致方案。
② 第二阶段：以沈阳市为中心，在以下项目中导入吸收式热泵+BEMS群管理系统：
　　1) 老城区既有地源热泵机房的改造项目
　　2) 拆除老城区既有燃煤锅炉机房，接入CHP(热电联产) 供热网络的改造项目
　　3) 老城区再开发地区的地源热泵供热机房新建项目

ステム導入適地でのプラント
新設

4) 新規開発地区：瀋北新区にお
けるプラント新設

③ 第Ⅲ段階では、以下のように水
平・垂直展開を図る。

1) 中国東北地域におけるより上
流域での日本技術導入の具体
化（石炭ガス化＋ガスエンジ
ン・ガスタービンコージェネ
など）

2) 中国全土の開発区での省エネ
ルギー型地域暖房〜地域冷暖
房導入展開

3) 東アジア諸国への省エネル
ギー型地域冷暖房導入展開

(2) 瀋陽市での導入可能性調査、事業実施

1) 瀋陽市における導入可能性調査
（第Ⅰ段階）

中国側のESCO企業グループ（N社）
からの提案もあり、中国側企業の参画も
得て瀋陽市をフィールドとした省エネル
ギー型地域暖房導入可能性調査事業に取
り組むことが考えられる。

その際、中国側のパートナーとの連携
が現実的である。パートナーとしての有
力なN社は、ガス、熱、水等の供給に
関わる企業で、国営企業から民営化し、
最近米国で上場した。瀋陽市に本社があ
るが、中国全土で企業展開、地域暖房の

4) 新开发区：在沈北新区新建供
热机房

③ 第三阶段：从横向、纵向推进项目
的实施，具体如下：

1) 中国东北地区能源产业上游领
域具体应用日本技术（煤炭气
化＋燃气发动机、燃气轮机
等）

2) 在全中国的开发区推进节能型
集中供热、供冷系统的建设

3) 在东亚各国推进节能型集中供
冷供热系统的建设

(2) 沈阳市可行性调查与项目实施

1) 沈阳市项目可行性调查（第一阶段）

根据中方ESCO企业集团（N公司）的
提案，在中方企业参与下，在沈阳市共同
实施导入节能型集中供热项目的可行性调
查。

在这种情况下，与中方合作伙伴的联手
也是较为现实的。最有希望成为合作伙
伴的N公司涉及煤气、供热、供水等行
业，通过国有企业的民营化，最近在美国
上市。总部设在沈阳，在全国展开业务，
实施过多个集中供热ESCO项目。成立

223

ESCO 事業も実施例が多い。同可能性調査においては推進委員会を発足させて、地元大学、瀋陽市政府や有力熱供給事業者の参画を得ることが有効である。

内容としては、当面、日本技術を適用して省エネルギー化を図るニーズの高い吸収式ヒートポンプシステムを用いた熱源システムと BEMS 群管理システムを中心に、その適用サイト（既設の地中熱ヒートポンププラント、既成市街地での地中熱導入検討地区、瀋北新区の初期開発地区など）を抽出し、導入可能性調査を行う。事業実施の確実性の高い地区を少数でも見出すことが特に重要で、この意味でも地元 ESCO 事業者との連携が必須である。もって、第 II 段階の事業実施につなげる。導入可能性調査に際しては、排出権クレジットの取得も見据えて、現状のプラントのエネルギー効率の計測を含めることがポイントのひとつである。

瀋陽市の省エネルギー政策が、再生可能エネルギーの限界を見据え、並行してエネルギー効率の向上を図るべきこと、第12次 5 カ年計画で石炭消費量の半減をうたっていること、CHP（熱電併給）プラントを拡充しその有効利用を図ること、民間からの省エネルギー提案への期待が大きいことなどからも、可能性調査の実施は当を得ている。

可能性調査からの参入は、北欧諸国が世界銀行と連携して計量・課金制度の調査を始め、次のステップで計量・

推进可行性调查委员会，并且当地大学、沈阳市政府以及大供热企业也参与进来，这样较为有效。

当前的调查内容以采用日本节能技术 - 吸收式热泵与 BEMS 群管理系统为中心，选择合适的项目地点（既有地源热泵供热机房、老城区地热项目、沈北新区新开发项目等），调查、讨论导入可能性。即使实施可能性高的项目数量很少，只要能够发现项目就好。从这种意义上来说，必须与当地 ESCO 企业的合作。这样就能和第二阶段，项目的实施结合起来。在调查可行性的同时，可以看看是否能够取得排放权配额，测试供热机房的能效状态，这也是关键之一。

沈阳市的节能政策中，指出了可再生能源的应用极限，明确规定要改善能效。"十二五"规划中强调用煤量，要减半扩大并有效利用热电联产（CHP）系统，期待民营企业的节能提案等，这些都表明实施可行性调查是正确的。

北欧各国联合世界银行在中国实施的供热计量与收费制度的调查就是从可行性调查开始的。第二阶段在示范住宅小区实施

4 章　日本の省エネルギー技術の中国地域暖房での展開と評価
第四章　日本节能技术在中国集中供热系统的推广与评价

課金制度をモデル住宅団地等に導入し、10 年越しで、製品の販売（デンマーク DENFOS 社による熱量計等受注）や、導管ネットワーク技術コンサル（デンマーク COWI 社；地元大手熱供給会社から受注）が軌道に乗っている例に近い。

　並行して、瀋陽市政府との協調体制を強固なものとするために、日中省エネルギー・環境総合フォーラム＊1 の案件として、瀋陽市における省エネルギー型地域暖房の推進を位置づけることも適切である。中国側では瀋陽市発展改革委員会、日本側で関連民間企業（コンサル主体）と川崎市による案件提出が考えられる。川崎市は瀋陽市と姉妹都市の関係にあり、環境協定等を結んでいて、民間の地元との交流・ビジネス進展にも結びついている。

　　＊1　「日中省エネルギー・環境総合フォーラム」は、日中間の省エネルギー・環境協力のプラットフォームとして、日本側は経済産業省、日中経済協会が、中国側は国家発展改革委員会、商務部が主催者となり、日本と中国において開催している。(2016 年は第 10 回を日本で開催)

　加えて、瀋陽市（発展改革委員会主体）が取り組んでいる省エネルギー、低炭素化計画、ガイドラインづくりに、日本の技術・システムも折り込むべく情報提供を行うことが極めて重要と考える。排出権取引についても、二国間クレジットへの発展も見据えて協力内容に折り込

供热计量与收费制度，经过 10 年，通过产品销售（丹麦 DENFOS 公司拿到热量表等订单）、供热管网技术顾问项目（丹麦 COWI 公司拿到当地大供热公司的项目），项目逐渐步入轨道，可以说这是一个非常相类似的项目。

　同时，为了巩固与沈阳市政府的合作体制，把沈阳市节能型集中供热项目列入日中节能环保综合论坛示范项目，也是非常合适的。可以由中方的沈阳市发改委和日方的相关民营企业（以工程顾问公司为主）和川崎市共同提案。川崎市是沈阳市的姐妹城市，签订环保交流协议，与当地企业有技术交流以及商业往来。

　　＊1　「日中节能环保综合论坛」是日中两国间节能环保合作的平台，由日本经济产业省、日中经济协会和中国发改委、商务部共同主办，定期在日本和中国召开。(2016 年在日本召开第 10 次论坛)

　另外，在沈阳市（发改委）的低碳规划、节能指南中，增添日本技术与节能系统的信息，非常重要。在排放权交易方面，中日两国相互合作，积极发展排放权配额交易。

225

むべきであろう。

* 2　瀋陽市の省エネルギー・環境政策
（瀋陽市発展改革委員会J処長の瀋陽研究会での講演：瀋陽市今後の省エネルギーのキーポイント）

① 石炭の高効率利用
・現状、供熱システムの主なエネルギー源は石炭であるため、石炭の高効率利用に取り組む予定。また、第12次五ヶ年計画の期間で、石炭の消費量を2000万トン/年から1000万トン/年に削減する目標を掲げているため、石炭の使用量を極力削減する必要がある。

② ヒートポンプ及び熱供給管理
・現状、瀋陽市内の既存CHP（熱電併給）プラントは4箇所で、第12次五ヶ年計画期間内に、瀋陽の郊外に2箇所のCHP（熱電併給）プラントを新設する予定である。各プラントで省エネルギー評価を実施しており、これまでの熱供給方式から高効率化を図る事で企業競争力も並行して高めていきたい。
・現在では、CHP（熱電併給）システムの熱を熱供給会社に売っているが、熱供給会社が自社のサブプラントを持っており、熱を購入するよりも石炭から独自に熱を作る方が安価なため、優先的に自社の熱を使っている背景がある。
・現状、各熱供給企業が独自でネットワークと熱供給の管理を行っているが、今後は政府が熱供給事業を主導し、省エネルギーへの方向転換を図りたい。
・瀋陽市では先端技術の産業が少なく、一般工場の排熱が多く、工場排熱の活用も踏まえ、政府が主導権をとって、計画・実施していきたい。

2）瀋陽市での事業実施（第Ⅱ段階）

第Ⅱ段階での事業実施サイトと当該サ

* 2　沈阳市节能环保政策
沈阳市发改委J处长在沈阳研讨会的演讲《今后沈阳市节能的关键》

① 煤炭的高效利用
・目前供热系统的能源主要为煤炭，将努力提高煤炭的利用效率。"十二五"规划期间明确规定煤炭消费量将从2000万吨／年下降到1000万吨／年，因此要努力削减煤炭使用量。

② 热泵和供热管理
・目前，沈阳市有四座热电联产（CHP）发电厂，"十二五"规划期间将在郊外新建两座热电联产（CHP）发电厂。对各电厂实施节能评价，实现高效供热，提高企业的竞争力。

・目前热电联产（CHP）发电厂的余热销售给供热公司。供热公司自己也有供热厂，与购买外部热量相比，自己燃煤供热更便宜，所有优先使用自己公司的供热。

・目前，各供热公司独立管理热网，实施供热管理，今后将由政府主导供热事业，实现节能转换。

・沈阳市高新技术产业较少，一般工厂的排热较多。由政府主导规划、实施余热利用项目。

2）沈阳市项目的实施（第二阶段）

第二阶段，在项目选址和推进政策方

イトでの整備推進策としては以下が適切
と考えられる。

① 既設地中熱ヒートポンププラントの
リプレース

　既設地中熱プラントは、瀋陽市内
にストックベースで供給床面積700
万㎡弱（プラント数で30カ所程度）
ある。今回の調査事業の対象とした
プラントでも、電気代の上昇、地下
水温度の低下傾向による効率の低下
などから、事業的に大変厳しい状況
下にあり、CHP（熱電併給）ネット
ワークへの切替え要望が出るくらい
である。これらのプラントへの救済
策として、CHP（熱電併給）ネッ
トワークへの接続に合わせた、電動
ヒートポンプから吸収ヒートポンプ
へのリプレースも考えられる。

② 小規模石炭ボイラープラントのリプ
レース

　既成市街地の小規模石炭ボイラプ
ラントは、環境面、エネルギー効率
面から、最もリプレースの緊急度が
高い。CHP（熱電併給）ネットワー
クの拡大に伴い、CHP（熱電併給）
ネットワークへの接続を機に吸収
ヒートポンプの導入が望まれる。但
し、地下水、下水、工場排熱等の吸
収ヒートポンプの熱源となる資源の
賦存が条件となる。

　なお、遼寧省のCHP（熱電併給）
プラントの38カ所の内、36カ所が赤

面，具体有如下对策：

① 既有地源热泵机房的改造项目

　沈阳市既有地源热泵的供热面积
约700万㎡（约30座供热机房）。在
被调查的供热机房中，电费的上升、
地下水温度的下降造成效率下降，企
业经营形势非常严峻，出现要求切换
到热电联产（CHP）供热网络的呼
声。作为对这些供热厂的救济政策，
在接入热电联产（CHP）供热网络
的同时，可以考虑用吸收式热泵来替
代原来的电动热泵。

② 小型燃煤锅炉机房的更新

　从环保和能效方面，老城区小型燃
煤锅炉机房的更新更为紧迫。随着热
电联产（CHP）供热网络的扩大，
以接入CHP热网为契机，导入吸收
式热泵最理想。但是，需要有地下
水、污水、工厂排热等热源条件。

　另外，辽宁省的38家热电联产
（CHP）企业，36家经营赤字，2家

227

字、2か所がとんとんの経営で、何かしらの対策が必要とされている。CHP（熱電併給）の効率改善策としても、CHP（熱電併給）ネットワークへの吸収ヒートポンププラントの接続が期待される。

③ **新設地中熱ヒートポンププラントの整備**

新設地中熱プラントは、瀋陽市の計画では供給床面積5,000万㎡の潜在需要を有する。

市の南側の渾南新区の渾河沿いの一帯は、地下水の豊富な地域で、住宅開発が進展している。日本のデベロッパーの進出も考えられる地区の一つである。但し、このままでは、既設プラントと同様の課題から計画はとん挫すると思われる。吸収ヒートポンプの導入が期待されるサイトである。

④ **複数プラントを対象にしたBEMS群管理システムの導入**

吸収ヒートポンプを活用したプラント更新や新設に合わせて、複数プラントを対象にしたBEMS群管理システムの導入が有効である。このシステムは既存のIPネットワークを活用して、拡張が可能なので、電動ヒートポンプや吸収ヒートポンプの市場拡大に応じて、メンテナンス契約に合わせたサービス提供が合理的である。

几乎持平，因此也必须采取相应的措施。从改善CHP的效率出发，热电联产（CHP）供热网络中导入吸收式热泵也是众望所归。

③ **地源热泵供热机房的新建**

在新建地源热泵供热机房方面，沈阳市有供热面积5000万㎡的潜在需求。

沈阳市南部浑南新区沿浑河一带，地下水丰富，也正在开发住宅项目。这也是日本房地产商可能会参与的地区之一。但是，按照原来的做法，地源热泵项目也会出现同样的问题，实施会受挫。这里是导入吸收式热泵比较适合的地区。

④ **多供热机房导入BEMS群管理系统**

配合使用吸收式热泵供热机房，更新和，新建在多供热机房导入BEMS群管理系统十分有效。此系统不仅可以充分利用现有的互联网，而且便于扩展，随着电动热泵和吸收式热泵市场的扩大，根据维修合同，合理提供服务。

＊3　日系のE社においても製品納入に対するメンテナンス契約の受注が50％程度であり、この受注率を向上させることが肝要である。

　　吸収式ヒートポンプの導入は、機器単体での導入、システム製品やセット商品としての導入、プラント更新システムの請負等の段階があり、機器単体での導入というよりシステム製品以上の段階での導入が、日本技術の有効性が発揮される。

⑤　**新規開発地区での導入推進**

　　瀋北新区は広大な敷地を有する新規開発地区であり、第2期以降の大規模住宅地区やCBD開発が予定されている。エコシティを銘打っていることからも、当然省エネルギーシステムが志向される。吸収ヒートポンプとBEMS群管理の可能性が高いのは、ハウスメーカー等日本のデベロッパーが開発する住宅開発地区と、中国のデベロッパーが開発する地区でも設計段階で本システムが織り込める地区である。前者は特に建築物を含めて日本技術のショーケース化による効果も期待される。又、このようなプロジェクトへの日本政府の支援が望まれる。

　　なお、瀋北新区での吸収ヒートポンプの熱源は、地下水資源に限界があると思われるので、下水熱や工場低温排熱などを含め、幅広に検討の

＊3　日资E公司的销售产品中，50％签订维修合同，提高维修合同的签约率非常重要。

　　吸收式热泵的导入分设备单体、系统和整套产品，承包机房系统更新等阶段，与设备单体导入相比，导入系统和整套产品，更能发挥日本技术的优势。

⑤　**推进在新开发区的应用**

　　沈北新区占地广，是新开发区，在二期规划中要开发大规模住宅小区和CBD项目。有生态城的美誉，当然推崇节能系统。这里不仅有日本房地产开发公司的住宅项目，也有中国房地产开发公司的项目，在设计阶段就可以采用吸收式热泵和BEMS群管理技术。尤其是前者，不仅可以发挥建筑物等日本技术的展示效果，也期待这类项目能够得到日本政府的支援。

　　另外，在沈北新区，可作为吸收式热泵热源的地下水资源是有限的，因此必须广泛探讨污水热源、工厂排热等资源的使用。

必要がある。

*4 現地 ESCO 企業の情報では、瀋陽市では地下水ヒートポンププラントを 5,000 万㎡の供熱面積に導入する計画が最近見直され、地下水ヒートポンププラント 2,000 万㎡、地中熱ヒートポンププラント 1,500 万㎡、下水熱利用ヒートポンププラント 500 万㎡とする計画である。

　以上の吸収式ヒートポンプ導入プラントの運用主体としては、既設改修では既存の運用主体、新設の場合はデベロッパーの関与する子会社または横断的な運営会社、既存の熱供給会社との合弁会社、ヒートポンプ製造会社の出資会社など、様々な形態が考えられる。また、この段階では、各プロジェクトの進行に際しての、設計事務所、コンサルタントのリーダーシップが肝要である。

*5 合弁会社の設立により地域暖房事業に取り組むか、独資によるかがあり得る。但し、現実的には独資は日本のデベロッパーによる開発地区でしか成立しない。中国デベロッパー向けは合弁により、日本側の技術力、中国側の営業力を活用する。合弁も日本側が固定資産を所有するか否かで異なる。

　第Ⅱ段階での瀋陽市における吸収ヒートポンプと BEMS 群管理システムの導入を推進するためには、導入可能性調査による事業実施の可能性の高い地区の選定（この点では地元 ESCO 事業者との連携がポイント）、当該地区での当システムの有

*4 根据当地 ESCO 公司的信息，最近沈阳市修改了地下水热源热泵供热面积 5,000 万㎡的规划，其中地下水热源热泵供热面积 2,000 万㎡，地热热泵供热面积变为 1,500 万㎡，和污水热源热泵供热面积为 500 万㎡。

　关于上述吸收式热泵机房的运行管理主体，如果是既有机房的改造项目，运行管理由原机房的管理方担当；如果是新建项目，运行管理由房地产开发商的子公司或跨行业公司、既有供热公司的合资公司、热泵制造厂家的出资公司等来担当，有各种形式。在此阶段推进各项目时，设计公司、工程顾问公司的带头作用非常重要。

*5 实施集中供热项目时，无论是成立合资公司还是独资公司，都是可能的。但是实际上，独资公司只适用于日本开发商的项目。与中方开发商成立合资公司，不仅可以发挥日本的技术力量，还可以发挥中方的营销能力。如果是合资公司，还要看日方是否拥有固定资产。

　第二阶段，为了在沈阳市推进吸收式热泵和 BEMS 群管理系统，根据可行性调查选择合适的项目地点（与当地 ESCO 公司联合很关键），沈阳市权威人士（发改委、沈北新区区长等）对本系统有效性的认可，在沈阳市节能规划、低碳规划中明确项目地

効性の瀋陽市有力者の認知（発展改革委員会、瀋北新区では行政区長ほか）、それを担保するために瀋陽市が作成する省エネルギー計画、低炭素化計画への位置づけ、事業実証プラント設置による訴求などが有効である。

(3) 瀋陽市、中国東北地域での上流域への展開

1）瀋陽市、中国東北地域での事業展開

中国東北地域での省エネルギー型地域暖房における日本技術・システムの中・長期的な導入推進の垂直・水平展開のパターンとして、以下の方向が考えられる。

一つは、垂直方向に瀋陽市を含む東北地域で、より上流域に日本の得意な技術分野を導入推進すること、二つ目は中国全土への水平展開として、全国開発区（エコシティ）へ地域暖房、地域冷暖房、地域冷房市場の創出を図ること、三つ目はそれを東アジア諸国の地域冷（暖）房に展開することである。

2）瀋陽市、中国東北地域での上流域への展開

瀋陽での吸収式ヒートポンプ、BEMS群管理システムを中心とした省エネルギー型地域暖房が一定の定着が図られた後、前述の4.1(1)で述べたような、地域暖房の省エネ技術としての日本の得意分野を、より上流域に導入推進を図ること

位，设立示范项目等等都是非常有效的手段。

(3) 在沈阳市、中国东北地区能源上游领域的展开

1）在沈阳市、中国东北地区的项目推广

在中国东北地区，应用日本技术与系统，从横向、纵向中长期地推进节能型集中供热项目，具体形式和方向如下：

第一是纵向深入，在包含沈阳的东北地区，在能源利用的上游领域推进日本先进技术的应用。第二是在全中国横向铺开，在全国开发区（生态城）开拓集中供热、集中供冷供热和集中供冷市场。第三是向东亚各国推进集中供冷（热）系统的建设。

2）在沈阳市，中国东北地区川上产业的展开

以吸收式热泵、BEMS群管理为中心的节能型集中供热系统在沈阳市扎根以后，如前文4.1(1)所述，期待以集中供热节能技术为代表的日本先进技术能够在川上产业领域得到推广。

が望まれる。

都市内での石炭燃焼はいずれ忌避されることは間違いない。中国東北地域で発展しているCHP（熱電併給システム）を基幹インフラとする地域暖房システムは、導管のストックなどから持続性を有し、より高度化して発展させるべきであろう。石炭依存は数十年オーダーで続くとすれば、より郊外で大規模な石炭燃焼によるCHP（熱電併給）プラントを設置する必要があるが、温熱搬送の距離の限界から限度がある。そこで注目されるのが、郊外での石炭ガス化と、都市内への都市ガスの搬送、都市内でガスタービンやガスエンジンによるCHP（熱電併給）プラントの都市内立地の推進が望まれる。但し、CHP（熱電併給）の新たな発展方向に関しては、電力供給の交渉先が熱供給分野ではなく、電力企業（中国では地方ブロックごとの電網会社）になることに留意すべきである。

CHP（熱電併給）からの高温水・蒸気は吸収ヒートポンプの駆動源となり、システム全体のエネルギー効率を格段に向上させる。CHP（熱電併給）をインフラとし、日本の省エネルギー技術を組み込んだ最適解のひとつと言えよう。

石炭ガス化、ガスタービン・コージェネレーション、ガスエンジン・コージェネレーションとも、日本が長年培ってきた技術である。

毫无疑问，城市内煤炭的燃烧早晚要被禁止。东北地区以热电联产（CHP）系统为主体基础设施，建设起来的集中供热，拥有大量的既有供热管道，而且要持续使用下去，会不断地发展成熟。对煤炭的依存还将持续几十年，必须在更远的郊外建设大规模的燃煤热电联产（CHP）发电厂，但是要注意不能超过供热输送距离的极限。因此要在郊外实现煤炭气化，向城市输送煤气，在城市推进建设燃气发动机或燃气轮机的热电联产（CHP）型供热系统。当然，关于热电联产（CHP）的发展新动向，需要和非供热行业的电力企业（不同地区的电网公司）协商。

利用热电联产（CHP）的高温水和蒸汽作吸收式热泵的驱动能源，可以显著提高系统的总能效。CHP（热电联产）的基础设施与日本的节能技术相结合，可以说是最佳方案之一。

煤炭气化、燃气轮机热电联产、燃气发动机热电联产都是日本常年积累起来的技术。

(4) 中国開発区への展開
1) 全国開発区(エコシティ)への導入推進

中国では全国数10都市以上でエコシティ計画が名乗りを上げている。主要な開発区(エコシティ)計画を中国の気候区にプロットすると、地域暖房適地、地域冷暖房適地、地域冷房適地に区分される。
① 地域暖房適地：厳寒地域(瀋陽ほか)、寒冷地域(北京、天津ほか)の住宅地
② 地域冷暖房適地：寒冷地域(北京、天津、青島ほか)の商業・業務地、夏暑冬寒地域(上海、杭州、西安、重慶ほか)
③ 地域冷房適地：温暖地域(昆明ほか)、夏暑冬暖地域(広州ほか)

(4) 向全中国开发区的展开
1) 促进在全国开发区(生态城)的应用

在整个中国，全国几十个城市有冠名生态城的规划。在中国气候分区图上，主要开发区(生态城)可以划分成适合集中供热地区、适合集中供冷供热地区和适合集中供冷地区。
① 适合集中供热地区：严寒地区(沈阳等)、寒冷地区(北京、天津等)的住宅区
② 适合集中供冷供热地区：寒冷地区(北京、天津、青岛等)的商业设施与办公楼和夏热冬冷地区(上海、杭州、西安、重庆等)
③ 适合集中供冷地区：温和地区(昆明等)、夏热冬暖地区(广州等)

図 4.3.2　中国建築気候区と地域冷暖房適地
图 4.3.2　中国建筑气候分区和集中供冷供热的适合地区

地域暖房適地において推進すべき日本の技術は、瀋陽、中国東北地域で第1段階で進めてきた、吸収式ヒートポンプと

在适合集中供热的地区，应该推进以吸收式热泵和BEMS群管理系统为主体的日本技术，这也是第一阶段在沈阳和东北地

BEMS群管理システムの導入が主体となる。合わせてどこまで上流域に展開できるかが課題である。

中国では地域暖房はインフラとして定着し、しかも広域ネットワークを形成している。一方、地域冷暖房や地域冷房の事例はわずかで、定着しているとは言い難い。地域冷房の事例の中には、広州大学都市のように、地域暖房並みの極めて広域の供給区域を対象とし、需要定着の遅れや、導管の熱損失により事業面で大変苦労を強いられている例もある。

このような先行事例もあり、地域冷房に関しては、中国の有識者に否定的な見解がある。*6 地域冷房の導入検討に際しては、これらには丁寧な対応が必要とされる。

地域冷暖房や地域冷房、特に冷房のネットワークは、極力コンパクトな区域をカバーするか、分割することを推奨すべきである。日本の例から、30万㎡程度のユニット化が最大値としての目安と思われる。最新の上海万博の会場は供給床10数万㎡に分割され、河川水や地中熱ヒートポンプ等による冷房システムが構築された。

天津エコシティの例では、シンガポール資本のデベロッパーによる地域冷暖房会社が設立され、熱供給を開始した。システムとしては、省エネルギーを特に意識したシステムとは言えないコンベンショナルなシステムである。制御システ

区应用的技术。当然，日本技术可以推广到哪些上游领域，是一个课题。

在中国集中供热基础设施已经深深扎下了根，而且建成大规模的供热管网。但是，集中供冷供热和集中供冷的项目很少，还没有得到普及。广州大学城的集中供冷项目，规模与北方集中供热的规模相当，供冷面积非常大。由于供冷需求迟迟未能稳定，以及供热管网的热损失等原因，项目经营非常痛苦。

正因为有了这样的先例，中国的有识之士对集中供冷往往持否定的意见。*6 在探讨集中供冷项目时，必须要认真对应这些意见。

集中供冷供热和集中供冷项目，尤其是供冷管网，应该要覆盖负荷密度高的区域，或者分区进行供冷。以日本为例，一般最大的供冷规模也就是 30 万㎡。上海世博会场利用河水和地源热泵等分区供冷，各区的供冷面积也就是是十几万㎡。

天津生态城，由新加坡的房地产开发商设立集中供冷供热公司，已经开始供冷供热。采用常规的系统，并没有特别考虑节能。自控系统由日本的 Y 公司承担。

234

4 章　日本の省エネルギー技術の中国地域暖房での展開と評価
第四章　日本节能技术在中国集中供热系统的推广与评价

ムを日本の Y 社が受注している。

シンガポール資本の参入はシンガポール、中国両首脳のトップ外交の成果と言われている。このような事例として、上海虹橋再開発地区では、トップ外交（オバマ大統領・胡錦濤主席協議）の成果で、GE 社製のガスコージェネ製品等が大々的に活用される模様である。

また、中国における電動冷凍機の米国メーカーの揺るぎのない優位性[7]からすると、ガスコージェネレーションや吸収技術の活用や、スマートエネルギーネットワークの概念による、熱・電力の省エネルギー技術面での、日本の技術活用が期待される。

* 6 「中国建築省エネルギー年度発展研究報告 2008 年」（中国工程院、清華大学建築省エネルギーセンター）による地域冷房の問題点
　① 冷熱源機器の容量増による効率向上は容量 1,000RT で頭打ち、1,000RT × 2 は床面積 7 万㎡冷房相当がスケールメリットの限界と考えられる。
　② 冷熱源機器の単機容量が過大であり、1%程度の低負荷運転が多く年間効率が低下する。
　③ 冷水の往返温度差が 5 ～ 10℃であり、中国の地域暖房での 30 ～ 70℃に比し極めて小さいことが、配管口径、ポンプ容量を大きくし、初期投資・運用費大につながる。
　④ ポンプの電力消費量が冷房供給量の 10%程度に及び、冷水の熱取得にもつながる。
　⑤ 特定の負荷パターンの需要に対応するため 1 ～ 100%負荷対応運転が必要（中国の地域暖房は 40 ～

新加坡公司之所以能够参与，可以说是新加坡和中国首脑外交的成果。同样，上海虹桥开发区也是首脑外交（奥巴马总统和胡锦涛主席的协议）的成果，导入了 GE 公司的燃气热电联产设备。

另外，在中国，美国电动冷冻机厂家有不可动摇的优势，期待日本技术能够在供热、电力的节能技术，如燃气热电联产、吸收式技术、智能能源网络等方面得到应用。

* 6 《中国建筑节能年度发展报告 2008》（中国工程院、清华大学建筑节能中心）集中供冷所存在的问题。

　① 冷源设备容量增加可今增加能耗，其上限为 1000RT。1000RT × 2 相当于 7 万㎡建筑的冷量，可以认为是规模效应的最大容量。

　② 冷源设备的单机容量过大，1% 左右低负荷率的运行时间较多，全年能效下降。

　③ 冷水的供回水温差为 5 ～ 10℃（与中国集中供热的供回水温差 30 ～ 70℃相比），温差非常小，因此管径大、水泵容量他大，导致初始投资和运行费用增大。

　④ 水泵耗电量占供冷量的 10%，导致冷水温度升高。

　⑤ 为了满足特殊负共冷负荷，供冷系统必须对应 1 ～ 100% 的负荷率（中国集中供热为 40 ～ 100%）进行运行，

235

100％）のため低負荷、低効率運転
時間が長期化する。

⑥ 温度差が小さいため熱量計の精度
向上が困難で、コストアップにつ
ながる。

＊7 中国における電動冷凍機のシェア

中国における電動冷凍機のシェアは、
キャリア他米国系4社で95％に及ぶ。
中国における電動冷凍機市場は米国が
創出したといっても良い。一方、吸収
冷凍機は日本の荏原製が16-17％を占め
ている。

中国国策として分散型エネルギーシ
ステムに関し、上海等でCHP（熱併給
発電）やマイクログリッドを推進して
いる。中国はこれら技術は一定程度修
得してはいるものの、BEMSを含め、成
熟した日本の技術、豊富な経験をぜひ
活用したいという、地元ESCO事業者
の声は強い。

以上から、冷熱源の効率、輸送シス
テムのエネルギー消費量、特定負荷対
応の高効率維持方法、従量課金方式等
の問題への十分な論証が、中国におけ
る地域冷房普及の前提である。

(5) 中国西南地域の暖房方式の方向

1) 中国西南部都市の暖房設備ニーズ
（一部中文資料引用による）

2012年12月-2013年1月にかけて強
い寒気が南下し、中国全土に暴風雪が
襲ったこともあり、西南部地方での暖房
の必要性の声が高まって社会問題化した。
中国では、歴史的に北の地方では早くか
ら暖房インフラが普及しているのに対し、
南の地方は独自の方法で寒さ対策を行っ
てきている。

インターネット上で、「南の地方でも
暖房設備を！」の声が沸き上がり、2万

低负荷、低效率的运行时间长。

⑥ 供回水温差小，要提高热量计的精
度比较困难，会导致成本上升。

＊7 中国市场电动冷冻机的占有率

在中国95%的电动冷冻机为开利等4
家美国公司的产品，可以说中国电动冷
冻机的市场就是由美国开创的。另一方
面，日本荏原的吸收式冷冻机占16-17%
的市场份额。

作为中国国策的分布式能源系统，上
海等在推进热电联产（CHP）和微电网
的建设。虽说中国在这方面已经掌握一
部分技术，但是当地的ESCO企业还是
强烈希望能够应用BEMS等日本技术，
因为日本技术成熟而且积累了丰富的经
验。

综上所述，在中国普及集中供冷的前
提条件是要对冷源设备效率、输送系统
能耗、实现特殊负荷时高效运行、有效
论证热计量收费等课题。

(5) 中国西南地区供热方式的方向

1) 中国西南城市对供热设备的需求
（部分引用中文资料）

2012年12月～2013年1月，强冷空气
南下，整个中国受到暴风雪的袭击，西南
地区需要供热的呼声日益高涨，引起了社
会广泛关注。在中国，北方地区很早就普
及供热基础设施，但是南方居民则是老百
姓自己考虑防寒对策。

网络上"南方也需要集中供暖"的呼声
沸沸扬扬。网络调查2万人的结果，80%

人のインターネット利用者参加の調査結果で、8割以上の人が西南部での暖房設備の設置を支持した。

特に、「夏暑冬冷地域」（前述(4)図4.3.2参照）は夏の高温多湿気候に対応した建築構造（通気；隙間風、薄い壁厚）のため、寒い冬には貧弱な暖房では耐えられないのが現状である。

1950年代のエネルギー源が乏しかった時代に、周恩来総理の指導の下、秦嶺、淮河を境に、これより北では暖房供給、南は暖房を供給しないこととされた。（1日の平均気温が5℃以下の日数が90日以上か否かで線引き）

（前述1.1(2)図1.1.2参照）

さらに、近年は冬期に中原の寒気が南下し、「夏暑冬冷」地域の都市（南京、杭州、長沙、重慶、成都、貴州等の各市）で寒冷化が顕著な傾向にある。

2）中国西南部都市の暖房設備の状況
　（中文資料による）

西南部都市で、北方都市のような集中暖房の導入が適切かは議論のあるところである。西南部都市における、通気性の高い建築の改善や、起伏の多い山地、丘陵地のため暖房配管投資が多大であることから、独立暖房設備を含めた適切な対応が必要とされる。西南部都市は暖房時間が短く、暖房機器の稼働率が低く、集中暖房の事業性の低さも懸念される。

一方、近年は都市で集中暖房プロジェ

的人赞成西南地区设置供暖设备。

尤其是在"夏热冬冷地区"（参见上述(4)的图4.3.2），建筑结构（通风、漏风、墙薄）适应夏季高温多湿气候，但是仅靠弱小的采暖设备不能抵御冬季的严寒。

在20世纪50年代，"能源奇缺"的时代，在周恩来总理的领导下，确立以秦岭、淮河为界，界线以北的地区进行集中供热，界线以南的地区不供热。（以累年日平均温度低于5℃的天数是否超过90天来划定）

（参照前文1.1(2)图1.1.2）

另外，近年冬季，北方冷空气南下，"夏热冬冷"地区的城市（南京、杭州、长沙、重庆、成都、贵州等）气温显著下降，出现冷冬的趋势。

2）中国西南部城市供热设备的状况
　（源自中文资料）

目前已经有人开始议论，西南部城市也应该象北方城市一样进行集中供热。西南城市，改善建筑物通风性能以及山地、丘陵起伏大，供热管道投资过大等原因，独立式供热系统较为合适。另外，采暖时间短，供热设备的运转率低，担心集中供热项目的经济效益会比较差。

另一方面，近年一些城市也实施了集中

クトが実施されている。武漢市の「冬暖夏冷」計画では、2005年には500㎢、1.6億人へのサービスが開始されたとの報告もある。（未確認）合肥、杭州、揚州、南通等の都市でも一部で導入されたとされる。南通市の公務員地区で暖房用に下水熱ヒートポンプ、新しい商業・住宅地区で地中熱ヒートポンプを活用した集中暖房が実施された。

貴州省六盤水市は昔から「涼都」（冬凍りつく寒さ；5℃以下の日数は年間130日）と呼ばれた。ここで試験的に8万㎡の集中暖房設備が整備される。集中暖房の対象は病院、学校、ホテル、官公庁、新築住宅等で、2012年12月に完成、供給開始されている。2015年までに1,700万㎡、2020年までに4,400万㎡まで拡大、総投資額は266億元（3,600億円）の壮大な計画である。

六盤水市での集中暖房に係る需要家の費用（事例）は、引き込み負担金として122元/㎡（16万円/100㎡）、宅内工事費が60-80元/㎡（8-10万円/100㎡）、暖房使用料は1戸当りで、800-900元/月（1.0-1.2万円/月）とされる。

これらの集中暖房の整備に対し、中国における建築空調設備の第一人者である清華大学 江億教授は、「南方都市での集中暖房の実施は十分な研究の成果ではない。南方都市で普及は国家のエネルギー消費を大幅に増やすことになり、家計を含め経済的な負担は多大なものとなる。」

供热项目。2005年武汉市启动"冬暖夏凉"工程，计划到"十二五"末，集中供热共冷覆盖区域达500㎢，服务人口160万人。（未确认）合肥、杭州、扬州、南通等城市也有实施。如南通市公务员小区采用污水源热泵集中供热项目、新商业住宅小区采用地源热泵集中供热项目等。

贵州省六盘水市以前有"凉都"之誉（冬天滴水成冰，年间气温低于5℃的天数达130天）。试验性地建设了8万㎡集中供热设施，供热对象为医院、学校、旅馆、政府办公楼、新建住宅等。2012年12月竣工，已经开始供热。并制定宏伟发展规划，2015年扩大到1700万㎡，2020年扩大到4400万㎡，投资总额达266亿元（3600亿日元）。

六盘水的集中供热项目中，热用户的费用（实例）为入网费122元/㎡（16万日元/100㎡），住户内安装费60-80元/㎡（8-10万日元/100㎡），每户的暖气费800-900元/月（1-1.2万日元/月）。

关于这些供热项目，中国建筑空调设备届首屈一指的清华大学江亿教授敦促"南方城市建设集中供热的研究成果并不充分，如果在南方城市得到普及话，会大幅度增加全国的能源消费，也会增加家庭的经济负担。"

238

4章　日本の省エネルギー技術の中国地域暖房での展開と評価
第四章　日本节能技术在中国集中供热系统的推广与评价

と再考を促している。

3）日本の技術の適用性

西南部の暖房問題は 2014 年の全国人民代表大会のテーマの一つとして取り上げられる予定である。各地域でその対応方針を検討中であり、北方暖房地域との境界地域の代表都市である武漢が最もホットである。

最近の貴州省の省都貴陽市の住宅団地では、地中熱・地熱利用ヒートポンプによる集中暖房事例も見られる。設備は不動産価格込み、運営も不動産会社。貴陽は中国の中ではまれな水資源が豊富な地域で、一部地域では地下水は豊富で水温も適切で、熱源としての問題は少ないと思われる。機器等は中国国産が主であるが、今後は日本の技術・製品の適用も可能性はある。

また、貴州省は石炭資源が豊富で、一部都市では石炭燃焼のボイラーによる集中暖房を導入する例も見られる。（六盤水市の例）これらの集中暖房化の方向が適切かどうか？

省政府としては、一部でインフラとしての集中暖房を推進という意見もあり、集中方式を含む暖房設備についての検討を開始したところである。

貴州省そのものは高度が高く（標高 1,000m 超）、緯度が低く（台湾の台北市の北緯と同程度）内陸のわりには、夏は涼しく、冬は湿潤で寒い。但し、冬の寒

3）日本技术的应用

在 2014 年全国人民代表大会上，西南地区的集中供热作为议案进行了讨论。其他各地区也在探讨各自的对策，地处北方集中供热边界的武汉市，讨论最为热烈。

最近，贵州省府贵阳市的住宅小区，采用地源热泵和地热进行集中供热。设备费包括在房地产价格中，由房地产公司负责运营。贵阳是中国少有的水资源丰富的地区，一部分地区地下水丰富，而且水温非常适合作热源。主要是国产设备，今后采用日本技术与产品也是可能的。

另外，贵州省煤炭资源丰富，一部分城市采用燃煤锅炉进行集中供热项目（参照六盘水市的实例）。这些项目的集中供热方向是否正确？

省政府中也有促进建设集中供热的基础设施的声音，开始探讨集中供热等方案。

贵州省地势高（海拔超过 1,000m），纬度低（与台北的纬度基本相同）。虽然地处内陆，夏季凉快，冬季湿冷，但是冬季寒冷期短（采暖期间从 12 月到 2 月，约 3

239

い期間は短い。（暖房期間は12月から2月の3か月程度）

　集合住宅の暖房負荷のシミュレーション結果によれば、貴陽市の年間暖房負荷・冷房負荷とも、北京の1/2程度である。

　貴陽の暖房方式として、ガス燃料によるCHP（熱電併給）システムでの電力供給＋冬季暖房用温水供給方式の導入もあり得るが、電力は電力ネットワーク側で買い取る。天然ガスの中国西部地域やミャンマーからのパイプライン建設の活用も可能である。但し、コスト面やエネルギー政策面から、中長期的に適切な方式かは要検討である。

4）日本側からのアドバイス（日本側調査メンバー：宇都宮大学教授、日本大学教授他の意見を総合）

①　冷暖房の必要性と健康維持

　　所得水準が上がって、冷暖房は近年中に普及することは明らかなので、この時点で省エネルギー且つ経済的なシステムを提案し、設置することが肝要である。特に冷暖房は熱中症や脳溢血等の病気を防ぐ働きがあり、健康面からも冷暖房は必要であると言える。

　　中でも、当地区の住宅の建築性能の現状（隙間風、薄い壁厚、貧弱な暖房設備）を勘案すると、住宅の断熱・機密性の確保と適切な暖房設備の導入は、早急な対応が必要である。

个月）。

　公寓供热负荷的计算结果，贵阳市的年供热负荷和供冷负荷约为北京的1/2。

　在贵阳，煤气热电联产系统发电＋冬季供应采暖用热水的采暖方式是可行的，发电供应电网。可以使用来自中国西部地区和缅甸的管网的天然气。当然，要从中长期的观点，在成本、能源政策方面进行讨论。

4）日方的建议（综合日方调查成员宇都宫大学、日本大学教授等的意见）

①　供冷供热必要性和居住健康

　　随着收入的上升，近年来供冷供热得到普及，因此节能而且经济的提案与设置非常重要。尤其是供冷供热可以防止中暑和脑溢血等症状，从居住健康来说也是必要的。

　　其中，从西南地区建筑性能状况（漏风、墙薄，采暖设备能力较弱）来看，提高住宅的保温性、气密性，导入合适的采暖设备是当务之急。

② 経済性

設備費は、安価でなければならないが、更新についても十分な配慮が必要である。従って、機器のユニットごとに交換できるように設計する必要がある。冷暖房を実施する場合は、暖房では低い温度の温水で、冷房では高い温度の冷水で稼働させることができる壁型放射冷暖房用パネルが、快適性、健康性、経済性、更新性に優れていると言える。暖房のみの場合は低温供給で賄える床暖房も適する。

給湯は中国では必要とされる湯量が少ないので、各戸給湯システム（ガス瞬間湯沸かし器等）が適切である。太陽熱温水器の併用は推奨される。

運転費の面では、石炭が最も経済的であると言える。他の燃料でも良いが、ヒートポンプを使用しても電力利用は高価になってしまうばかりではなく、電力に余裕の少ない中国では相応しくない。

集中暖房の導入に際しては、その事業性に十分な配慮が必要である。地域配管からの熱損失やポンプ動力を考慮すると、その導入地区はコンパクトである必要がある。入居率の低さや、暖房期間が限られることは、適切な集中暖房の導入地区を限定する。集中暖房の導入地区の条件に関

② 经济性

虽然说设备费越便宜越好，但是也要充分考虑设备的更新。因此，系统设计时要实现设备能模块化交换。供冷供热时，采用冷暖辐射墙板，供热时热水温度低，供冷时冷水温度高也能运行，不仅舒适、健康、经济，而且便于更新。只有采暖的场合，地板采暖因为可以使用低温热水，所以最适合。

在中国，热水的需求比较少，比较适合分户设置热水器（煤气热水器等），也推荐能与太阳能热水器一起使用。

运行费用方面，可以说燃煤最经济。其他燃料也可以，但是使用热泵不仅会导致电费的上升，对于电力并不富裕的中国来说也不太合适。

导入集中供热时，必须充分考虑项目的经济性。由于供热管道的热损失和水泵的动力，供热区域必须要高度集约。入住率低、采暖期短等因素的限制，只能在合适的地区导入集中供热。讨论集中供热导入地区的条件，编写导入指南等课题迫在眉睫。

241

する検討、ガイドライン作りが焦眉
の課題である。

③ **システム**

　CHP（熱電併給）システムあるい
は石炭専焼プラントによる熱供給シ
ステムの導入が適切である。冷房用
（都市の中心部の業務・商業施設や
高密度住宅地に限定）にはCHP（熱
電併給）の排熱または石炭専焼プラ
ントの温水（蒸気）を吸収冷凍機に
使用し、冷水を分配する。暖房用は
適宜サブプラントを設置し、熱交換
後の低温レベルの温水を供給する。

　急増する電力需要に短期間で対応
するために、急速に都市化する開発
区等で、冷暖房供給を同時に行う効
率的なエネルギーシステムとして、
中小規模のCHP（熱電併給；20万
kW程度）プラントを、都市化の進
行に合わせて整備するのは有効な方
法の一つである。

　燃料としての天然ガスの利用は、
環境負荷の低減の面や開発区での
燃料の取扱いの点からは望ましい
が、経済面で導入が困難と予想され
る。徹底した低負荷住宅（ゼロエネ
ルギー建築等）の導入と、コンパク
トな開発地区で開発者負担によるイ
ンフラ整備が実現する地区での導入
可能性はある。

　経済性に優る石炭の利用に関して
は、大気汚染問題に配慮して、CHP

③ **系统**

导入供热系统时，CHP（热电联产）
系统或燃煤方式较为合适。供冷时
（限定于市中心的办公楼、商业设
施和高密度的住宅小区），可以通过
CHP（热电联产）的余热或燃煤锅
炉的热水（蒸汽）来驱动吸收式冷冻
机，输送冷水。供热时，适当配置热
力站，进行热交换，供应低温热水。

　为了满足短期电力负荷的激增，在
城市化比较快的开发区，导入中小规
模的热电联产CHP系统（20万kW
左右）较为有效。不仅可以同时供冷
供热，而且能效高，还可以配合城市
化进程分阶段建设。

　利用天然气，可以降低环境负荷，
因此对开发区来说，比较合适。但是
经济性差，估计很难实现。在低负荷
住宅（零能耗建筑等）和紧凑型开发
区（市政设施集中、开发商投资负担
小）还是可以实现的。

　煤炭的经济性好，但是利用时要考
虑大气污染的问题，必须提高热电

（熱電併給）プラントや専焼プラントの高効率化や排煙脱硫を徹底する必要がある。石炭ガス化プラントを郊外に設置して都市部へはガス供給を行い、都市部のプラントはガス燃焼に転換するのが望ましい方法の一つである。郊外型の石炭プラントであれば、燃料貯蔵庫の取扱い、ボイラ設備の共用が可能な点から、木質バイオマスの併用が可能である。

(6) 東アジア諸国への展開

1）東アジア諸国での地域冷房の導入経緯

東アジアにおける地域冷房は、1990年代のマレーシアにおける3地区での導入が代表的な事例である。1991年に当時のマハティール首相が新宿新都心地域冷房施設の視察に端を発するといわれる。空港、再開発地区、官庁街に、それぞれガスコージェネレーションを主体に大規模な地域冷房が実施されている。事業主体は、GDC（ガスクーリングディストリクト社）で、地元の国営石油会社であるペトロナス社、東京ガス、三井物産、三菱商事の4社の出資で1994年に設立された。現在は日本の3社は資本を引き揚げ、ペトロナスの関連会社となっている。東京ガスは、都市ガス会社として1992年に設立されたガスマレーシアへは、現在も三井物産とともに出資している。

その後、経済不安などを背景に停滞し

联产（CHP）系统和燃煤锅炉的效率，彻底脱硫除尘。在郊外建设煤炭气化工厂，向城市输送煤气，实现燃料的煤气化，这是一个比较理想的方法。对于郊外的燃煤机房，由于燃料储存库、锅炉设备等可以共用，木质生物燃料也可以一起使用。

(6) 在东亚各国的展开

1）东亚各国导入集中供冷的缘由

东亚的集中供冷供热项目，最具代表性的是1990年代马来西亚的三个项目。据说是始于1991年，当时的马哈蒂尔首相视察了新宿新都心的集中供冷供热设施。随后马来西亚在机场、再开发区、政府机关集中地分别建设了以燃气热电联产为主体的大规模集中供冷供热设施。项目主体是GDC公司，由当地的国家石油公司Petronas、东京煤气公司、三井物产、三菱商事四家公司出资于1994年创立。目前，日本三家公司已经收回投资，GDC Petronas公司的全资子公司。1992年，东京煤气公司设立了马来西亚煤气公司，现在和三井物产一起出资经营着。

其后，虽然因为经济不稳定等出现停滞

243

た時期があったが、2000 年に入るとシンガポールやタイでも地域冷房の導入が始まっている。

2）今後の展開

以上の例は空港や新・再開発市街地での導入事例で、ベトナム、インドネシア、インドなどでも導入が始まるものと期待されている[8]。

[8] 日本企業の有望事業展開先に関する調査結果では、2002 年時点では中国・タイ・インドネシア・ベトナム・インドの順であった。これが 2014 年にはインド・インドネシア・中国・ベトナム・タイの順になった。中国の順位の低下、インド・インドネシアの上昇傾向の影響である。

エネルギー開発や空港、鉄道、エコシティ等のインフラ輸出に合わせた、コージェネレーション、吸収技術活用等の省エネルギー型地域冷房システムにおける日本技術の活用は有望市場である。省エネルギーとともに地球温暖化対策、防災対策への貢献や、日本発のエネルギーサービス事業のビジネスモデルの導入が期待される。

最近の関連エポックを以下に例示する。

・2013 年　国土交通省がベトナム建設省とエコシティ開発に関する協力覚書を締結
・2013 年　大阪ガスがタイのバンコクにエネルギーサービス会社を設立。天然ガス設備設置による蒸気供給な

2）今后的展开

上述项目都是在机场、新（再）开发区建设的，期待今后能在越南、印度尼西亚、印度等导入。

[8] 根据调查日本企业最有希望获得项目的国家，2002 年的排名为中国、泰国、印度尼西亚、越南、印度，但是 2014 年变为印度、印度尼西亚、中国、越南、泰国。中国的排名下降，印度、印度尼西亚呈上升趋势。

配合能源开发、机场、铁路、生态城等基础设施的对外输出，充分利用热电联产、吸收式技术的节能型集中供冷系统，这是日本技术可以一展身手的市场。期待日本原创的能源服务商业模式能够得到应用，在节能、防止地球温暖化、防灾等方面做贡献。

最近以下项目具有划时代意义：

・2013 年，国土交通省和越南建设部签订开发生态城的合作备忘录

・2013 年，大阪煤气公司在泰国曼谷设立能源服务公司，利用天然气来制造蒸汽，推进节能；

4章　日本の省エネルギー技術の中国地域暖房での展開と評価
第四章　日本节能技术在中国集中供热系统的推广与评价

どを通じた省エネルギーを推進

・2014 年　東京ガスが東京ガスアジア
社を設立。東南アジア各国の工場・
商業施設のエネルギーソリューショ
ン、エネルギーインフラ構築展開の
拠点化

・2015 年　東急グループが進めるベト
ナムのビンズン新都市建設における
第 1 期集合住宅地を竣工

・2016 年　三菱商事がベトナムのハ
ノイで 8,700 戸住宅地開発計画への
参画。同社はミャンマーのヤンゴン、
ベトナムのホーチミン、インドネシア
のジャカルタでも住宅地開発に参画

・2016 年　三井物産のインド、マレー
シアでの中間層向け病院建設に参画

そのほか、インドネシア、マレーシア、
シンガポール、インドなどで、不安定な電
力供給に対する分散型電源として、日本
のメーカーやエネルギー事業者による、日
系の工場を対象としたコージェネレーショ
ン設備の導入実績や計画が増大している。

特に東アジアの冷房市場は、今後は中
国や韓国製の低価格帯の機器との競争に
なるというのが、冷凍機メーカーの観測
である。日本製品がコスト競争に耐える
のは、日本の技術を活用して中国等現地
工場で製造した冷凍機等である。特に、
前述のように中国市場が期待する吸収関
連機器が、中国の熱供給市場で実績を上
げ体力をつけることが、東アジア諸国で
の市場確保のカギを握っている。

・2014 年，东京煤气公司设立东京煤
气亚洲公司，构筑建设东南亚各国工
厂，商场，能源系统、能源设施的新
基地

・2015 年，东急集团在越南平阳新城
（Binh Duong New City）1 期公寓项
目竣工

・2016 年，三菱商事参与越南河内 8700
户住宅小区的开发规划，该公司还参
与缅甸仰光、越南胡志明市、印度尼
西亚雅加达的住宅开发

・2016 年，三井物产在印度、马来西亚
参与建设面向中产阶级的医院

另外，在印度尼西亚、马来西亚、新加
坡、印度等国家，为解决电力供应的不稳
定，日本厂家和能源企业在日资工厂设
计、建设热电联产分布式能源，工程业绩
在不断增加。

据冷冻机厂家的观察，在东亚的供冷市
场，今后中国和韩国会在低端设备方面激
烈竞争。使用日本技术在中国工厂生产的
冷冻机可以承受激烈的价格竞争。尤其
是，上文所述中国市场所期待的吸收式设
备，不仅可以提高在中国供热供冷市场的
导入业绩，而且可以积累技术力量，这也
是确保东亚市场的关键。

245

表 4.3.1 東アジア諸国での日本企業の参画する地域冷房導入事例

表 4.3.1 日本企业在东亚各国参与的集中供冷项目

国　名	都市、地区名	概　要	備　考
マレーシア —马来西亚	クアルランプール国際空港（KLIA） —吉隆坡国际机场	ガスディストリクトクーリング社：GDC（ペトロナス社 60％、TGMM40％；東京ガス 20＋三井物産 10＋三菱商事 10 との合弁会社）が建設、運用は GDC（KLI）社による吸収冷凍機を採用した世界最大級のガス地域冷房事業。 —Gas District Cooling 公司：GDC（Petronas 公司出资 60％、TGMM40％；东京煤气公司 20％、三井物产 10％、三菱商事 10%的合资公司）投资建设，由 GDS（KLI）公司负责运营。采用吸收式冷冻机，是世界最大规模的燃气集中供冷项目。 供給対象床面積は 70 万㎡、年間冷水供給量 164 百万 RTH、全負荷相当運転時間 6,000 時間。 —供冷面积为 70 万 ㎡，全年冷水供给量 164 百万 RTH，满负荷运行时间 6000 小时。 ガスタービンコージェネ、蒸気吸収冷凍機、地域導管は片道 10km（直埋）。 —燃气轮机热电联产、蒸气吸收式冷冻机、热网干管长 10 公里（直埋管）。	GDC は、現在は日本の 3 社資本を引き上げ、ペトロナス社の関連会社となっている —目前，3 家日本公司的投资已经收回投资，GDC 公司成为 Petronas 公司的全资子公司
	クアルランプールシティセンター（KLCC） —吉隆坡城市中心	上記ガスディストリクトクーリング GDC 社による都心部 40ha の再開発地区（オフィス、ホテル、商業施設立地、最終延床 170 万㎡）でのガス地域冷房、1996 年 11 月供給開始。 —由上述 GDC 公司承担的市中心40公顷再开发项目（办公楼、旅馆、商业实施，总建筑面积 170 万 ㎡），采用燃气集中供冷，于 1996 年 11 月开始运行。 冷水最大負荷 3 万冷凍トン、年間冷水供給量 124 百万 RTH、全負荷相当運転時間 4,100 時間（計画）。 —最大冷水负荷 3 万冷冻吨，全年冷水供给量 124 百万 RTH，满负荷运行时间 4100 小时（设计）。 ガスタービンコージェネ、蒸気タービン駆動ターボ冷凍機、電動ターボ冷凍機、地域導管は延長 1.6km（直埋）。 —燃气轮机热电联产、蒸气轮机直接驱动离心式冷冻机、电动离心式冷冻机、热网管道总长 1.6 公里（直埋）。	
	ブトラジャヤ新行政都市 —布城新行政都市	GDC（PUTRAJAYA）により冷水（＋電力）供給、1998 年供給開始。 —由 GDC（PUTRAJAYA）供应冷水（+电力），1998 开始运行。 冷房最大負荷 24,000RT、年間冷水供給量 101 百万 RTH、全負荷相当運転時間 4,200 時間。 —最大供冷负荷 24,000RT，全年冷水供给量 101 百万 RTH，满负荷运行时间 4200 小时。 ガスコージェネ、電動冷凍機、吸収冷凍機。 —燃气热电联产、电动冷冻机、吸收式冷冻机。	数字等は計画時点 —数值为设计时的数据
シンガポール	マリナベイ新都心 —滨海湾新城 Marina Bay New	シンガポール・ディストリクト・クーリング社（政府系シンガポールパワー社と仏設備大手タルギアの合弁会社）からの発注、三菱重工が大型地域冷房プラント用に、2002 年に 5 台、計 1 万 450	マリナベイ新都心は、旧都心隣接 370ha、ビジネ

246

－新加坡	Downtown	冷凍トン、2009 年に 9 台、計 2 万 5600 冷凍トンを納入。 －由新加坡 District Cooling 公司（新加坡国营能源公司与法国大型设备公司 Dalkia 的合资公司）投资，采用三菱重工的大型地集中供冷机组，2002 年 5 台，共 1 万 450 冷冻吨，2009 年 9 台冷冻机，共 2 万 5600 冷冻吨。	ス街、リゾート施設を建設 －滨海湾新城与旧城区相邻，面积 370公顷，开发了商业和度假村设施
	チャンギ国際空港 －樟宜国际机场	2007 年新菱冷熱施工 －2007 由新菱冷热公司施工	
	バイオポリス －Biopolis 生物科技园	2003 年新菱冷熱施工 －2003 年由新菱冷热公司施工	
タイ －泰国	第 2 バンコク国際空港（スワンナブーム国際空港） －第二曼谷国际机场（素万那普国际机场）Suvarnabhumi	PTT（国営石油公社）と EGAT（国営電力公社）の合弁事業。住友商事と川崎重工業が共同受注、2005 年完成、受注額 16 億円。 －PTT（国营石油公司）与 EGAT（国营电力公司）的合资项目，2005 年完成。住友商事与川崎重工业公司共同接到 16 亿日元的订单。 合計 1,300 万立方フィート/日（LNG 換算 10 万 t/年）のガス消費、電力 50MW、冷却水 1.25 万 t 生産（計画） －天然气耗量 1,300 万立方英尺/日（LNG 换算 10 万吨/年）、电力 50MW、冷水 1.25 万吨（规划）	2004 年初頭に約 18.5 億バーツ（52 億円）を投じて、発電、冷却設備の建設開始 －2004 年初投资 18.5 亿泰铢（52 亿日元），建设发电、供热设施
	フチャー・パーク・ランシット・ショッピング・コンプレックス －Future Park Rangsit 商业中心 shopping center complex	50MW の発電、2,250t の冷却能力、必要ガス量 120 万立方フィート/日の見込み。 －发电量 50MW、制冷能力 2,250 冷吨、燃气耗量 120 万立方英尺/日。 総合ユーティリティ・システムを備える大規模ショッピングセンター・病院・大学・ニュータウンのプロトタイプとなる。 －由综合供能中心向大规模商业中心、医院、大学设施供能，为新城开发项目。	数字等は計画時点 －数值为设计时的数据

247

終　最近の中国における地域暖房事情

　本書における調査事業は、2008年から2011年の4年間の中国東北地域の瀋陽市における地域暖房についての、現地での計測調査・実態調査・質問紙等調査とその解析、及びそれらに関わる日中の研究者・行政関係者・実務者による種々の議論により、進めたものである。

　本書を著すに当たり調査時点から5-8年を経ていることから、以下の点に関し、最近の中国における地域暖房事情について、調査時点からの変化を確認することが必要との認識から、2016年5月に清華大学、瀋陽建築大学、瀋陽市を訪問し、関係者にインタビュー、資料収集を行った。また、並行して、烟台荏原空調設備㈲へのメール調査、資料収集依頼を行った。

・瀋陽市の地域暖房の床面積、熱源構成等の推移
・特に地中熱ヒートポンプの動向
・PM2.5など大気汚染対策における暖房熱源対応
・計量・課金制度の動向　　等

　この内、地域暖房の床面積、熱源構成等の推移及び計量・課金制度の動向については、本文中で適宜、調査時点とその後の推移等について記述している。

終　中国集中供热项目进展的近况

　从2008年到2011年的四年间，我们对中国东北地区沈阳市的集中供热系统进行了调查。通过问卷调查、实地调查、测试、计算和分析，并与相关的日中专家、政府人员、实际工程技术人员等进行广泛的讨论，本书所写内容为此调查项目的内容总结。

　本书是在调查开始之后5-8年才编写的，为了确认中国集中供热项目的近况与当初调查时的变化，2016年5月再次访问清华大学、沈阳建筑大学和沈阳市，采访相关人员，并收集资料。另外，通过邮件询问烟台荏原空调设备有限公司，收集相关资料。具体主要如下：

・沈阳市集中供热面积、热源构成的变化
・地源热泵的动向
・防止PM2.5等大气污染时的热源对策
・供热计量和供热收费制度的动向等

　其中，集中供热面积、热源构成的变化和热计量和供热收费制度的动向等，包括调查当时以及之后的变化，已在本书中进行了说明。

ここでは、地中熱ヒートポンプの動向と大気汚染対策における暖房熱源対応についての状況を記す。

这里就地源热泵的趋势和防止大气污染时的热源对策进行补充说明。

（地中熱ヒートポンプの動向）

瀋陽における地中熱ヒートポンプは、調査事業の時点からその兆しが現われていたように、導入の停滞傾向にある。その理由としては以下が指摘されている。

① 冬と夏の負荷のバランスが悪く、暖房のためのヒートポンプによる地下水からの熱取得が大きいため、経年的に地下水の温度が低下する傾向にある。

② 地下水温度の低下は、ヒートポンプの効率を下げ室内温度が十分に上がらないという影響もたらす。（室温低下に対する住民からのクレームも見られた。）

③ ヒートポンプでの利用後の地下水の還元井による還水が不十分で、結果として地下水量の低下、水位の低下を招いている。

④ 地中熱ヒートポンププラントの運転要員の技術が未熟で、効率運転がなされていない。

⑤ 市政府の政策として、（推進派の市長交代もあり）地中熱ヒートポンプの推進行政が停滞した。政策面では、適用電気料金の変更による電気代の実質値上げがあった。

⑥ 新規開発地区においても、地中熱

（地源热泵的动向）

正如调查时就呈现出的预兆，沈阳市地源热泵的应用出现停滞倾向，主要原因如下：

① 冬季、夏季负荷不平衡，采暖时热泵从地下水抽取的热量大，几年后地下水温呈下降趋势。

② 地下水温下降导致热泵效率下降，不能确保供热室温（室温下降导致居民们不满）。

③ 热泵利用后的地下水不能全部回灌到回水井，造成地下水量减少，水位下降。

④ 地源热泵操作人员技术不熟练，不能实现高效运行。

⑤ 市政府推进地源热泵的政策出现停滞（更换了原来积极推进地源热泵的市长）。电费政策的变化，实际运行电费上升。

⑥ 新开发区，倾向于选择 CHP（热电

ヒートポンプの導入より CHP（熱電併給）システムの導入が選好される傾向にある。

⑦ 結果として、瀋陽市の地中熱ヒートポンプの将来計画は下方修正された模様で、調査事業時点の将来供給床面積 5,000 万㎡は、地下水利用ヒートポンプ 2,000 万㎡、地中熱利用（地下の土壌熱利用）ヒートポンプ 1,500 万㎡、下水熱利用ヒートポンプ 500 万㎡とされたとの資料もある。

このような状況に対して、本書で推奨した地中熱ヒートポンプの省エネルギー方策、すなわち BEMS の導入による効率化（地中土壌熱ヒートポンプや下水熱利用ヒートポンプにも適用可能）や、CHP（熱電併給）システムとの組み合わせによる吸収ヒートポンプの活用については、本書での検討結果による省エネルギー効果が得られるものと考える。

一方、地下水位の低下に対しては、事前調査による地下水脈の把握、地下水の利用へのヒートポンプ熱源代替案としての地下土壌熱や下水熱利用や、CHP（熱電併給）との組み合わせによる吸収ヒートポンプの活用など、立地条件に応じて他のシステムとの組み合わせを含めたシステムの適正化が有効である。

また、還元井による還水の不足への対策としては、還水井の深さをより深くすることや井戸の数を増やすこと、逆流洗

联产）系统，而非地源热泵。

⑦ 因此沈阳市下调了地下水热源热泵的应用规划，调查时新增供热面积 5,000 万㎡的规划中，地下水热源热泵供热面积调整为 2,000 万㎡，地热（土壤源）热泵供热面积为 1,500 万㎡，污水热源热泵供热面积为 500 万㎡。

根据以上情况，如果本书中所推荐的地源热泵的节能对策，也就是应用 BEMS 实现高效化（地热土壤源热泵和污水源热泵系统也可以使用），以及使用与热电联产 CHP 相搭配的吸收式热泵，同样可以取得本书中计算得到的节能效果。

另一方面，关于地下水位的下降，事先应该调查地下水脉，热泵热源可以用土壤源来和污水源替代，也可以应用与热电联产 CHP 相搭配使用的吸收式热泵。根据项目地点的实际条件与其他系统搭配使用，有效改善供热系统。

关于回水井回水不足的问题，可以通过加深回水井深度、增加回水井数量、逆流清洗，防止回水逆流等来解决。水泵动力

浄の実施等で逆流を防止することや、ポ
ンプ動力費の増加に対してインバーター
制御などによる改善が可能である。

なお、烟台荏原空調設備㈲からの情報
として、2010 年頃から集中暖房熱源とし
て、蒸気や排熱を駆動源とする吸収ヒー
トポンプが急速に広まっているとのこと
である。

当初は供給端側である発電所内に大型
の吸収式ヒートポンプを設置し、抽気し
た蒸気あるいは廃蒸気等を駆動源として、
蒸気での供給熱量を 1.7 倍程度に増やす
ことで都市化による負荷増大に対応して
きた。

近年は、さらに都市化が進み、供給端
だけではなく需要端直近のサブステー
ションへの小型の吸収ヒートポンプの導
入も見受けられる。このサブステーショ
ンへの導入は市レベルでの計画的なもの
である。

但し、ここ 2 年の経済成長の減速を受
けて、吸収ヒートポンプの市場もやや停
滞気味とのことである。

（大気汚染対策における暖房熱源対応）

大都市での PM2.5 問題が深刻化し、
その要因の一つが冬季の都市内での暖房
用の石炭ボイラーとされる。その短中期
対策として、中国側の研究者から以下が
挙げられた。

① 都心部や郊外の石炭ボイラーの
　排煙脱硫、老朽化した配管のリ

費用的增加可以通过变频控制来改善。

根据烟台荏原空调设备有限公司的信
息，作为集中供热的热源，以蒸汽和排
热为驱动源的吸收式热泵，从 2010 年以
来，增长迅速。

最初主要是设置在供热端发电站内的大
型吸收式热泵，以蒸汽抽汽或废蒸汽为驱
动源，供热量增加 1.7 倍，满足了城市化
发展所带来的供热负荷的增加。

近年，随着城市化的进一步发展，不仅
在供热端，而且在靠近用户端的热力站，
也开始导入小型吸收式热泵。在热力站的
应用也是在市政府规划指导下进行的。

但是，这两年经济增长速度放慢，吸收
式热泵的市场也有一点停滞的感觉。

（防止大气污染时热源对策）

在大城市 PM2.5 问题日益严重，其原
因之一就是冬季城市采暖用的燃煤锅炉。
中方研究人员提出以下近期、中期对策：

① 市中心和郊外的燃煤锅炉要脱硫除
　尘、更新旧管道（10km 的管道，

プレース（10km 離れてもわずか 2℃の温度低下の例もあり）、断熱基準の強化と相まって外断熱を主体とした建物の断熱性能の向上など、の従来からの施策の強化。
に加えて、以下に取り組んでいる。

② （実験レベルだが）郊外の石炭ボイラーによる住宅群を各室の空気熱源ヒートポンプにリプレースすることで、全室 24 時間暖房から局所・間欠暖房で大幅な省エネルギーを達成。外気マイナス 20℃でも室温は 15℃程度が確保され、厚着のライフスタイルのため快適性も保たれる、との結果を得た。

③ 都市内の鉄鋼産業等を郊外に移転させる計画に合わせて、工場排熱を高温水で都市内に輸送、往き温度 130℃、返り温度 15℃の運用（返り温度の 15℃は日本と中国の合弁会社製造の吸収ヒートポンプを活用）する構想がある。環境・エネルギー面での効果が大きい。

温度仅下降 2℃），强化保温标准与加强外保温相结合，提高建筑物保温性能等，加强以前就有的节能对策。

外加以下对策

② （还在实验阶段）在郊外住宅小区用空气热源热泵代替燃煤供热锅炉房，从所有房间 24 小时供热向局部、间歇式供热转换，实现大幅度节能。即使室外温度下降到 -20℃，室内也可在 15℃左右。因为衣服穿得厚，所以能确保居住的舒适性。

③ 配合市内钢铁企业搬迁到郊外的规划，构想利用工厂排热制造高温水，向市内供热，供水温度 130℃，回水温度 15℃(可以利用日本和中国合资制造的吸收式热泵回收 15℃回水的热量)，节能环保效果大。

あとがき

　本書は、中国の地域暖房の省エネルギー対策の在り方を、長い歴史を有する中国の都市規模のネットワークやCHP（熱電併給）システムなど蓄積された地域暖房ストックを活用し、日本のエネルギー管理システムや吸収関連技術など省エネルギー関連技術をいかにビルドインすると有効か、が主題である。

　中国側への提案と同時に、日本側も中国の地域暖房に学ぶべき点は多い。日本の地域（冷）暖房が街区（冷）暖房の域を出ない実情に対し、広域ネットワークを構築して都市スケールの地域暖房を実現し住宅を主たる熱供給対象にしていることや、CHP（熱電併給）システムによる大きなスケールでのエネルギーの効率利用を図っていることなどである。

　この主題に取り組むため、中国側と日本側の研究者、実務者の意見交換を重視して調査事業を進めた。4年にわたり10数回の交流の場を設けて熱心に議論し、日中の地域暖房双方の得失の理解は相当程度深まったものと考える。

　結果としては、調査事業期間とその後数年を経ても、具体のプロジェクトへの我々の提案は、残念ながら実現していない。その大きな背景としては、こと地域暖房という基幹インフラに係る提案であ

后序

　本书以中国集中供热的节能对策为主题。中国的供热管网历史悠久，利用热电联产（CHP）系统构筑起大规模的集中供热系统，能否把日本的能源管理系统和吸收式技术应用到中国的供热系统是本书的着眼点。

　在给中方提案的同时，日方也可以从中国的集中供热学到很多东西。日本的集中供（冷）热系统并没有进入普通街道，与而中国构筑了广域供热管网，以住宅为主体，实现城市规模（各城市实现大规模）的集中供热，利用热电联产（CHP）系统谋求大范围的高能效利用，值得日方学习。

　围绕这个主题，中方和日方的专家、实际工程技术人员深入交换意见，展开项目调查。在4年里召开了十几次的技术交流会，热烈讨论，加深了对日中双方集中供热项目得失的理解。

　在项目调查期间及之后的几年里，非常可惜没能把我们的提案付诸于具体的案例。在这几年日中政治关系恶化的大背景下，集中供热这种基础设施项目的提案也受到影响。

255

ることから、ここ数年悪化している日中間の政治的な関係の影響も、要因の一つとも考えられる。

　この点を背景に、日本側の問題として、日本のメーカーやエネルギー事業者等の「中国ビジネス」への消極性や中国で都市開発を進めるデベロッパー等のリスクを取りづらい体質などが、先進モデルとして日本主導の都市開発においてすら日本の技術を活用した省エネルギー型地域暖房が実現しないという、一つの要因となっているのではないか。

　一方、中国側の要因としては、地域暖房事業の民有化傾向を背景とした短期的投資回収至上主義やメンテナンスに重きを置かない企業体質が影響しているのではないかと思われる。

　それでも、我々が提案したように、機器や技術システムのビルトインという側面より、主にソフトインフラ（計量・課金制度、エネルギー消費台帳整備、性能検証やガイドラインなど）の面での中国社会へのビルトインが先行し、機器や技術システムがついてくる、という考え方が妥当とも思われる。

　普通の中国の人たちが日本を多く訪れるようになり、日本の文化を吸収し帰国していく昨今である。ネットを通じての日本の映画や漫画の人気も高い。本書での日本の省エネルギー技術による地域暖房もより身近なものになっていくことを期待したい。そのための人的な交流を深

　日方的问题在于，日方厂家和能源企业对"中国业务"比较消极。在中国从事城市开发的房地产开发商不太敢冒险，即使是在日方主导的开发项目上，也不能把日本的节能技术应用到中国的集中供热系统，建设先进技术的示范项目。

　另一方面，中国的集中供热项目有民营化趋势，供热企业信奉短期回收投资主义，忽视维修管理。

　尽管如此，我们的提案与其说是设备与系统的组合，不如说先从软件方面着手准备（制定热计量、供热收费制度，实施能耗登记、编写性能验证手册和节能指南等），之后再配上设备和技术系统。这种想法应该比较妥当。

　近来，普通中国人也常来访问日本，吸收日本的文化，之后回到中国。通过网络，日本的电影、动画很受欢迎。期望本书中所介绍的节能型集中供热系统能成为中国人民平常生活的一部分。我们调查项目的结果就是加深了人与人之间的交流，相信会给今后的工作带来很多启示。

あとがき
后序

めたことが我々の調査事業の成果でもある。今後につながる点は数多いものと、自負している。

多くのご協力を頂いた方々の中で、特にお礼を申し上げるべき方々は、以下の通りである。紙幅の関係で、ここにお名前を挙げられなかった多くの方々にお詫びと、心からの感謝を申し上げます。

そもそも筆者らに中国の都市・エネルギー問題への関心を喚起頂いたのが早稲田大学の尾島俊雄名誉教授であり、中国を身近な存在とさせて頂いた。4年にわたる中国地域暖房省エネルギー研究会の座長をお務めいただき、終始我々の調査事業のご指導を頂いた東北大学の吉野博名誉教授には、本書刊行のお勧めを頂いたと同時に、本書の監修者として懇切に刊行まで導いて頂いた。

宇都宮大学の岡建雄名誉教授には瀋陽での実証サイトへの橋渡しを頂くと同時に、4年間の研究会の技術面を中心に広範なバックボーンとなって頂いた。清華大学の江億教授・院士には4年の研究会を通じて、中国の都市・建築エネルギー分野の第一人者として、終始中国側の地域暖房の発展経緯と課題、最新の技術までご教示頂いた。日本大学金島秀治教授には、ビジネスモデルや技術援助に係る助言を頂いた。また瀋陽航空工業学院の閻英林教授には瀋陽での実証事業サイトの提供や職員の皆様の協力を頂いた。

現地での実測等を担って頂いたのが、

在调查中得到许多人士的大力相助，我们表示非常感谢。特别鸣谢以下各位。由于篇幅的关系，不能一一罗列，还请原谅。

首先要感谢早稻田大学的尾岛俊雄名誉教授，是他第一个唤起了笔者等对中国城市与能源问题的关心，促使我们了解中国。其次，要感谢东北大学的吉野博名誉教授，4年来他一直担任中国集中供热节能研究会的负责人，始终指导我们的调查项目，也是在他的建议才决定出版本书。同时，他还是本书的监修，为本书的出版费尽心血。

宇都宫大学的冈建雄名誉教授不仅在我们与沈阳的实测项目之间起了桥梁作用，而且4年来一直是本研究会技术方面的中心骨干，给予我们广泛支持。清华大学的教授江亿·院士是中国城市、建筑能源领域的权威，4年来通过研究会的技术交流，从中方集中供热发展的缘由、存在课题和最新技术的应用方面一直给我们指导。日本大学的金岛秀治教授在商业模式和技术支持方面给我们提了很多建议。另外，沈阳航空工业学院的阎英林教授为我们联系了沈阳的实测项目，同时也感谢其他职员给我们的大力协助。

负责当地实测的是以加藤部长为中心的

257

加藤部長を中心とした荏原冷熱システム、烟台荏原空調設備の方々である。おかげで貴重なデータの蓄積と解析が可能となった。東京電力の前川部長、東京ガスの市川部長、大阪ガスの田中部長には、研究会への参加を通じて日本での実務経験に照らしたご報告、ご意見を頂いた。都市環境エネルギー協会の会員会社及び事務局の方々にもご支援を頂いた。

瀋陽市側では、供熱管理弁公室の劉部長、瀋陽恵涌供熱の趙総経理には、瀋陽の地域暖房の実情についての解説を頂き、理解を深めさせて頂いた。瀋陽市と姉妹都市である川崎市の牧理事には両都市の関係から技術協力の方途に関する助言を頂いた。

本書の根幹をなした調査事業の発注者の方々には、調査事業実施に際しての多大な支援を頂いている。主には、日本貿易振興機構（JETRO）は現地側の大連事務所を含め、現地地方政府とのコンタクトを頂き調査活動を円滑に進めることができた。新エネルギー・産業技術総合開発機構（NEDO）には、北京事務所での中国中央政府の関連動向等の情報提供を頂いた。経済産業省資源エネルギー庁からは日本の技術協力に係るノウハウの提供等を頂いた。

北京大学の曹鳴鳳研究員と瀋陽建築大学の于靚副教授には、現地情報の収集、現地機関とのコンタクト、現地での調査実施、研究会の設営等、彼女等の存在無

荏原冷热系统公司、烟台荏原空调设备有限公司技术组的成员们，给我们收集到了大量重要的数据。东京电力公司的前川部长、东京煤气公司的市川部长、大阪煤气公司的田中部长，不仅参加了我们的研究会，而且介绍了日本的实际工作经验，给予很多技术指导意见。

沈阳市供热办公室的刘部长、沈阳惠涌供热公司的赵总经理给我们做了说明，加深了我们队沈阳市集中供热实际情况的了解。沈阳市姐妹城市的川崎市牧理事从两市的交流到技术合作方面给我们热情相助。

本项目委托方在项目实施方面给予了大力支持。日本贸易振兴机构（JETRO）大连办事处帮我们与当地政府穿针引线，使得调查活动能够顺利进行。日本新能源产业技术综合开发机构（NEDO）北京办事处给我们提供了许多中国中央政府的相关信息。日本经济产业省资源能源厅提供了许多日本技术协助方面的经验。

感谢北京大学的曹鸣凤和沈阳建筑大学的于靚副教授，帮助我们收集当地的信息，联系当地政府机关，实施项目调查、组织技术研究交流会。没有她们的帮助，

あとがき
后序

しでは、本調査事業の成果は得られなかった。

最後に、許雷東北工業大学准教授には、多忙の中、この大部の中文訳をおひとりで引き受けて頂き、お陰様で全文対訳版を刊行できる運びとなった。心より感謝申し上げます。

（あげさせて頂いた皆様の所属及び職名に関しては、調査事業実施時点のものを記させていただいた。）

改めて、皆様に感謝申し上げるとともに、本書が日中の地域暖房の発展の一助となり、省エネルギーに関する技術交流により関心が高まることを期待して、お礼に代えさせて頂ければと考える次第です。

2017 年 3 月　増田　康廣

就不可能取得如此丰硕的成果。

最后，衷心感谢东北工业大学许雷副教授，在百忙之中抽空翻译，完成了日中对译版，使之得以发行。

（本文中所述各位人士的所属单位与职务均为项目调查时的资料。）

再次向各位给我们帮助的人士表示感谢。希望本书能够为日中集中供热项目的发展提供一臂之力，期待通过技术交流够唤起大家对节能的关心。用这两句话作为结束语，以示谢意。

2017 年 3 月　增田　康广

□ 中国地域暖房省エネルギー 研究会（順不同、敬称略）	□ 中国集中供热节能研究会 （排名不分先后，敬称省略）

学識者

（日本側）

東北大学	吉野　博 教授
宇都宮大学	岡　建雄 教授
宇都宮大学	横尾　昇剛 教授
日本大学	金島　秀治 教授
東北工業大学	許　雷 准教授

（中国側）

清華大学	江　億 教授
瀋陽航空工業学院*	閻　英林 教授

（*　現、瀋陽航空・航天大学）

瀋陽建築大学	于　靚 副教授
北京大学戦略研究所	曹　鳴鳳 所員

（*　現、貴州省）

協　力

（日本側）

宇都宮大学
経済産業省　資源エネルギー庁
日本貿易振興機構（JETRO）
新エネルギー・産業技術総合開発機構
　（NEDO）
川崎市
（一社）都市環境エネルギー協会
東京電力㈱
東京ガス㈱
大阪ガス㈱
荏原冷熱システム㈱

学者

（日方）

东北大学	吉野　博 教授
宇都宫大学	冈　建雄 教授
宇都宫大学	横尾　昇剛 教授
日本大学	金岛　秀治 教授
东北工业大学	许　雷 副教授

（中方）

清华大学	江　亿 教授
沈阳航空工业学院*	阎　英林 教授

（*　现 沈阳航空航天大学）

沈阳建筑大学	于　靓 副教授
北京大学战略研究所*	曹　鸣凤 所员

（*　现 贵州省）

协助单位

（日方）

宇都宫大学
经济产业省 资源能源厅
日本贸易振兴机构（JETRO）
新能源产业技术综合开发机构（NEDO）

川崎市
一般社团法人都市环境能源协会
东京电力株式会社
东京煤气株式会社
大阪煤气株式会社
荏原冷热系统株式会社

（中国側）

北京大学

瀋陽航空工業学院（現、瀋陽航空・航天大学）

瀋陽市　不動産管理局供熱管理弁公室
　　　　発展改革委員会
　　　　環境保護局蒲河新城分局

瀋陽供熱会社（瀋陽惠涌供熱㈲、新北供
　熱㈲）

中国節能協会

烟台荏原空調設備㈲

瀋陽航空工業学院発展公司

中文翻訳

東北工業大学　　　　許　雷 准教授

事務局

日本環境技研株式会社
　増田　康廣、桑原　淳、
　鈴木　陽一、角田　曄平

（中方）

北京大学

沈阳航空工业学院（现 沈阳航空航天大学）

沈阳市　房地产管理局供热管理办公室
　　　　发展和改革委员会
　　　　环保局蒲河新城分局

沈阳供热公司（沈阳惠涌供热有限公司、
新北供热有限公司）

中国节能协会

烟台荏原空调设备有限公司

沈阳航空工业学院发展公司

中文翻译

东北工业大学　　　　许　雷 副教授

事务局

日本环境技研株式会社
　增田　康广、桑原　淳、
　铃木　阳一、角田　晔平

調査事業の体制

项目调查的前后经过

【2008年度】

貿易投資円滑化支援事業（実証事業）
「中国東北地域（瀋陽市）における地域暖房住宅の省エネルギー推進のためのシステム導入実証事業」
：計量・課金による瀋陽市における地域熱供給の省エネルギー効果を検証し、料金制度等必要施策を提案

【2008年度】

《为促进住宅集中供热系统的节能，在中国东北地区（沈阳市）导入节能系统的实证》是日本贸易振兴机构（JETRO）为促进贸易投资的委托研究项目。
内容：在沈阳市，验证集中供热系统供热计量收费的节能效果，提出新的供热收费方案。

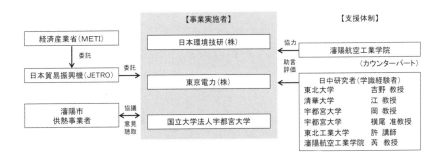

* 貿易投資円滑化事業とは東アジアを中心とした発展途上国において、日本の経済社会システム、事業モデルを検証する事業である。例えば中国をはじめとする開発途上国で、環境・省エネルギーに関する実証事業を実施する。

* JETRO促进贸易投资研究项目是以东亚发展中国家为中心，评估日本经济体系和项目模式是否适用于这些国家。例如，在中国等发展中国家，实施环保节能项目的可行性研究。

【2009年度】

貿易投資円滑化支援事業(実証事業)
「中国東北地域(瀋陽市)における暖房設備の性能検証による省エネルギー推進のための実証事業」
：地中熱ヒートポンププラントを主体に、瀋陽市における地域熱供給のエネルギー効率を検証、地域熱供給省エネルギーのための総合的施策を提案

【2009年度】

《为促进住宅集中供热系统的节能在中国东北地区(沈阳市)导入节能系统的实证》是JETRO促进贸易投资的委托研究项目。
内容：在沈阳市集中供热系统中，以地源热泵供热机房为对象，检验系统能效，讨论节能对策与方案。

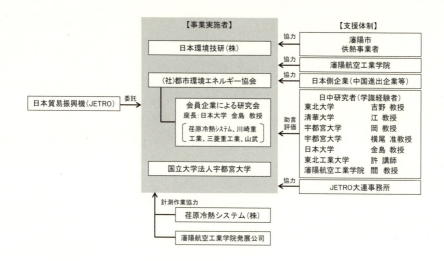

【2010年度】

国際エネルギー消費効率化等技術普及協力事業協力基礎事業 技術普及実施可能性調査「地域暖房システムのBEMS群管理システム（中国）」
：瀋陽市における地中熱ヒートポンプ・プラントへのBEMS群管理システムの導入効果を検証、BEMS群管理システムの事業化可能性を調査

【2010年度】

《集中供热系统BEMS群管理技术在中国的应用》是新能源产业技术综合开发机构（NEDO）促进能源消费高效化国际协助与技术普及可行性调查的委托研究项目。
内容：以沈阳市地源热泵供热机房为对象，检验BEMS群管理系统的导入效果，调查项目实施的可行性。

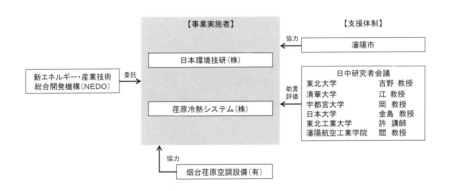

* 国際エネルギー消費効率化等技術普及協力事業とは、新興国等でのエネルギー有効利用技術の導入の遅れによる、過度なエネルギー消費や環境問題を解決するため、相手国政府と協力して、日本の優れた省エネルギー・再生可能エネルギー技術・システムを普及させる。

* NEDO促进能源消费高效化国际协助与技术普及研究项目是为了促进新兴国家有效利用能源，解决能源过度消费和环境问题，协助对方国家普及日本先进的节能、可再生能源等技术与系统。

【2011年度】

　経済産業省（METI）インフラ・システム輸出促進調査委託事業（再生可能エネルギー及び省エネルギー等技術・システム海外展開支援事業）：瀋陽開発区：エコシティにおける省エネルギー型熱供給システム（吸収式ヒートポンプ・BEMS 等）導入に関するビジネスモデルの検討を通じて日本技術の適用性を検証

【2011年度】

　《在海外应用可再生能源与节能技术的支援》是日本经济产业省（METI）促进市政设施与系统出口的委托调查项目。

内容：在沈阳开发区的生态城导入节能型供热系统（吸收式热泵、BEMS 等），探讨项目运作的商业模式，检验日本技术的可行性。

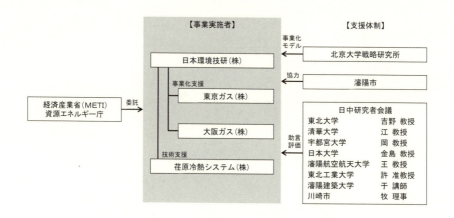

* インフラ・システム輸出促進調査委託事業とは、新興国を中心に拡大するインフラ需要を外需として取り込むことにより我が国の成長・再興を促す。そのため、案件が形成される前段階から、相手国のニーズに応えつつ優位性のある我が国技術やノウハウが活用出来るかたちでの提案を行い、我が国の受注に繋がる案件を形成していく。

* METI 促进市政设施与系统出口的委托调查项目，旨在扩大新兴国家市政设施需求，以推动日本经济的增长与复兴。因此，从发掘项目阶段开始，以满足对方国家的需求为目标，灵活应用日本的先进技术和经验，提出方案，促进日本企业能够中标。

【参考文献】

・「中国東北地域（瀋陽市）における地域暖房住宅の省エネルギー推進のためのシステム導入実証事業」2009.3 日本貿易振興機構（ジェトロ）　　＊同機構資料室で閲覧可能
・「中国東北地域（瀋陽市）における暖房設備の性能検証による省エネルギー推進のための実証事業」2010.3 日本貿易振興機構（ジェトロ）　　＊同機構資料室で閲覧可能
・「国際エネルギー消費効率化等技術普及協力事業 地域暖房プラントの BEMS 群管理システム（中国）」2011.3（独）新エネルギー・産業技術総合開発機構（NEDO）＊一部公開
・「平成 23 年度インフラ・システム輸出促進調査等委託事業（再生可能エネルギー及び省エネルギー等技術・システム海外展開支援事業）2012.3 経済産業省 資源エネルギー庁　＊公開資料
・「住宅における熱・空気環境の研究 – 快適・健康な省エネ住宅の実現を目指して – 10. 中国の都市住宅における室内環境とエネルギー消費」2012.3 吉野博編著、東北大学出版会
・Pilot Project to Install a System to Promote Energy Savings in Residential Buildings That Use District Heating in the Northeast Region of China（Shenyang）　　Part1 Actual Situation of District Heating System in Shenyang
Part2 Proposal of energy conservation method for houses with district heating based on demonstration project
Part3 Overheating load inevitably-linked to district heating system
Tatsuo Ok1, Yasuhiro Masuda,Mingfeng Cao
(6th International Sympojium of Asia Institute of Urban Environment ,CHANGCHUN)
・Introduction of the High Efficiency District Heating System in China
Application of Absorption Heat Pump with BEMS Part1
Air Conditioning Load Prediction in Eco-Cities Part 2
Yasuhiro Masuda, Lei Xu , Tatsuo Oka
(9th International Sympojium of Asia Institute of Urban Environment,TAIPEI)
・「中国東北地域の地域熱供給の現状と省エネルギー提案」都市環境エネルギー 96 号日本環境技研㈱　増田康廣
・「中国城市科学研究系列報告 中国建築節能年度発展研究報告 2008」2008.3 清華大学建築節能研究中心
・「地域冷暖房技術手引書 改訂第 4 版」2013.11 都市環境エネルギー協会
・「熱供給事業便覧 平成 27 年版」2015.12 日本熱供給事業協会
・「District Heating and Cooling Country Survey 2015」Euroheat ＆ Power
・「中国のエコシティ構想の現状と日本企業のビジネスチャンス」2011.3 日本貿易振興機構（ジェトロ）北京センター

- 「中国における気候変動シナリオ分析と国際比較による政策立案研究」2011.3北九州市立大学 高偉俊
- 「平成26年度国際石油需給体制等調査 中国のエネルギー政策動向等に関する調査」 2015.3 野村総合研究所
- 「中国バブル崩壊」2015.10日本経済新聞社編、（日経プレミアムシリーズ）
- 「中国における気候変動シナリオ分析と国際比較による政策立案研究」2011.3北九州市立大学 高偉俊
- 瀋北新区HP：http://v.youku.com/v_show/id_XMTIwODczNjA=.html）

- 中国各機関のHP（下記URL）記事等

  供熱網（www.chinagn.com）、中国供熱制冷網（www.chinagrzl.cn）、中華人民共和国国家発展改革委（www.sdpc.gov.cn）、暖通空調在線（www.ehvacr.com）、中華人民共和国住宅・城郷建設部（www.mohurd.gov.cn）、中国節能信息網（www.secidc.org.cn）、中国能源網（www.china5e.com）、中国節能減排網（www.chinajnjpw.com）、中国節能環保網（www.ceee.com）、中国緑色節能環保網（www.chinajnhb.com）、中国地源熱泵網（www.dyrbw.com）、中国太陽能光伏網（www.chinagrzl.cn）、中国建築能源網（www.chinagb.net）、環保中網（www.epciu.com）、中国制冷空調工業協会（www.chinacraa.org）

日本の省エネルギー技術の
中国地域暖房への活用

日本节能技术
在中国集中供热系统中的应用

Application of Japanese energy conservation technologies

in Chinese district heating system

©Chinese district heating system energy Conservatism study group, 2017

2017 年 9 月 19 日　初版第 1 刷発行

編　著　中国地域暖房省エネルギー研究会
監　修　吉野 博
発行者　久道 茂
発行所　東北大学出版会
　　　　〒 980-8577　仙台市青葉区片平 2-1-1
　　　　TEL：022-214-2777　FAX：022-214-2778
　　　　http//www.tups.jp　E-mail：info@tups.jp
印　刷　社会福祉法人　共生福祉会
　　　　萩の郷福祉工場
　　　　〒 982-0804　仙台市太白区鈎取御堂平 38
　　　　TEL：022-244-0117　FAX：022-244-7104

ISBN978-4-86163-283-9　C3052
定価はカバーに表示してあります。
乱丁、落丁はおとりかえします。

JCOPY ＜出版者著作権管理機構 委託出版物＞

本書の無断複製は著作権法上での例外を除き禁じられています。複製され
る場合は、そのつど事前に、出版者著作権管理機構（電話 03-3513-6969、
FAX 03-3513-6979、e-mail: info@jcopy.or.jp）の許諾を得てください。